Jacek Purchla

KRAKAU
UNTER ÖSTERREICHISCHER HERRSCHAFT
1846–1918

Jacek Purchla

Krakau unter österreichischer Herrschaft 1846–1918

Faktoren seiner Entwicklung

Aus dem Polnischen übertragen von
Michał Miedziński und
Jacek Czownicki

BÖHLAU VERLAG WIEN · KÖLN · WEIMAR

Gedruckt mit Unterstützung durch
den Fonds zur Förderung der wissenschaftlichen Forschung

Umschlagbild: Kaiser Franz Joseph in polnischer Tracht.
Aquarell im Privatbesitz von Stanisław Haráschin in Krakau

Die Deutsche Bibliothek – CIP-Einheitsaufnahme

Purchla, Jacek:
Krakau unter österreichischer Herrschaft 1846–1918: Faktoren
seiner Entwicklung/Jacek Purchla. Aus dem Poln. übertr. von
Michał Miedziński und Jacek Czownicki. – Wien ; Köln ; Weimar :
Böhlau, 1993
ISBN 3-205-05489-X

Druck: Ferdinand Berger & Söhne Gesellschaft m.b.H., 3580 Horn

Inhalt

Vorwort zur deutschen Ausgabe

Krakau unter österreichischer Herrschaft war bisher weder in Polen noch in Österreich Gegenstand einer besonderen Untersuchung. Der Untergang der Habsburger Monarchie, die Wiedererlangung der Unabhängigkeit durch Polen und schließlich die Aktualität des Themas sowie die verhältnismäßig schwache Entwicklung der Städteforschung verzögerten Jahrzehnte hindurch ein gründliches Studium der Wachstumsmechanismen der ehemaligen Hauptstadt Polens in den Jahren 1846–1918. Dennoch gibt es in der bisherigen Fachliteratur einige wertvolle Veröffentlichungen zu diesem Thema.

Diese Arbeit erscheint in der deutschen Fassung unter einem geänderten Titel: „Krakau unter österreichischer Herrschaft 1846–1918. Faktoren seiner Entwicklung". Im chronologischen Sinne bedarf das keiner Erklärungen. Auf dem Wiener Kongreß von 1815 wurde Krakau unerwartet zu einem Zankapfel zwischen Österreich, Preußen und Rußland. Das Ergebnis eines Kompromisses war der Freistaat Krakau, ein formal unabhängiger und streng neutraler Kleinstaat unter der Obhut dieser drei Höfe. Die glückliche Prosperität des freien und zollfreien Kleinstaates währte jedoch nicht lange, denn im Jahre 1846 wurde die Stadt samt ihrem Umkreis von Österreich einverleibt. Das Jahr 1846 eröffnete also eine völlig neue Epoche in der Geschichte Krakaus, die bis zum ersten Weltkrieg dauerte. Um die Jahrhundertwende durchlief die ehemalige Hauptstadt Polens, gemeinsam mit anderen Städten der Monarchie, einen Prozeß der Entwicklung und Modernisierung. Im Falle Krakaus war dieser Prozeß jedoch mehr auf den sich in Österreich seit den 60er Jahren entfaltenden politischen Liberalismus als auf wirtschaftliche Grundlagen gestützt. Eben dieses Problem zieht sich wie ein roter Faden durch diese Arbeit.

Das vorliegende Buch erhebt keinen Anspruch auf eine vollständige Darstellung. Ganz im Gegenteil, es ist eine Sammlung von Studien, die die Spezifik und die Paradoxie der Entwicklung Krakaus um die Jahrhundertwende erläutern sollen. Diese Paradoxie beruht vor allem auf dem grundlegenden Widerspruch der Funktionen Krakaus als geistige Hauptstadt Polens und gleichzeitig als österreichische Grenzfestung. Deshalb auch wurde mit besonderem Nachdruck eine gründliche Analyse der sogenannten außerökonomischen Faktoren der Entwicklung der Stadt durchgeführt, die für Krakau bestimmend waren.

Dem Böhlau Verlag danke ich, daß er diese Arbeit ermöglicht hat, und ich hoffe, daß sie eine Inspiration zu umfassenderen und tiefgreifenderen Studien über die Spezifik und komplizierte Natur der Städte Mitteleuropas bilden wird, zumal in der neuen politischen Wirklichkeit Europas, am Ende des 20. Jahrhunderts, die Vergangenheit und die Zukunft unserer Metropolen eine neue Bedeutung annehmen.

Krakau, am 21. Juli 1991

Einleitung

Das Thema vorliegender Arbeit betrifft das Phänomen der Entwicklung Krakaus in der Epoche der galizischen Autonomie. Die Außergewöhnlichkeit der Lage, in der sich die Stadt um die Jahrhundertwende befand, wurde schon von den Zeitgenossen bemerkt, unter denen sich damals sowohl zahlreiche Ankömmlinge als auch Einwohner Krakaus selbst befanden. Diese Eigentümlichkeit Krakaus beschrieb schon Boy-Żeleński, der zum Verfassen einer entsprechenden Monographie folgendermaßen anregte: „Denn ein solches Krakau, wie es ein Komplex von Ereignissen geschaffen hat, war die originellste Stadt unter der Sonne, ganz gewiß ein Unikum aller Zeiten auf der Erdkugel. Schon in geographischer Hinsicht war seine Lage merkwürdig. In einen Winkel Galiziens gedrängt, durch eine Grenze von dem Industriebecken Schlesiens abgetrennt, seiner Würde als einer galizischen Hauptstadt durch Lemberg enterbt, in den Plan einer österreichischen Festung gepreßt, was die Bautätigkeit in seinen Vorstädten hemmte, waren Krakau alle Möglichkeiten einer materiellen Entwicklung entzogen. Es war das, was man eine Kleinstadt nennt. [. . .] Trotz allem hatte Krakau nie auf seine Rolle als Hauptstadt verzichtet; ganz im Gegenteil, die aus der Unfreiheit hervorgehenden Existenzbedingungen verliehen ihm die Insignien einer neuen Königswürde; es war ihm gegeben, bis in bessere Zeiten gewisse geistige Werte zu bewahren, die in anderen Regionen unterdrückt wurden. All dies zusammengenommen schuf aus Krakau ein ungewöhnliches Gebilde."[1]

Obwohl über Krakau aus der Zeit der Jahrhundertwende schon viel geschrieben wurde, so bleibt doch die prinzipielle Frage nach dem Wesen seiner Entwicklung unbeantwortet.[2]

Die vorliegende Arbeit widmet sich den außerökonomischen Faktoren in der Entwicklung Krakaus in der Epoche der galizischen Autonomie. Der Terminus „außerökonomische Faktoren" besitzt zum großen Teil einen konventionellen Charakter. Es handelt sich hier darum, aus solchen Faktoren der Stadtentwicklung, wie es Industrie, Handel und Verkehr sind, jene auszusondern und einander gegenüberzustellen, deren Natur und Herkunft mit der besonderen politischen Anordnung, aber auch mit dem großen kulturellen Erbe der Stadt in der zweiten Hälfte des 19. Jahrhunderts verbunden waren. Diese „außerökonomischen Faktoren" wurden zu jener Zeit zu einem Ansporn für die ökonomische Entwicklung der Stadt, da sie die Übertragung von Kapital nach Krakau begünstigten. Dieses Kapital ergänzte wesentlich die bescheidenen finanziellen Möglichkeiten der Stadt, die eben keine Aussichten auf eine spontane Entwicklung gemäß der kapitalistischen Wachstumsregeln hatte. Auch der chronologische Rahmen der Arbeit, obwohl selbstverständlich, bedarf einer Erklärung. Zu einem besseren Verständnis der sich in der autonomen Epoche (1866/67–1914) abspielenden Ereignisse wurde im ersten Kapitel eine Analyse der Situation der Stadt in den Jahren 1846–1866 vorgenommen, also der ersten zwanzig Jahre einer erneuten österreichischen Regierung in Krakau, die zu Beginn einen tiefgreifenden wirtschaftlichen Zusammenbruch und empfindliche politische Repressalien mit sich brachten.

Die Forschungsproblematik der Arbeit konzentriert sich auf das Problem der städtischen Funktionen und städtebildenden Faktoren in der Entwicklung Krakaus an der Wende des 19. zum 20. Jahrhundert, insbesondere aber auf die außergewöhnliche Rolle der außerökonomischen Faktoren. Einer Analyse wurden vor allem zwei gegensätzliche Funktionen unterzogen, die damals von Krakau ausgeübt wurden: die der „geistigen Hauptstadt der Nation" und die einer österreichischen Festung. Ihre Antinomie ging besonders an der Schwelle der autonomen Epoche aus der Widersprüchlichkeit zweier verschiedener Staatsraisons hervor: einer polnischen und einer österreichischen. Die Antinomie Krakaus als das „polnische Piemont" und das „polnische Athen" einerseits und als das „polnische Kufstein" andererseits bildet eine der prinzipiellen Fragen, die zur Erklärung des einmaligen Charakters der Stadt in der Epoche der galizischen Autonomie unentbehrlich sind.

Im Falle der Rolle Krakaus als „geistige Hauptstadt der Nation" wurde vor allem das Aufzeigen der außergewöhnlichen politischen und ökonomischen Bedeutung des Landadels in der Entwicklung der Stadt zum Ziel vorliegender Arbeit. In der Frage der „Festung Krakau" war die Aufgabe, die ich mir gestellt habe, das Ziehen einer spezifischen Bilanz der Aktiva und Passiva des Statuts einer Festung, die Krakau nach dem Jahre 1846 von den Österreichern aufgezwungen wurde.

Obwohl ich mir bewußt bin, daß so gesteckte Forschungsziele das Spektrum aller Probleme nicht erschöpfen, aus denen das Phänomen Krakau „de la belle epoque" zusammengesetzt ist, hege ich gleichzeitig die Hoffnung, daß auch dank der in dieser Arbeit dargestellten Forschungen diese Stadt in Kürze ein Buch erwarten kann, das dem bekannten Werk von Carl E. Schorske über Wien um die Jahrhundertwende gleichkommt.[3]

Das Paradoxon Krakaus an der Wende des 19. zum 20. Jahrhundert bestand darin, daß trotz zahlreicher Publikationen, die dieser Thematik gewidmet sind, der Forschungsstand in vielen Fragen bei weitem nicht befriedigend ist. Eine ähnliche Anschauung vertreten die Autoren des dritten Bandes der bahnbrechenden Synthese unter dem Titel „Dzieje Krakowa"[4], die auf das große Interesse der Forscher an Problemen aus Kunst, Wissenschaft und Hochschulwesen hinweisen, bei einer gleichzeitigen Vernachlässigung der gesellschaftlich-wirtschaftlichen Problematik. Bedeutend umfassender wurde in dieser Hinsicht der Zeitabschnitt der „Freien Stadt" untersucht, sowie die zwei Jahrzehnte, die der autonomen Epoche unmittelbar vorausgingen.[5]

Außer der ersten Synthese der Geschichte des neunzehnten Jahrhunderts aus der Feder von Janina Bieniarzówna und Jan M. Małecki besitzt Krakau unter anderem schon Monographien seiner hervorragendsten Präsidenten: über Dietl, Zyblikiewicz und neuerdings auch über Leo, die ihre Silhouetten vor dem Hintergrund der Probleme der Stadt schildern.[6] Der erste Versuch einer Synthese der Mechanismen der räumlichen Entwicklung der Stadt ist das schon erwähnte Buch unter dem Titel: „Wie das moderne Krakau entstand".[7] Eine interessante Studie in diesem Bereich ist auch eine wenig bekannte Arbeit von Kazimierz Karolczak: „Właściciele domów w Krakowie na przełomie XIX. i XX. wieku“.[8]

Ernstlich vernachlässigt wurden dagegen Studien über die wirtschaftliche Entwicklung der Stadt. Insbesondere mangelt es an Untersuchungen über die Industrie, den Handel und das finanzielle Leben Krakaus in der Epoche der galizischen Autonomie, die eine Fortsetzung der von Juliusz Demel begonnenen Studien sein könnten. Krakau besitzt in dieser Hinsicht nicht einmal einen allgemeinen Abriß in der Art des schon klassischen Buches von Stanisław Hoszowski zum Thema der ökonomischen Entwicklung Lembergs.[9] Das Buch „Dzieje Krakowa“ konnte diese Lücke nur teilweise ausfüllen.

Vor diesem Hintergrund treten Studien über die gesellschaftliche Struktur Krakaus in der autonomen Epoche hervor, die unter anderen von den bahnbrechenden Forschungen Jan Stanisław Bystrońs und einer späteren Studie von Marian Wojciechowski präsentiert werden.[10] Von den einzelnen gesellschaftlichen Gruppen erhielten das Kleinbürgertum und vor allem die Krakauer Intelligenz auch schon umfassende Monographien.[11] Charakteristisch ist, daß bisher die in Krakau ansässigen Gutsbesitzer und deren außergewöhnliche Rolle in der Entwicklung der Stadt zur Zeit der autonomen Epoche bisher noch kein Thema waren. Diese symptomatische Tatsache bildet eine gute Illustration für die Geringschätzung dieser Problematik in den bisherigen Forschungen in Polen, was nicht nur aus ideologischen Voraussetzungen hervorgeht, sondern auch aus einer methodologischen Verspätung im Verhältnis zu der westlichen Historiographie.[12]

Auch die Problematik der Stiftungen und ihre Bedeutung im Leben der Stadt fanden – bevor ich Studien in diesem Bereich aufnahm – in der Forschung keine Beachtung. Diese Tatsache ist besonders auffallend im Vergleich zu den noch in der Vorkriegszeit angestellten Studien über das Thema der Lemberger Stiftungen.[13]

Die jüngsten Studien über Festungen in polnischen Ländern im 19. Jahrhundert betreffen vor allem den Aspekt der architectura militaris. Lange Zeit hindurch wurden dagegen keine Untersuchungen über die Rolle der militärischen Faktoren in der ökonomischen Entwicklung der Städte vorgenommen. Die Situation Krakaus ist in dieser Hinsicht eine besondere. Im Jahre 1979 erschien das Buch von Janusz Bogdanowski mit dem Titel „Warownie i zieleń twierdzy Kraków“,[14] auf polnischem Boden eine bahnbrechende Arbeit. Ein großes Verdienst des Verfassers war die Vorbereitung der ersten Monographie der Krakauer Festung mit der er die Aufmerksamkeit auf den einzigartigen historischen Wert dieses Komplexes von architectura militaris aus der Zeit der Wende des 19. zum 20. Jahrhundert lenkte.

Die architekturhistorische Fundiertheit kontrastiert in dieser Arbeit deutlich mit der einseitigen Interpretation der Rolle der Festung in der Entwicklung Krakaus im 19. Jahrhundert, was nicht nur auf emotionale Gründe, sondern auch auf einen Mangel an einschlägigen Untersuchungen im Bereich der Entstehung und der ökonomischen Aspekte zurückzuführen ist. Die Schwäche der Quellenbasis und die Eilfertigkeit einiger Feststellungen sind im Falle der Arbeit Bogdanowskis besonders störend im

Vergleich mit der unlängst in Wien veröffentlichten Arbeit von Franz Forstner über das Thema der Festung Przemyśl.[15] Diese Tatsache zwang mich zur Aufnahme eigener Forschungen in den Archiven und zur Aufnahme von Quellenstudien über die Rolle des militärischen Faktors in der Entwicklung Krakaus.

Schließlich bleibt zu bemerken, daß die Entwicklung Krakaus vor einem breiteren Hintergrund untersucht werden muß. Die in der Forschung erheblich vernachlässigte gesellschaftlich-ökonomische Geschichte Galiziens wurde im ersten Kapitel dieser Arbeit vor dem Hintergrund der ökonomischen Entwicklung der österreichisch-ungarischen Monarchie besprochen.[16] Der Mangel an vielen grundlegenden Monographien und synthetischen Bearbeitungen in diesem Bereich erschwerte allerdings die Vorstudien zu dieser Arbeit sehr. Der Forschungsstand zur Geschichte polnischer Städte im 19. Jahrhundert wurde jüngst ausführlich in Artikeln von Maria Nietyksza und Andrzej Wyrobisz besprochen.[17] Unter den Studien über die Verstädterung Galiziens in der autonomen Epoche verdienen vor allem die Arbeiten von Tomasz Gąsowski Aufmerksamkeit sowie auch der vergleichende Text von Jan M. Małecki über das Thema Krakau und Lemberg.[18] Die Städtegeschichte zur Zeit der österreichisch-ungarischen Monarchie, insbesondere über Krakau an der Wende des 19. zum 20. Jahrhundert ist weiterhin unbefriedigend.[19]

Zu den Materialien, auf die sich vorliegende Arbeit stützt, zählen neben den bereits veröffentlichten Ergebnissen auch eigene archivalische Studien über die räumliche Entwicklung Krakaus im 19. Jahrhundert sowie zahlreiche wertvolle gedruckte Quellen wie der Krakauer „Czas" („Die Zeit") und andere galizische Tagesblätter, der Krakauer Kalender von Józef Czech sowie amtliche Drucksachen. Zu ihnen gehören unter anderem das Verordnungsblatt der Stadt Krakau, stenographische Protokolle der Sitzungen des Wiener Parlaments, Schematismen und schließlich zahlreiche statistische Veröffentlichungen wie die „Statistik der Stadt Krakau". Viel wertvolles Material lieferten gleichfalls zahlreiche politische Broschüren, Memoiren und Tagebücher aus der Epoche, die bei der Darstellung der Rolle der Gutsbesitzer und der Stiftungen in der Entwicklung Krakaus besonders behilflich waren.

Im Falle der Festung Krakau hat der Autor die bisher unbekannten und (auch nicht von Janusz Bogdanowski) berücksichigten Wiener Materialien ausgewertet. Es ist interessant, daß die Archivstudien die Reihenfolge des Entstehens zahlreicher Objekte der Festung und die Höhe der Ausgaben der österreichischen Regierung sowie für die Unterhaltung der Garnison in Krakau zeigten. Entgegen den Erwartungen des Autors fanden sich diese Materialien weder im Kriegsarchiv noch im Verwaltungsarchiv, sondern im Finanzarchiv des österreichischen Finanzministeriums. Die Kostenvoranschläge und die Berichte des österreichischen Kriegsministeriums für die Jahre 1867–1914 erlauben dem Leser eine präzise Zusammenstellung der in Krakau getätigten finanziellen Aufwände.[20]

Zu einer zweiten interessanten und von Bogdanowski nicht benutzten Quelle wurden die stenographischen Protokolle aus den Sitzungen des österreichischen Reichsrates, die die stürmischen Diskussionen vor dem Forum des Wiener Parlaments zu Beginn der konstitutionellen Epoche wiedergeben und die für Krakau eine entscheidende Bedeutung hatten.[21]

Die methodologische Dürftigkeit und Schwäche der polnischen Historiographie im Bereich der Städtegeschichte im 19. Jahrhundert ist eine Tatsache.[22] Unsere Forschungen befinden sich immer noch eher auf der Stufe von „local history" als „urban history".[23] Eine Ursache dieser krassen Verspätung war unter anderem die marxistische Reduktion von „Verstädterung" auf eine bloße Funktion der Industrialisierung.[24] Deshalb auch war ich von Beginn meiner Forschungen über Krakau an bemüht, auf die Stadt als einen sehr komplizierten Organismus hinzuweisen.[25]

In den westeuropäischen Ländern ist indessen ein lebhaftes Interesse an den Städten des neunzehnten Jahrhunderts zu beobachten. Sie sind Forschungsfeld für Demographen, Soziologen, Geographen, Städtebauer und Ökonomen. Besondere Aufmerksamkeit zieht dabei die Problematik der ökonomischen Basis und der funktionellen Struktur der Städte auf sich, wie sie in der polnischen Literatur von Kazimierz Dziewoński und Marek Jerczyński ausführlich besprochen wird.[26]

Zu einem Zeichen der Vielfältigkeit des methodologischen Vorgehens wurde das Entstehen verschiedener Schulen der Forschungen über die Geschichte von Städten. Die Unterschiede zwischen ihnen sind oft eine Ursache vielseitiger historischer Erfahrungen im Prozeß der Verstädterung. Unter den Studien in diesem Bereich rücken amerikanische, deutsche, britische und französische Forschungen an die Spitze.[27]

Die Kompliziertheit der städtischen Problematik befreit den Autor davon, sich nur an ein Schema zu halten. Diese Arbeit ist deshalb eine individuelle Betrachtung der Thematik, wobei verschiedene Zugänge und fremde Erfahrungen genutzt wurden, umso mehr als das Phänomen Krakau eine Herausforderung für die eigenen methodologischen Forschungen bildet. Die Spezifik Krakaus selbst fordert unkonventionelle Lösungen. Krakau in der 2. Hälfte des 19. Jahrhunderts mit seinen „eingefrorenen" Funktionen des Handels, der Industrie und in seiner Eigenschaft als finanzielles Zentrum bildet ein spezifisches Laboratorium, in dem andere, nichttypische, exogene Faktoren herausgefiltert werden können. Ein Beispiel dafür liefern die in dieser Arbeit dargestellten Untersuchungen zur Rolle des Gutsbesitzertums, der Stiftungen sowie des militärischen Faktors in der Entwicklung Krakaus während der autonomen Epoche Galiziens.

Der Autor bezieht sich in seiner Darstellung vor allem auf die Ergebnisse von Jim Dyos und der englischen „Urban History". Im Unterschied zur übermäßig mathematisierten amerikanischen Schule „The New Urban History"[28] ist die Forschungsrichtung aus Leicester tief in dem kulturellen Erbe europäischer Städte verwurzelt.[29] Die englischen Erfahrungen im Bereich der Verstädterung (insbesondere im 18. und 19. Jahrhundert) sind so reich, daß sie die verschiedenartigsten Beispiele liefern, die zu theoretischen Vorbildern werden können. Vom europäischen Gesichtspunkt aus bildet England dabei ein besser entsprechendes Vorbild als die amerikanischen Städte, die auf einer anderen kulturellen und gesellschaftlich-ökonomischen Grundlage entstanden. Das Paradoxon Englands im 19. Jahrhundert – das auch einen Vergleich mit Mitteleuropa ermöglicht – beruht gleichfalls auf einer im großen Maßstab beibehaltenen „feudalen“ gesellschaftlichen Struktur trotz einer starken Entwicklungsdynamik kapitalistischer Verhältnisse. Erneut muß das große Interesse der angelsächsischen Forscher an der Rolle des Gutsbesitzertums in der Entwicklung britischer Städte im 19. Jahrhundert unterstrichen werden.[30] Als sehr inspirierend erwies sich gleichfalls die auf amerikanischem Boden populäre Konzeption von „service city“ und „preindustrial city“.[31]

So erscheint mir also die beschreibende interdisziplinäre Methode von Dyos am nächsten, was nicht bedeutet, daß ich mich von den statistischen und funktionalen Methoden distanziere, auch wenn ich sie nicht zu forcieren gedenke.

Die Arbeit besteht aus vier Kapiteln. Jedes dieser vier Kapitel ist einem eigenständigen Problem gewidmet. Der Leser kann daher den Eindruck gewinnen, daß die einzelnen Kapitel nicht zusammenhängen. Das erste Kapitel besitzt den Charakter einer Synthese, die eigene Untersuchungen und bereits vorhandene ausführliche Forschungen miteinander verbindet. Ziel dieses Teiles der Arbeit ist eine weitläufige Analyse der komplizierten Lage, in der sich Krakau seit seiner Einnahme durch Österreich im Jahre 1846 und an der Schwelle zur autonomen Epoche befand.

Im zweiten, dritten und vierten Kapitel wurde eine ausführliche Analyse ausgewählter außerökonomischer Faktoren vorgenommen. Nicht behandelt wurden spezielle Probleme wie Verfassungsfragen, die eng mit der Gemeindeselbstverwaltung und der städtischen Wirtschaft Krakaus verbunden sind. Diese Probleme waren schon vor dem Ersten Weltkrieg zum Gegenstand ernsthafter Forschungen und Analysen geworden.[32] Nur kurz behandelt wurden gleichfalls die verhältnismäßig gut bearbeiteten Fragen, die mit der Geschichte der Krakauer Kirche und der Rolle Krakaus als „polnisches Athen“ zusammenhängen. Diese Fragen sind jedoch für ein Verständnis der Entwicklung Krakaus in der Epoche der galizischen Autonomie zu wichtig, als daß sie in dieser Arbeit gänzlich übergangen werden könnten. Deshalb wurden sie teilweise im dritten Kapitel unter dem Aspekt des Funktionierens der Stiftungen und der Institutionen des Mäzenats besprochen. Als ein eigenes Thema, das in dieser Arbeit nicht behandelt werden konnte, müßten die Juden als ethnische Minderheit und ihre ökonomische Rolle in der Stadt untersucht werden.[33]

Schließlich möchte ich noch den Rezensenten dieser Arbeit, Herrn Professor Wiesław Bieńkowski und Frau Professor Maria Nietyksza herzlichen Dank für ihre Mühe und wertvollen kritischen Bemerkungen aussprechen. Große Dankbarkeit bin ich gleichfalls Herrn Professor Jan M. Małecki schuldig, der sich bereiterklärte, die Rolle des wissenschaftlichen Redakteurs dieses Bandes auf sich zu nehmen.

1. T. Boy-Żeleński: Znaszli ten kraj? (Kennst du das Land?) In: Boy o Krakowie (Boy über Krakau). S. 3–4, Kraków 1973.

2. Eine solche Antwort konnte auch nicht vom wissenschaftlichen Symposium zum Thema „Krakau an der Wende des 19. zum 20. Jahrhundert“ gegeben werden, das im Juli 1981 organisiert wurde. Trotz ausgezeichneter Referate wurde das Wesen Krakaus in jener Epoche nicht völlig und überzeugend geklärt. Diese Tatsache bewog mich damals, in der Diskussion das Wort zu ergreifen und meinen Beitrag später unter dem Titel „Liberalismus, Symbolik und das Entstehen des modernen Krakaus“ zu veröffentlichen. Vgl.: J. Purchla: Liberalizm i symbolika a powstanie nowoczesnego Krakowa (Liberalismus, Symbolik und das Entstehen des modernen Krakaus). In: Kraków na przełomie XIX i XX wieku. Materiały Sesji Naukowej z Okazji Dni Krakowa w 1981 roku (Krakau an der Wende des 19. zum 20. Jahrhundert. Materialien der Wissenschaftlichen Session aus Anlaß der Krakauer Tage im Jahre 1981). S. 115–116, Kraków 1983. Vgl. auch: J. M. Małecki: Kraków na przełomie XIX i XX wieku. Nasza Przeszłość (Krakau an der Wende des 19. zum 20. Jahrhundert. Unsere Vergangenheit). Bd. 67, S. 5–6, 1987. Eine Fortsetzung dieser Gedankenrichtung war mein Referat unter dem Titel „Die galizische Autonomie und die Entwicklung Krakaus an der Wende des 19. zum 20. Jahrhundert“, das im Oktober 1983 auf einer wissenschaftlichen Tagung gehalten wurde, die den ökonomischen und außerökonomischen Faktoren in der Entwicklung von Städten gewidmet war. J. Purchla: Autonomia galicyjska a rozwój Krakowa na przełomie XIX i XX wieku. Znak. R. 36, Nr. 1, S. 54–71, 1984; ders.: Międzynarodowa sesja naukowa w Zakładzie Historii Gospodarczej Akademii Ekonomicznej w Krakowie na temat „Ekonomiczne i pozaekonomiczne czynniki rozwoju miast“ (Internationale Wissenschaftliche Tagung am Institut für Wirtschaftsgeschichte der Ökonomischen Akademie in Krakau zum Thema „Ökonomische und außerökonomische Faktoren der Entwicklung von Städten“). Kraków, 20.–21.10.1983. Historische Studien. S. 549–551, Jg. 27, Heft 3, 1984; ders.: „Economic and non-economic factors of urban development“: International symposium at the Department of History of Economics, Cracow, 20–21 October 1983. Urban History Yearbook. S. 94–96, 1985; vgl. auch: Ökonomische und außerökonomische Faktoren der Entwicklung von Städten. Materialien aus der Konferenz, die vom 20.–21. Oktober 1983 aus Anlaß der 25-Jahr-Feier des Lehrstuhls der Ökonomischen Akademie in Krakau organisiert wurde. Kraków 1986. In ihnen schildere ich synthetisch die ungewöhnliche Rolle der außerökonomischen Faktoren in der Entwicklung Krakaus in der autonomen Epoche. Die vorliegende Arbeit ist eine Vertiefung und Entwicklung vieler in diesem Referat enthaltener Thesen, die früher auch schon in meinem ersten Buch unter dem Titel „Jak powstał nowoczesny Kraków“ dargestellt wurden, dessen zweite erweiterte Auflage eben im Druck erscheint: Jak powstał nowoczesny Kraków. Studia nad rozwojem budowlanym miasta w okresie autonomii galicyjskiej (Wie das moderne Krakau entstand. Studien über die Entwicklung des Bauwesens der Stadt in der Epoche der galizischen Autonomie). Kraków 1979. In dieser Arbeit untersuchte ich die Entwicklung des Bauwesens als Maßstab der Entwicklung Krakaus an der Jahrhundertwende.

3. Carl E. Schorske: Fin-de-Siècle Vienna. New York 1980.

4. J. Bieniarzówna, J. M. Małecki: Dzieje Krakowa. T. 3: Kraków w latach 1796–1918 (Geschichte Krakaus. Bd. 3: Krakau in den Jahren 1796–1918). S. 5, Kraków 1979; dort befindet sich auch eine Bibliographie der wichtigsten Arbeiten, das Krakau des neunzehnten Jahrhunderts betreffend.

5. Hier lenken vor allem die Arbeiten von Juliusz Demel die Aufmerksamkeit auf sich, insbesondere: J. Demel: Stosunki gospodarcze i społeczne Krakowa w latach 1846–1853 (Wirtschaftliche und gesellschaftliche Verhältnisse Krakaus in den Jahren 1848–1853). Kraków 1951; ders.: Stosunki gospodarcze i społeczne Krakowa w latach 1853–1866 (Wirtschaftliche und gesellschaftliche Verhältnisse Krakaus in den Jahren 1853–1866). Wrocław-Kraków 1958.

6. Józef Dietl, der erste Präsident der Stadt Krakau und hervorragender Arzt, Professor und Rektor der Jagellonischen Universität, ein polnischer Patriot. Zu seinem 50. Todestage. Kraków 1928; I. Homola: Kraków za prezydentury Mikołaja Zyblikiewicza 1874–1881 (Krakau unter der Präsidentur von Mikołaj Zyblikiewicz 1874–1881. Kraków 1976; C. Bąk-Koczarska: Juliusz Leo twórca Wielkiego Krakowa (Juliusz Leo der Schöpfer von Groß-Krakau). Wrocław-Warszawa-Kraków-Gdańsk-Łódź 1986.
7. J. Purchla: op. cit.
8. K. Karolczak: Właściciele domów w Krakowie na przełomie XIX i XX wieku. Z badań nad dziejami Krakowa (Die Hausbesitzer in Krakau an der Wende des 19. zum 20. Jahrhundert. Aus Forschungen über die Geschichte Krakaus). Kraków 1987.
9. S. Hoszowski: Ekonomiczny rozwój Lwowa w latach 1772–1914 (Die ökonomische Entwicklung Lembergs in den Jahren 1772–1914). Lwów 1935.
10. J. S. Bystroń: Rozwój demograficzny dzielnic Krakowa. Tworzenie się centrum wielkomiejskiego w Krakowie (Die demographische Entwicklung der Stadtteile Krakaus. Das Entstehen des großstädtischen Zentrums in Krakau). Ekonomista. S. 112–160, Bd. 1–2, Jg. 15, 1915; M. Wojciechowski: Struktura społeczna Krakowa w roku 1869. Przegląd Zachodni (Die gesellschaftliche Struktur Krakaus im Jahre 1869). Westliche Rundschau. S. 169–205, Bd. 1, Jg. 9, 1953.
11. W. Najdus: Drobnomieszczaństwo galicyjskie w dobie autonomicznej. In: Drobnomieszczaństwo XIX i XX wieku (Das galizische Kleinbürgertum in der autonomen Epoche. In: Das Kleinbürgertum des 19. und 20. Jahrhunderts. S. 29–97, Bd. 2, Warszawa 1988; I. Homola: „Kwiat społeczeństwa . . .“ Struktura społeczna i zarys położenia inteligencji krakowskiej w latach 1860–1914 („Die Blüte der Gesellschaft . . .“ Gesellschaftliche Struktur und Abriß der Lage der Krakauer Intelligenz in den Jahren 1860–1914). Kraków-Wrocław 1984.
12. Besondere Aufmerksamkeit lenken hier die Errungenschaften angelsächsischer Forscher in dieser Frage auf sich. Ein gutes Beispiel ist das unlängst veröffentlichte Buch von David Cannadine. Vgl.: D. Cannadine: Lords and Landlords. The Aristocracy and the Towns 1774–1967. Leicester 1980; vgl. auch: M. Nietyksza: Dzieje miast polskich w epoce kapitalizmu. Problemy, stan badań, postulaty. Kwartalnik Historyczny (Geschichte der polnischen Städte in der Epoche des Kapitalismus. Historische Vierteljahrschrift). S. 404–405, Jg. 87, 1980.
13. J. Badecka-Malkowa: Fundacje lwowskie. Szkic historyczny fundacyj i funduszów zarządzanych przez gminę miasta Lwowa (Die Lemberger Stiftungen. Historische Skizze der von der Gemeinde der Stadt Lemberg verwalteten Stiftungen und Fonds). Lwów 1939.
14. J. Bogdanowski: Warownie i zieleń twierdzy Kraków (Befestigungen und Grünanlagen der Festung Krakau). Krakau 1979.
15. F. Forstner: Przemyśl. Österreich-Ungarns bedeutendste Festung. Wien 1987.
16. Vgl. Abschnitt 1, S. 15 und 23; vgl. auch: H. Madurowicz-Urbańska: Przemysł Galicji. Główne problemy i potrzeby badawcze. Studia Historyczne (Die Industrie Galiziens. Die wichtigsten Probleme und Forschungsbedürfnisse. Historische Studien). S. 198–212, Jg. 18, 1975; gleichfalls: M. Tyrowicz: Galizien unter österreichischer Herrschaft. Die politischen und wirtschaftlichen Probleme Galiziens in der neuesten polnischen Historiographie 1945–1962. Sonderdruck aus: Österreichische Osthefte, S. 485–499; H. Wereszycki: Dzieje Galicji jako problem historyczny. In: Niewygasła przeszłość. Refleksje i polemiki (Die Geschichte Galiziens als historisches Problem. In: Nichtverlöschte Vergangenheit. Reflexionen und Polemiken). S. 173–192, Kraków 1987.
17. M. Nietyksza: op. cit., S. 399–413; A. Wyrobisz: Stadtplanung in polnischen Gebieten 1815–1914. In: Urbanisierung im 19. und 20. Jahrhundert. Historische und geographische Aspekte. S. 475–497, Köln 1983.
18. T. Gąsowski: Urbanizacja Galicji w dobie autonomicznej. Studia Historyczne (Die Urbanisie-

rung Galiziens in der autonomen Epoche. Historische Studien). S. 223–243, Heft 2, Jg. 28, 1985; J. M. Małecki: Lemberg und Krakau zwei Hauptstädte Galiziens. In: Festschrift Othmar Pickl zum 60. Geburtstag. S. 409–415, Graz-Wien 1987.

19. Belehrend ist in dieser Hinsicht ein Vergleich mit dem Krakau im 19. Jahrhundert sehr ähnlichen Graz. Graz besitzt unter anderem eine eingehende Analyse seiner Entwicklung aus der Wende des 19. zum 20. Jahrhundert aus der Feder des amerikanischen Forschers William H. Hubbard. Vgl.: W. H. Hubbard: Auf dem Weg zur Großstadt. Eine Sozialgeschichte der Stadt Graz 1850–1915. Wien 1984; dabei muß unterstrichen werden, daß mit Rücksicht auf die Zugehörigkeit Krakaus zur Habsburgermonarchie die österreichisch-ungarischen Städte und nicht die in anderen polnischen Ländern gelegenen und damit sich unter anderen staatlichen Organismen befindlichen Zentren Beziehungs- und Vergleichspunkte darstellen.

20. Diese Ausgaben gebe ich der Zeit entsprechend in österreichischen Gulden (fl) oder österreichischen Kronen an, wobei ich beide Währungen auswechselbar und im Prinzip ohne Umrechnung anwende.

21. Stenographische Protokolle (über die Sitzungen) der Delegation des Reichsrathes. I. Session 1868. Wien 1868 ff.

22. Ihn ändern auch nicht so wichtige methodologische Arbeiten wie z.B. das unlängst herausgegebene Buch von Maria Nietyksza. Vgl.: M. Nietyksza: Rozwój miast i aglomeracji miejsko-przemysłowych w Królestwie Polskim 1865–1914 (Die Entwicklung von Städten und städtisch-industriellen Agglomerationen im Königreich Polen 1865–1914). Warszawa 1986.

23. M. Nietyksza: Dzieje miast polskich w epoce kapitalizmu (Geschichte der polnischen Städte in der Epoche des Kapitalismus). S. 401.

24. H. Jędruszczak: Industrializacja a urbanizacja. Propozycje badawcze i uwagi polemiczne. Kwartalnik Historyczny (Industrialisierung und Urbanisierung. Forschungsvorschläge und polemische Bemerkungen. Historische Vierteljahrschrift). S. 405–419, Jg. 86, 1979.

25. J. Purchla: Jak powstał nowoczesny Kraków (Wie das moderne Krakau entstand).

26. K. Dziewoński, M. Jerczyński: Baza ekonomiczna i struktura funkcjonalna miast (Die ökonomische Basis und funktionale Struktur der Städte). Warszawa 1971.

27. Der Autor bereitet einen längeren Übersichtsartikel über dieses Thema vor und übergeht daher an dieser Stelle die Charakteristik der einzelnen Schulen; vgl. auch A. Wyrobisz: Nowe koncepcje w badaniach nad historią miast europejskich. Przegląd Historyczny (Neue Konzeptionen in Forschungen über die Geschichte europäischer Städte. Historische Rundschau). S. 155–174, 1. Heft, Bd. 80, 1989; den ausführlichsten Überblick weltweiter Forschungen über die Geschichte der Städte findet der Leser in den seit dem Jahre 1974 in Leicester herausgegebenen Bänden „Urban History Yearbook". Dort befinden sich auch zahlreiche Übersichtsartikel über den Stand der Forschungen in den einzelnen Ländern sowie ausführliche bibliographische Hinweise.

28. Über dieses Thema vgl. u.a.: The Historian and the City. Cambridge, Mass. 1963; The Study of Urbanization. New York-London-Sydney 1965; Nineteenth-Century Cities. Essays in the New Urban History. New Haven-London 1969; The New Urban History. Quantitative Explorations by American Historians. Princeton 1975; T. Hershberg: The New Urban History. Toward an interdysciplinary History of the City. Journal of Urban History. S. 3–40, Nov. 1978; The Structure of Nineteenth Century Cities. London-Canberra-New York 1982; P. M. Hohenberg/L. H. Lees: The Making of Urban Europe 1000–1950. Cambridge, Mass.-London 1985.

29. Sein Credo formulierte Dyos u.a. in seinem im Jahre 1975 auf der Konferenz in Lucca gehaltenen Referat. Vgl. H. J. Dyos: The Task of the Urban Historian Estratto da „La storiografia urbanistica" Atti del 1o Convegno Internazionale di Storia urbanistica „Gli studi di Storia urbanistica: confronto di metodologie e risultati". Lucca 24–28 settembre 1975. Vgl. auch H. J. Dyos: Agenda for Urban Historians. In: The Study of Urban History. S. 1–46, London 1968; H. J. Dyos: Exploring the urban past. Cambridge-London-New York-New Rochelle-Sydney-

Melbourne, ohne Datum; S. J. Mandelbaum: H. J. Dyos and British Urban history. The Economic History Reviev. S. 437–447, Bd. 38, Series 2, 1985.

30 Vgl. u.a.: D. Cannadine: op. cit.; A. Offer: Property and Politics 1870–1914. Cambridge 1981; Patricians, Power and Politics in Nineteenth Century Towns. Leicester 1982; N. J. Morgan/M. J. Daunton: Landlords in Glasgow: A Study of 1900. Business History. S. 264–286, Bd. 25, Nr. 3, 1983; R. J. Morris: Voluntary Societies and British Urban Elites, 1780–1850. An Analysis. The Historical Journal. S. 95–118, Nr. 1, R. 26, 1983.

31. Vgl. z.B.: J. U. Marshall: The Location of Service Towns. An Approach to the Analysis of Central Place Systems. Toronto 1969; J. M. Hittle: The Service City: State and Townsmen in Russia, 1600–1800. Cambridge, Mass. 1979; G. Sjoberg: The Preindustrial City: Past and Present. New York-London 1965.

32. Vgl. u.a. E. Strasburger: Gospodarka naszych wielkich miast. Warszawa-Łódź-Kraków-Lwów-Poznań; Die Wirtschaft unserer Großstädte. Kraków-Warszawa 1913; Kraków. Rozszerzenie granic 1909–1915 (Krakau. Die Erweiterung der Grenzen 1909–1915). Kraków 1931; T. Przeorski: Samorząd miasta Krakowa w latach 80-tych ubiegłego stulecia. Dziennik Rozporządzeń dla Stołecznego Królewskiego Miasta Krakowa (Die Selbstverwaltung der Stadt Krakau in den 80er Jahren des vergangenen Jahrhunderts. Verordnungsblatt der Königlichen Hauptstadt Krakau). S. 459–485, Jg. 1929; A. Chmiel: Ustrój miasta Krakowa w XIX wieku (w zarysie). In: Kraków w XIX wieku (Die Verfassung der Stadt Krakau im 19. Jahrhundert (im Abriß). In: Krakau im 19. Jahrhundert). S. 78–159, Bd. 1, Kraków 1932; H. Kapiszewski: Księgowość gminy m. Krakowa 1848–1918 (Die Buchführung der Gemeinde der Stadt Krakau); J. Purchla: Jak powstał nowoczesny Kraków (Wie das moderne Krakau entstand); ders.: Konstytucja dla Krakowa. Tradycja i przyszłość krakowskiego samorządu miejskiego (Die Verfassung für Krakau. Tradition und Zukunft der Krakauer städtischen Selbstverwaltung). S. 84–93, Nr. 1 (416), Jg. 1990.

33. Ein interessanter Beitrag in dieser Frage ist das letztens veröffentlichte Jüdische Heft der „Krzysztofory“. Vgl.: Krzysztofory. Heft 15, 1988.

1. An der Schwelle zur galizischen Autonomie

Quellen der Schwäche – Voraussetzungen der Modernisierung

„Eine Gräberstadt; wenn nicht die Kirchen mit ihrem Totengeläute wären, die vom Morgen bis zum Abend rauchenden Schornsteine, der Kot auf den Straßen, so würde ich glauben, daß es ein Friedhof in Konstantinopel ist.“[1] So schrieb Walerian Kalinka Mitte des 19. Jahrhunderts über Krakau und war mit seiner Meinung keineswegs allein. Obwohl man den apokalyptischen Visionen Kalinkas und seinen Zeitgenossen Einseitigkeit vorwerfen könnte,[2] so besteht kein Zweifel, daß die Auflösung des kleinen Freistaates und die Einverleibung Krakaus durch Österreich im November 1846 eine tiefe und langwährende Krise im Leben der bisher nicht schlecht prosperierenden Stadt hervorriefen.[3]

1.1. Die unmittelbaren Folgen der Einverleibung des Freistaates Krakau durch Österreich

Das reaktionäre Österreich behandelte Krakau nicht nur als Kriegsbeute, sondern auch als ein gefährliches Nest des Polentums, des Liberalismus und der Konspiration. Die Stadt trafen strenge Repressalien. Schon nach der Unterdrückung der Revolution von 1846 herrschte in Krakau polizeilicher Terror und die Gefängnisse füllten sich. In der ersten Phase der Repression wurden ca. 1.250 Personen verhaftet.[4] Den Einwohnern wurde die Pflicht zur Erhaltung einer österreichischen Militärbesetzung auferlegt. Allein 1846 betrug der Tribut hierfür 80.000 fl., um in den nächsten Jahren bedeutend anzusteigen.[5] Die Vorfälle des Völkerfrühlings von 1848 boten in Krakau eine nächste Gelegenheit zur Pazifizierung der Stadt. Die blutigen Ereignisse am 26. April und die Beschießung der Stadt von dem zu einer Zitadelle umgestalteten Wawel wurden für eine lange Zeit zu einem Symbol der österreichischen reaktionären Herrschaft an der Weichsel. Wieder füllten sich die Gefängnisse, erneut wurden damals ca. 1.250 Personen des 40.000 Einwohner zählenden Krakau verhaftet.[6] Der im Januar 1849 erklärte Kriegszustand in Galizien vertiefte nicht nur die allgemeine Niedergeschlagenheit, er wurde sogleich von den österreichischen Behörden zu einer Beschränkung der Aktivitäten des Stadtrates ausgenutzt.[7]

Der Triumph der Reaktion in Österreich nach der Unterdrückung des Völkerfrühlings brachte Krakau weitere Repressalien. Sie hatten jetzt längerfristigen und planmäßigen Charakter. Es ging um die Liquidierung der Eigenheiten der ehemaligen Hauptstadt, die noch nach dem Zeitabschnitt des Freistaates Krakau erhalten geblieben waren, sowie um eine vollständige Zusammenlegung der Stadt mit der Monarchie. Dem sollte vor allem eine intensive Germanisierung dienen. Nach 1849 strömte eine breite Menge österreichischer Beamter nach Krakau: „Sie kamen in die Stadt mit einem eingeimpften Vorurteil gegen alles, was polnisch war, umsomehr, als Krakau bisher als der hauptsächlichste Herd des Polentums in Galizien angesehen wurde; sie kamen haßerfüllt gegen die ehemaligen Institutionen Krakaus, verbanden sich nicht mit seinen Einwohnern, sondern schufen eine besondere Kaste, eine besondere Gesellschaft, trafen sich an besonderen Erholungs- und Vergnügungsstätten."[8] Gemäß Kalinka kamen damals einige Hundert österreichische Beamte nach Krakau.[9] Die Germanisierung umfaßte gleichfalls das Schul- und Gerichtswesen und 1853 wurde die deutsche Sprache zur Unterrichtssprache an der Jagellonischen Universität.[10] Die Zahl der Studenten der einer politischen Infiltration und Germanisierung unterworfenen Hochschule fiel bis auf 200.[11]

Das Jahr 1853 brachte auch eine endgültige Liquidierung der städtischen Selbstverwaltung. Der 1848 gewählte provisorische Stadtrat wurde aufgelöst. Dasselbe Los traf den Verwaltungsrat für den Krakauer Bezirk, an dessen Spitze der energische Piotr Michałowski stand. Der an Stelle des Stadtrates geschaffene provisorische Magistrat bestand nur noch aus von der Regierung ernannten Beamten. Zur offiziellen Sprache wurde die deutsche Sprache bestimmt.[12]

Die allmähliche Beschränkung und schließlich die Liquidierung der städtischen Selbstverwaltung wurde von einer repressiven Wirtschaftspolitik gegenüber der Stadt begleitet. Den Freistaat Krakau auflösend, benutzte die österreichische Regierung, die an einem chronischen Defizit ihres Haushalts litt, eilfertig die Gelegenheit und raffte einen beträchtlichen Teil des Vermögens und der städtischen Einkünfte an sich, indem sie es als Staats- und nicht als Munizipaleigentum behandelte.[13] In den nächsten Jahren kämpfte Krakau erfolglos um die Wiedererlangung des verlorenen Kapitals und seiner Einkünfte.[14] Der Entzug der bisherigen Finanzquellen wirkte sich automatisch auf den Wirtschaftsstand Krakaus aus. Schon 1847 wies der städtische Haushalt ein ungeheures Defizit auf.[15] So konnte beispielsweise die Gemeinde 1850 aus den erlangten Einkünften nur ein Drittel der nötigsten Ausgaben decken.[16] An der Wende des Jahres 1851 wurde in Krakau das österreichische Steuersystem eingeführt. Das vergrößerte bedeutend die fiskalische Belastung der Bevölkerung.[17] Das durchschnittliche Steuerausmaß wuchs auf das Drei- bis Vierfache.[18]

Die neue Steuerpolitik traf vor allem den Handel, der die Grundlage der Entwicklung der Stadt zur Zeit des Freistaates bildete. Das war nicht der erste Schlag, der gegen die Krakauer Kaufmannschaft gegen Ende der vierziger Jahre geführt wurde. Allein schon die Tatsache der Einverleibung des Freistaates durch Österreich im Jahre 1846 wurde für die Krakauer Kaufleute zur Katastrophe. Ein aufmerksamer Beobachter der damaligen Ereignisse, Walery Wielogłowski, charakterisierte diese grundsätzliche Umgestaltung der wirtschaftlichen Konjunktur folgendermaßen: „Der politischen Änderung folgte eine komplette Umgestaltung nicht nur der administrativen, sondern auch der gesellschaftlichen Verhältnisse. Die Stadt änderte ihren ursprünglichen Charakter und Stil, und in bezug auf den Handel unterlag sie einer so radikalen Umgestaltung, daß sie aus einem für die Industrie ganz Europas offenen Handelshafen auf den Stand eines Kramladens fiel, der Erzeugnisse einer Hauptstadt, die gleichzeitig seine Metropole ist, verkauft."[19] Krakau verlor den Status einer zollfreien Zone, denn 1847 wurde es in den österreichischen Zollbereich einverleibt. Das verursachte eine völlige Umorientierung des Krakauer Handels, der sich bisher auf lebhafte Kontakte mit Kongreßpolen und dem preußischen Schlesien – vor allem mit Breslau – stützte.[20] Abgeschnitten von den traditionellen Handelsrichtungen waren die Kaufleute gezwungen, neue Kontakte im Bereich der österreichisch-ungarischen Monarchie anzuknüpfen. Eine zusätzliche empfindliche Repression war die Besteuerung der in Krakau gelagerten Waren mit hohen Gebühren.[21] Diese spezifische Handelsrevolution wurde von einer Verschlechterung der monetären Verhältnisse begleitet. Das nebeneinander laufende Funktionieren von verschiedenen monetären Systemen, die finanziellen Wirren von 1848 und die Inflation erschwerten die Handelsoperationen.[22] Viele der früher in Krakau tätigen Handelsfirmen wurden gegen Ende der vierziger Jahre zur Liquidation gezwungen.[23]

Die schlechte wirtschaftliche Lage der Stadt wurde zusätzlich noch durch Naturkatastrophen erschwert. Zwei Choleraepidemien in den Jahren 1849 und 1855 forderten insgesamt ca. 2.350 Todesopfer.[24] Zu einer großen Erschütterung im Leben Krakaus wurde eine Feuersbrunst im Juli 1850. Sie vernichtete einen bedeutenden Teil des Stadtzentrums. Damals fielen über 160 Wohnhäuser (ungefähr zehn Prozent des gesamten Baubestandes) sowie Kirchen und Klöster der Franziskaner und Dominikaner, der Bischofspalast, das Wielopolski-Palais und die Universitätsdruckerei dem Feuer zum Opfer. Die Stadt verlor unwiederbringlich viele Kunstwerke und historische Denkmäler von unschätzbarem Wert.[25]

Ein sichtbares Zeichen der Krise, in der sich Krakau nach 1846 befand, war eine Entwicklungshemmung der Stadt. In kurzer Zeit verringerte sich die Zahl ihrer Einwohner um 4.000 und fiel an der Jahreswende 1849/1850 unter 40.000.[26]

Jedoch sollten grundsätzliche Änderungen des erneut in die österreichische Monarchie einverleibten Krakaus und nicht die politischen und ökonomischen Repressalien sowie die Naturkatastrophen über sein weiteres Schicksal entscheiden.

1.2. Der Niedergang Krakaus als Handelszentrum nach 1846

Die Einverleibung Krakaus durch Österreich verursachte eine völlige Umorientierung der wirtschaftlichen Ordnung, in der sich die Stadt befand. Krakau wurde jetzt zusammen mit einem kleinen Umkreis am rechten Weichselufer zu einem wichtigen Brükkenkopf der Habsburger Monarchie. Die Protektionspolitik der Wiener Regierung und die von gegenseitigem Mißtrauen erfüllten Beziehungen zwischen Österreich und Preußen und Rußland schnitten die Stadt automatisch von ihrem ausgedehnten wirtschaftlichen Hinterland im Norden ab und erschwerten die bisher lebhaften Beziehungen Krakaus zum preußischen Schlesien. Die Grenzlage Krakaus, die zur Zeit des Freistaates ein grundsätzlicher Faktor seiner wirtschaftlichen Entwicklung war, sollte nach 1846 eine der Hauptursachen seiner wirtschaftlichen Schwäche werden.

Der folgenschwerste Schlag, der gegen die ökonomischen Grundlagen der Stadt gerichtet wurde, war das Losreißen Krakaus von seinem wirtschaftlichen Hinterland im Norden. „Es war nämlich ausschließlich schlecht für Krakau, für seine Kaufleute, Fabrikanten und Handwerker, daß mit dem Tag seiner Einverleibung durch Österreich ihnen der Konsum Kongreßpolens verloren ging, so daß alle ausschließlich mit dem Konsum der Stadt rechnen mußten. Die Getreidemärkte in Krakau nahmen ein Ende, die Bürger Kongreßpolens mußten jetzt nicht nur ihre, sondern auch die österreichische Zollstelle passieren, sie waren zu Bemühungen um Pässe in Warschau gezwungen und zum Verkauf von Getreide konnten sie nicht nach Krakau kommen. Zu beiderseitigem Schaden wurde der Abbruch jenes allwöchentlichen Austausches der Produktion Kongreßpolens mit Gegenständen, die Krakauer Kaufleute lieferten; schließlich hatten die in Krakau erworbenen Waren nicht mehr den früheren Reiz, da sie mit Zolltarifen belegt und ihr Preis daher bedeutend erhöht war. Doch wenn sich der Krakauer Handel durch diese Änderungen so empfindlich geschädigt fühlte, so verloren die Krakauer Gastwirte und Besitzer von Einkehrhäusern nicht weniger, von denen sich eine bedeutende Anzahl in Krakau befand und die fast aussschließlich von den Bürgern Kongreßpolens lebten. Bis zum Jahre 1846 gab es in der Freien Stadt 13 größere Hotels und 170 Einkehrhäuser. Früher waren sie an jedem Markttag überfüllt, heute stehen sie leer oder werden zu Privatwohnungen umgestaltet. (. . .) Plötzlich fand sich die Mehrheit der Handwerker ohne Arbeit, die Meister beschränkten sich auf eine spärliche Anzahl von Gesellen, und als sie auch diese nicht mehr ernähren konnten, schlossen sie ihre Werkstätten. Maurer und Zimmerleute, die Schwierigkeiten mit dem Erlangen von Pässen hatten, unterließen ihre alljährlichen Frühjahrswanderungen nach Kongreßpolen; von jedem Laden, jeder Werkstatt, entfiel ein gewisser Teil der Beschäftigten . . .“[27]

Diese treffenden Bemerkungen Kalinkas wurden um 1850 geschrieben.[28] Es muß hinzugefügt werden, daß die ökonomische Isolierung Krakaus von Kongreßpolen, die noch vor 1846 begann, schnell dauernden Charakter annehmen sollte. Das war nicht nur mit den sehr beschwerlichen Paß- und Zollformalitäten verbunden,[29] sondern vor allem mit der politischen Lage und den gegenseitigen Beziehungen zwischen Österreich und Rußland. Schon zur Zeit des Krimkrieges und später im Verlauf der Ereignisse des Januaraufstands wurden die wirtschaftlichen Kontakte zu Kongreßpolen praktisch abgeschnitten.[30]

Noch zur Zeit der Freien Stadt führte durch Krakau ein großer Transithandel mit landwirtschaftlichen Erzeugnissen[31] – vor allem mit Weizen – aus den fruchtbaren Gebieten im Norden, die bis zur Nida und zur Pilica reichten.[32]

Ein großer Getreidemarkt fand zweimal in der Woche in Kleparz statt.[33] Getreide, aber auch Klee, Hirse, Raps, Wolle, Häute, Borsten und andere landwirtschaftliche Produkte wurden über Krakau nach Schlesien und weiter nach Leipzig, Frankfurt und Hamburg befördert und auch auf der Weichsel nach Danzig geflößt.[34] Auch Galizien benutzte die Vermittlung Krakaus und beförderte bedeutende Mengen landwirtschaftlicher Erzeugnisse und Rohstoffe weiter nach Westen.[35] Die nach 1846 neuentstandene politische Lage beschränkte gewaltsam die Rolle dieses Handels in der Wirtschaft der Stadt. Der schon in einem bedeutend geringeren Umfang geführte Austausch mit Kongreßpolen verlagerte sich unmittelbar an die Grenze zu den Zollämtern in Baran und Michałowice.[36] Und obwohl noch 1860 Walery Wielogłowski seine Visionen von einer Umgestaltung Krakaus in einen großen Getreidemarkt spann, so wurde Krakau an der Wende des 19. Jahrhunderts keineswegs zu einem großen „landwirtschaftlich-industriellen Hafen", der Getreide aus Podolien, aus der Gegend um Sandomierz und aus Galizien nach Breslau, Stettin, Danzig, Frankreich und England verfrachtet.[37]

Die Ereignisse des Jahres 1846 trafen gleichfalls den für Krakau lukrativen Transithandel, der von Schlesien über das Gebiet der Freien Stadt nach Osten führte. Schlesien beförderte vor allem eigene Textilerzeugnisse (Tuch, Baumwollgewebe, Leinwand) nach Krakau, aber auch landwirtschaftliche Maschinen und industrielle Erzeugnisse aus Deutschland und Westeuropa, sowie Seidenstoffe, Zucker und Kolonialwaren.[38] Aus Krakau gingen diese Waren hauptsächlich auf dem Schmuggelwege nach Kongreßpolen oder nach Galizien, um von dort über die zollfreie Zone in Brody auf den russischen Markt zu gelangen.[39] Vor 1846 sollte das kleine Krakau die Hälfte des ganzen schlesischen Exportes übernehmen.[40] Durch die Stadt führten zu jener Zeit vier Fünftel des Transits aus Preußen nach Kongreßpolen und Rußland.[41] Daher erwiesen sich auch die wirtschaftlichen Folgen des Untergangs des Freistaates nicht nur für Krakau selbst, sondern auch für Schlesien als katastrophal. Eine Reihe angesehener kaufmännischer Firmen wurde in den Bankrott getrieben. Die Annexion Krakaus durch Österreich rief in Schlesien eine Welle der Empörung hervor und den energischen Versuch, den Lauf der Ereignisse zu ändern. Diese Aktion, die in Berlin von Breslauer Kaufleuten, mit dem Oberbürgermeister Pinder an der Spitze, unternommen wurde, endete mit einem Mißerfolg.[42] Der deutsche Historiker Emil von Lucadou schrieb 1943:

„Als 1846 die Einverleibung des Freistaates in den österreichisch-ungarischen Staat erfolgte, ging Schlesiens Stellung als erste Handelsprovinz Preußens endgültig verloren." [43] Diese Meinung macht gleichzeitig bewußt, welch großen Nutzen Krakau mit der Liquidierung des Freistaates verlor.

1.3. Das Scheitern der Errichtung eines Verkehrsknotenpunktes

Die Liquidierung der Freien Stadt trug weiterhin dazu bei, daß Krakau noch zusätzlich eine Entwicklungsaussicht entzogen wurde: seine Umgestaltung in einen großen Verkehrsknotenpunkt. „Es scheint unwahrscheinlich, einen anderen Punkt für die Kreuzung der polnisch-russischen mit der österreichisch-galizischen und der deutschen Bahnlinie zu finden, das heißt, daß in Krakau die Eisenbahnlinien von Warschau nach Wien oder Breslau, von Breslau nach Brody, aus Wien und Triest nach Lemberg, Czernowitz und Brody zusammentreffen müßten. In der Voraussetzung dieser aus der

Natur der Sache hervorgehenden Verkehrsverbindung nimmt Krakau eine europäische Bedeutung ein und wird zu einem großen Landhafen, der die Handelshäfen Triest von Süden, Odessa von Osten, Danzig und Stettin von Norden aus verbindet."[44] Diese Anschauung Kalinkas wurde nicht nur von den Repräsentanten des lokalen Establishments vertreten.[45] Mit Rücksicht auf seine Lage und den außergewöhnlichen politischen und ökonomischen Status war Krakau zum Zentrum des Eisenbahnverkehrs zwischen den drei Annexionsmächten als wichtiger Knotenpunkt vorgesehen, der Westeuropa mit der Schwarzmeerküste verbinden sollte. Es schien, daß schon 1847 eben in Krakau sich die aus Wien, Berlin und Warschau geführten Eisenbahnlinien verbinden sollten.[46] Ein besonders großes Gewicht legte die preußische Regierung auf diese Projekte. Deshalb auch wurde, als man 1842 zum Bau der ersten Eisenbahnlinie in Schlesien schritt, zum Ziel einer Verbindung mit Breslau nicht Berlin, sondern Krakau ausersehen.[47] Damit kann auch die Opposition Friedrich Wilhelms IV. gegen den österreichisch-russischen Plan der Liquidierung der Freien Stadt erklärt werden.[48] Interesse an Krakau als großes Zentrum des Bahntransitverkehrs wiesen sogar die Engländer auf. Ein Vertreter Großbritanniens in Warschau berichtete im März 1846 dem englischen Außenminister in der Regierung von Robert Peel, George Hamilton Gordon: „Before the current year elapses, Cracow will be in a direct railway communication with the great lines of Prussian Silesia and of Bohemia and Austria; and probably in the next year it will constitute the central point of the important line of railway communication between the Adriatic and the Baltic. Early in the ensuring year, also, it will be in direct communication of the same description with Warsaw. (. . .) Looking, therefore, to the almost certainly very great part of the trade of the Levant, and even of India and China, finding its way up the Adriatic, it cannot be denied that it must be of the greatest commercial importanca, even to England, to have such a station as Cracow in the centre of the great net of railway connecting the Western and Eastern Continent."[49]

Die einige Monate später erfolgte Einverleibung Krakaus durch Österreich sollte diese Pläne durchkreuzen. Zwar wurde im Oktober 1847 die Krakauer-Oberschlesische-Bahnlinie eröffnet, die auf Initiative der Breslauer Kaufleute gebaut wurde,[50] doch gleichzeitig umging der sich seinem Ende nähernde Bau der Warschauer-Wiener Eisenbahnlinie Krakau.[51] Die Führung dieser wichtigen europäischen Magistrale durch Schlesien vernichtete definitiv die noch vor kurzem bestandenen Pläne, aus Krakau einen großen Eisenbahnknotenpunkt des europäischen Eisenbahnnetzes zu machen. Myslowitz und Kattowitz übernahmen diese Rolle für Krakau, das für viele Jahrzehnte die Möglichkeit einer Eisenbahnverbindung in nördlicher Richtung verlor, die die Stadt mit den weiten landwirtschaftlichen Gebieten verbinden und integrieren hätte können, die auf der anderen Seite der Grenze lagen.[52] Gleichfalls sollte in Zukunft eine wichtige Verbindung in südlicher Richtung Krakau umgehen, zum großen Schaden für die Interessen der Stadt.[53]

Der Bau einer europäischen Eisenbahnmagistrale von Wien nach Warschau über Oderberg und Myslowitz war nicht der einzige Schlag, der Ende der vierziger und fünfziger Jahre die wirtschaftlichen und Verkehrsinteressen Krakaus traf. Zu dieser Zeit begann die österreichische Regierung mit dem Bau der ersten Eisenbahnmagistrale in Galizien, die diese Provinz mit Wien verbinden sollte.[54] Entsprechend den anfänglichen Absichten sollte die sogenannte Kaiser-Ferdinand-Nordbahn auf einer schon in den dreißiger Jahren geplanten Strecke längs des rechten geographischen Weichselufers von Auschwitz über Podgórze nach Bochnia und weiter nach Osten nach Lemberg führen.[55] Als im Herbst 1851 das österreichische Ministerium für Handel und öffentliche Arbeiten weiterhin – aus strategischen und Sparsamkeitsgründen – zur Realisierung dieser für Krakau ungünstigen Lösung geneigt war, alarmierte der „Czas" die öffentliche Meinung, und damit wurde die Frage der neuen Bahnlinie zu einer „Frage auf Leben und Tod" für die Stadt Krakau selbst.[56] Zum Kampf schritt die ein Jahr früher gegründete Krakauer Handels- und Gewerbekammer. Ihr erster Präsident, Wincenty Kirchmayer, eine der einflußreichsten Persönlichkeiten im damaligen Krakau, argumentierte folgendermaßen: „. . . wenn die Verbindung der Krakauer-Oberschlesischen mit der Nordbahn einerseits, andererseits wieder die Verbindung dieser Bahn mit der Galizischen Bahn, die gegenwärtig gebaut wird, unterlassen würde und die Eisenbahn am rechten Ufer der Weichsel gebaut würde, die die Galizische Bahn mit der Nordbahn verbindet, so würde in diesem Fall – sage ich – die Stadt Krakau für immer als Handels- und Industriezentrum verschwinden, außerhalb des Netzes der Eisenbahnen verbleibend, die die nordöstlichen Provinzen mit der Hauptstadt der Monarchie und den südlichen Provinzen verbinden."[57] Die Intervention der Krakauer brachte damals nicht den erwarteten Erfolg. Die endgültige Entscheidung der strittigen Frage zog sich noch die nächsten zwei Jahre hin. Wie Juliusz Demel bemerkte: „Im Jahre 1853 sah sich Krakau, anstatt der Knotenpunkt eines großen nord-südlichen und west-östlichen Verkehrssystems zu werden, im Besitz eines kurzen, lediglich 65 km zählenden, blinden Nebengeleises, das es zwar über Mysłowice mit Wien, Breslau und Warschau verbindet und günstig die Entwicklung von Handel und Spedition beeinflußt, aber nur eine lokale Bedeutung hat."[58] Und obwohl in den nächsten Jahren dank des günstigen Verlaufs der Ereignisse – vor allem durch den Krimkrieg – die aus Ostrau und Oderberg laufende Linie über Krakau geführt wurde,[59] so änderte das jedoch nichts an der Tatsache, daß an der Wende der vierziger und fünfziger Jahre die Stadt unwiderruflich die Aussicht verlor, sich in einen großen Eisenbahnknotenpunkt von europäischer Bedeutung umzugestalten.

1.4. Die administrative Degradierung Krakaus

Eine andere, für die weitere Entwicklung Krakaus negative Entscheidung, die noch an der Schwelle zur galizischen Autonomie getroffen wurde, war das Problem der administrativen Degradierung Krakaus. Der Entzug der hauptsächlichen Privilegien wenn auch nur einer Provinzhauptstadt – beraubte Krakau vieler wirtschaftlicher Vorteile, die bis 1918 bereitwillig von Lemberg ausgenutzt wurden.[60]

Das Problem einer neuen administrativen Einteilung Galiziens und die Verleihung des Status einer Hauptstadt von Westgalizien an Krakau wurde Ende der fünfziger Jahre erwogen. Noch 1849 wurde in Krakau eine besondere Gouvernement-Kommission für sieben Kreise Westgaliziens geschaffen, die zwar den Landesbehörden in Lemberg unterstand, aber in der Praxis selbständig ein weites Gebiet von Saybusch, Biała und Chrzanów im Westen bis Kolbuszowa, Rzeszów und Jasło im Osten verwaltete.[61] Im Jahre 1854 wurde die Gouvernement-Kommission durch die „Landes-Regierung für Westgalizien" ersetzt, was – trotz der Beibehaltung nur einer gemeinsamen Statthalterschaft in Lemberg – die Besonderheit der westlichen Bezirke und die administrative Rolle Krakaus stärkte.[62] Diese für Krakau günstige Einteilung hielt jedoch nicht lange an. Schon am 1. September 1860 wurde die Landesregierung für Westgalizien aufgelöst und das ganze Gebiet Galiziens den Behörden des Lemberger Statthalters unterstellt.[63] Die damalige Verlegung vieler höherer Behörden nach Lemberg wurde von M. Estreicher als „eine Katastrophe für die Stadt" bezeichnet, die weiter schrieb: „Das rief eine große Niedergeschlagenheit hervor. Krakau begann zu veröden, denn die einen wurden von Amts wegen versetzt, die anderen verabschiedet und übersiedelten an wirtschaftlich billigere Orte. Die Preise der Wohnungen fielen um ein Drittel, trotzdem standen viele von ihnen leer, und da die Steuern unvermindert blieben, erlitten die Hausbesitzer beträchtlichen Schaden."[64]

Die Frage einer endgültigen administrativen Einteilung Galiziens war jedoch noch nicht völlig entschieden. Das Oktoberdiplom von 1860 verkündete auch eine Berufung der Provinziallandtage. Als Ergebnis dessen kam es gegen Ende Dezember in Krakau zu einer großen Kundgebung des galizischen Adels, an der ungefähr sechshundert „angesehene Bürger" teilnahmen.[65] Der Krakauer Provinziallandtag verfaßte am 31. Dezember 1860 eine Denkschrift, die politische Postulate an die Adresse Wiens formulierte. Dieses wichtige politische Dokument, das sich auf die Argumentation berief, daß „Polen verbunden mit den Ruthenen eine historisch-politische nationale Individualität bildet", forderte für Galizien „einen Landestag mit gesetzgebender Gewalt in Fragen der Nationalität, Sitten und Gebräuche, Bildung, öffentlichen Vermögens und Landesinstitutionen . . ."[66] In Krakau herrschte damals gleichzeitig entgegen den Interessen der Stadt selbst die Überzeugung von der Notwendigkeit einer Zentralisierung der administrativen Macht in Galizien als ein patriotisches Geheiß für alle Polen.[67] Das Februarpatent von 1861 berücksichtigte – trotz des Widerstandes der Wiener Zentralisten und der ruthenischen Politiker – die Forderungen der Krakauer Denkschrift. Das samt der Verfassung verkündete „Statut für das Königreich Galizien und Lodomerien mit dem Krakauer Großherzogtum" erkannte „die Einheit des Landes und des Landtages" an.[68] An der Wende 1860/1861 erfolgte also die nächste Degradierung der Stadt, an der Krakau selbst – im Namen der nationalen Frage – aktiv Anteil nahm.[69]

Das Problem der Einteilung Galiziens lebte noch einmal in einer Sitzung des galizischen Landtages auf, der Ende des Jahres 1865 seine Beratungen abhielt. Erwogen wurde damals das Regierungsprojekt einer administrativen Teilung Galiziens in zwei Länder mit separaten Statthalterschaften in Krakau und in Lemberg, die jedoch „der Verwaltung eines gemeinsamen General-Gouverneurs" unterstehen sollten.[70] Dieses Projekt, von den ruthenischen Abgeordneten vehement unterstützt, die dabei der Hoffnung Ausdruck gaben, daß in Zukunft nach der administrativen auch eine politische Teilung Galiziens erfolgen werde, wurde von den polnischen Abgeordneten, die ein entschiedenes Übergewicht im Landtag besaßen, einstimmig abgelehnt. Im Verlaufe einer stürmischen Landtagsdebatte wurde der Krakauer Henryk Wodzicki zu den verbissensten Verteidigern einer Beibehaltung des hauptstädtischen Monopols Lembergs, indem er sich wie die gesamte „Krakauer Partei" entschieden einer Teilung Galiziens widersetzte.[71] Der um die Beibehaltung der Vorherrschaft auf dem gesamten Gebiet Galiziens kämpfende Adel akzeptierte gleichfalls nicht ein im März 1866 zu den Beratungen des Landtags eingereichtes Projekt einer Bittschrift an den Kaiser mit dem Inhalt, einer abwechslungsweisen Abhaltung der galizischen Landtage in Lemberg und in Krakau zuzustimmen, was auch Krakau den Verlust seines Hauptstadtstatus ersetzen sollte.[72] Auf diese Weise wurden die Interessen Krakaus der nationalen Frage geopfert, und alle Profite, die aus dem Status einer Hauptstadt flossen, der am Pełtew gelegenen Stadt überlassen.[73]

Józef Kremer schrieb dazu: „Doch ohne Zweifel den höchsten Beweis seines Patriotismus erwies in den letzten Zeiten Krakau und zeigte, daß es würdig war, sich immer den Herd des nationalen Empfindens zu nennen. Der Landtag bestimmte, daß zu Gunsten des allgemeinen Wohles unsere Stadt in die Reihe der Kreisstädte herabsteigen sollte. Krakau, wissend, daß es als Vorbild der Aufopferung für alle dienen mußte, nahm mit wahrhaft gemeinsinnigem Verzicht das Urteil des Landtages an, und obwohl dieses Krakau, an den Anblick von Purpur gewöhnt, es empfand und wußte, welch ein materieller Verfall ihm drohte, so paßte es sich gleichwohl dem Willen der Gemeinschaft an, opferte sich schweigend und nahm in Demut das es zur Armut bestimmende Urteil an."[74]

Vor seiner Autonomie wurde Krakau also endgültig zur Bezirkshauptmannschaft degradiert.[75] Ein Trost sollte die Verleihung der Lemberger Statthalterschaft an den Krakauer Bezirkshauptmann bedeuten: die Beibehaltung einiger Ämter in der Stadt z.B. solche, die das Gerichts- und Finanzwesen betrafen die mit ihrem Bereich das formal nicht mehr bestehende Westgalizien umfaßten.[76] Das ersetzte jedoch nicht die Schäden, welche die Stadt erlitt, der die spezifischen Verwaltungsfunktionen von regionalem Charakter entzogen wurden. Bis 1918 wird Krakau die einzige große Stadt Zisleithaniens sein, die nicht die Hauptstadt des Kronlandes ist. Im Falle des territorial ausgedehnten Galiziens (78.500 km^2), das fast 26 Prozent der gesamten Fläche Zisleithaniens bildete, war das eine paradoxe Situation. Das vermehrte den Nutzen, den Lemberg aus dieser riesigen Provinz schöpfte. Krakau mußte dabei, obwohl es keine Hauptstadt war, aber den Titel einer solchen benutzte, einen zusätzlichen Preis seiner Größe entrichten. Zusammen mit acht anderen Hauptstädten der Kronländer wurde es zu dem Kreis der neun sogenannten geschlossenen Städte in Zisleithanien gerechnet, wo Verbrauchersteuer eingenommen und die höchste Steuerveranlagung bestand.[77]

1.5. Das „Polnische Kufstein"

Die Annexion Krakaus durch Österreich bewirkte noch eine grundsätzliche Änderung. Der „streng neutrale Freistaat" bildete ein Gebiet, dem jegliche militärischen Mittel entzogen waren. Der Artikel VI des zusätzlichen Vertrages vom 3. Mai 1815 garantierte nicht nur die Achtung der Neutralität Krakaus und seines Gebiets durch die drei Schutzmächte, sondern unterstrich auch, daß „niemals und unter keinem Vorwand wird eine Streitmacht einziehen können".[78] Und obwohl diese feierliche Verpflichtung in Kürze verletzt werden sollte,[79] so spielte Krakau in den Jahren 1815 bis 1846 nicht die Rolle eines befestigten militärischen Lagers oder auch nur einer Garnisonsstadt. Auf dem Gebiet der Freien Stadt war lediglich die Krakauer Miliz tätig, eine paramilitärische Organisation, die ausschließlich zur Aufrechterhaltung der inneren Ordnung in dem kleinen Freistaat berufen war.[80]

Für Österreich wurde Krakau sogleich zu einem wichtigen strategischen Punkt. An der Grenze, am linken Ufer der Weichsel gelegen, bildete es einen natürlichen Brückenkopf von grundsätzlicher militärischer Bedeutung in einem eventuellen Krieg mit Rußland. Die österreichischen Strategen sahen in Krakau die Grundlage zu Operationslinien einer österreichischen Offensive in Kongreßpolen sowie das erste Ziel eines erwarteten Angriffs seitens Rußlands.[81] Für eine Umgestaltung der neu erworbenen Stadt in ein befestigtes Armeelager sprachen auch ohne Zweifel die Ereignisse der Jahre 1846 und 1848 in Krakau selbst, das für Österreich ständig ein Symbol der Unabhängigkeitsbestrebungen der Polen war.[82] Daher wurden schon in den Jahren 1848–1849 intensive Befestigungsarbeiten auf dem Wawel durchgeführt, die den königlichen Hügel in eine die Stadt beherrschende Zitadelle umwandelten.[83] Gemäß früher vorbereiteter Pläne (Arbeiten an Projekten von Befestigungen Krakaus wurden in Wien noch vor 1846 in Angriff genommen) wurde 1849 mit Arbeiten an den äußeren Befestigungen der Stadt begonnen. In den Jahren 1850 bis 1854 wurden auch – neben den Befestigungen und den militärischen Gebäuden auf dem Wawel – große Forts rund um den Kościuszko- und Krakushügel, die Warschauer- und Grzegórzki-Lünetten sowie Maximilians-Türme in Krzemionki errichtet.[84] Die Spannung in den österreichisch-russischen Beziehungen zur Zeit des Krimkriegs beschleunigte die Arbeiten an der Befestigung Krakaus. Zwischen 1854 und 1856 wurde die Stadt endgültig in ein österreichisches befestigtes Armeelager umgestaltet, das mit zahlreichen Schanzen bewehrt war.[85] Der Krimkrieg entschied gleichfalls über eine weitere Befestigung Krakaus. Schon seit der Mitte der fünfziger Jahre zog der österreichische Generalstab die Möglichkeit eines Krieges mit Rußland in Betracht. Die strategische Bedeutung Galiziens wuchs.[86] Daher auch wurden seit 1856 die Arbeiten an der Umgestaltung des Krakauer Armeelagers in eine Festung vorangetrieben. Die Pläne entwarf der damalige Generalgeniedirektor im österreichischen Kriegsministerium, August Graf Caboga.[87] Im Laufe der nächsten zehn Jahre wurde die Stadt mit einem Erdwall von über 5,5 km Länge umgeben, der den Kern der Festung bildete. Dieser wurde zusätzlich mit Bastionen verstärkt. Außerhalb wurden acht permanente Werke errichtet, fünf Batterien und zwanzig Erdschanzen.[88] In der Stadt selbst wurden in der Rajskastraße Kasernen von mächtigem Ausmaß errichtet (1861–1862), zwei Militär-Reitschulen eine von ihnen in Podgórze sowie andere Bauten, die den Bedürfnissen der militärischen Besatzung dienten.[89] Bis 1868 gab die österreichische Regierung für die Befestigung Krakaus 8,800.000 fl. aus.[90]

An der Schwelle zur Autonomie war Krakau schon in eine starke Grenzfestung mit einer zahlreichen militärischen Besatzung umgestaltet.[91] Schon von Anfang an bestand dabei eine sich allmählich steigernde Widersprüchlichkeit zwischen der Stadt und der Festung. Besonders in der ersten Phase hatten die Befestigungen der Stadt einen deutlichen Okkupationscharakter, und die Interessen der Stadt wurden von den Militärbehörden nicht berücksichtigt. Seit 1851 plante die österreichische Regierung – auch aus strategischen Gründen – den Bau einer galizischen Eisenbahn-Hauptmagistrale am rechten Ufer der Weichsel ohne den Anschluß von Krakau.[92] Allein schon die Tatsache der Umgestaltung der Stadt in eine Festung hatte übrigens einen weiteren negativen Einfluß auf die Entwicklung des Krakauer Eisenbahnknotenpunktes, und besonders bemerkbar machte sich das an dem Mangel an Verbindungen mit den nördlichen Gebieten, die auf der anderen Seite der Grenze gelegen waren.[93]

Der in einer Entfernung von 600–800 Metern vom Hauptmarkt aufgeschüttete Festungswall hemmte Ende des 19. Jahrhunderts beträchtlich die Entwicklung des Bauwesens in der Stadt[94] und schnitt gleichzeitig Krakau von den umliegenden Vorstadtgemeinden ab. Außerhalb des Walles führte das österreichische Militärkommando 1859 Zonen ein, die mit Bauverboten belegt waren. In der ersten von ihnen – in einer Breite von ungefähr 300 Klaftern (ca. 570 m) – bestand ein strenges Verbot für Änderungen der bestehenden Bebauung; in der zweiten – in einer Breite von 800 Klaftern – wurde eine Baubewilligung erst nach dem Unterzeichnen von sogenannten Demolations-Reversen bewilligt, die den Besitzer zum Niederreißen der Häuser auf den jeweiligen Befehl der Behörden verpflichteten.

Krakau, dem 1853 die Selbstverwaltung entzogen wurde, hatte daher nur beschränkte Verteidigungsmöglichkeiten gegenüber den Forderungen der österreichischen Festungserbauer. Ein Maßstab der Gefährdung der Stadt war ein von den militärischen Behörden im Jahre 1861 entworfener Plan zur Schaffung einer besonderen Demolationszone als Vorfeld für die Befestigungen auf dem Wawel. Demgemäß sollten auch die Häuser in der Kanoniczastraße, in Podzamcze (darunter die Kirche des Hl. Ägidius), in Groble und Rybaki abgerissen werden.[95] Gefährdet waren auch andere Gebäude, die sich zwischen dem Wawel und dem Dominikanerplatz befanden.[96] Diese Angelegenheit erregte die gesamte polnische öffentliche Meinung und wurde in der Presse des Landes überall kommentiert.[97] Der „Przegląd Powszechny“ schrieb: „Wer hätte das vermutet, daß aus dem einst freien Krakau irgendein Kufstein wird . . .“[98] Erst energische Proteste und Interventionen der Krakauer Abordnung in Wien verhüteten diese barbarischen Absichten.[99] Früher schon traten die militärischen Behörden mit dem Konzept auf, Kazimierz als eine zusätzliche Zwischenschanze der Festung mit einem Wall zu umgeben. Im Zusammenhang damit forderten sie den Abriß der

St. Peter- und Paul-Kirche.[100] Während des österreichisch-preußischen Kriegs wurden 1866 alle Häuser in Zwierzyniec, Łobzów, Olsza, Dąbie, Piaski, Wola Duchacka, Kapelanka, Ludwinów, Zakrzówek sowie in acht anderen Vorstadtgemeinden zum Abriß bestimmt. Auch sollten alle Bäume und Sträucher in diesem Gelände verschwinden.[101] Eine für Krakau glückliche Entwicklung der Ereignisse verhinderte die Verwirklichung dieser Absichten.[102]

1.6. Die wirtschaftliche Lage Österreichs und Galiziens und die Entwicklungsmöglichkeiten Krakaus

Zu einem negativen Ereignis von prinzipieller Bedeutung für die weitere wirtschaftliche Entwicklung der Stadt wurde allein schon die Tatsache, daß Krakau an das österreichische Kaiserreich fiel. Die Ansicht von einer wirtschaftlichen Rückständigkeit der Habsburger Monarchie im 19. Jahrhundert ist ziemlich verbreitet, trotz der auseinandergehenden Anschauungen über das Ausmaß dieser Unterentwicklung.[103] Einige Forscher, beispielsweise Alexander Gerschenkron und Eduard März, sind sogar der Meinung, daß Österreich bis 1914 überhaupt keine tiefergehende Industrialisierung durchmachte.[104] Andere, wie David Good, Nachum Gross, Györgi Ránki oder Richard L. Rudolph scheinen sich einig zu sein, daß trotz kurzen periodischen Wachstums in den Jahren 1867–1873, also in der sog. Gründerzeit, der allgemeine wirtschafltiche Trend Österreichs an der Jahrhundertwende zwischen Stagnation und einer Entwicklung schwankte, die von einem sehr langsamen Anwachsen charakterisiert war, und Österreich im Verhältnis zu anderen europäischen Staaten weit hinterherhinkte.[105] Eine synthetische Bestätigung dieser Meinungen kann ein Vergleich des jährlichen Anwachsens des Nationaleinkommens Österreichs mit anderen Staaten sein. Nach einer Schätzung von Paul Bairoch betrug dieses Wachstum zwischen 1830 und 1870 für Zisleithanien durchschnittlich 0,45%, während für Deutschland 1,17%, für Frankreich 1,27%, für die Schweiz 1,73% und für Rußland 0,97% galten.[106] Die Forscher – besonders die nichtmarxistischen – scheinen der gleichen Ansicht zu sein: Eine unmittelbare Abhängigkeit zwischen den Ereignissen des Völkerfrühlings von 1848 in der Monarchie sowie den mit dieser Revolution verbundenen Reformen und der Beschleunigung der wirtschaftlichen Entwicklung Österreichs besteht nicht.[107]

Neben der ökonomischen Rückständigkeit der Habsburger Monarchie, die besonders kraß bei einer Gegenüberstellung mit Preußen und auch den industrialisierten Gebieten Kongreßpolens bemerkbar war, wurde für das weitere Schicksal Krakaus an der Wende des 19. Jahrhunderts die Frage der ungleichmäßigen Entwicklung des österreichischen Kaiserreiches zu einem zusätzlichen Problem von prinzipieller Bedeutung. Der Freistaat Krakau, der mit den sich rasch industrialisierenden Gebieten des preußischen Schlesiens und dem Kohlebecken von Dąbrowa benachbart war, fand sich nach 1846 in den Grenzen Galiziens, das bis 1918 die rückständigste Provinz Zisleithaniens war. In Hinblick auf die sozio-ökonomische Struktur repräsentierte

Galizien, wie Helena Madurowicz-Urbańska meinte, „einen feudal-agrarischen Typus mit einer extensiven Landwirtschaft, die auf das System der Fronarbeit, später einer halben Fronarbeit gestützt war, einer sehr schwachen Akkumulation von Geldmitteln, vielen Elementen der Naturwirtschaft, einer schwachen Entwicklung des Binnenmarktes und einem sehr niedrigen Grad der Urbanisierung und der Industrialisierung. Charakteristisch war auch die Vorherrschaft des Großgrundbesitzes und die Wirtschaftsstruktur einer sehr zahlreichen bäuerlichen Bevölkerungsgruppe. Diese Kennzeichen, die im Laufe des 19. Jahrhunderts sehr langsamen Änderungen unterliegen, wirken auf die Gesamtheit der wirtschaftlichen Prozesse Galiziens dieser Zeit zurück."[108] Unter den vielfältigen Faktoren, die über den katastrophalen wirtschaftlichen Zustand Galiziens in der Mitte des 19. Jahrhunderts entscheidend waren, erwähnt Saryusz-Zaleski auch die schädliche Zollpolitik, die Steuerlasten, die fehlerhafte wirtschaftliche Gesetzgebung, die diskriminierende Politik der Behörden gegenüber Galizien und vor allem das Fehlen eines entwickelten Binnenmarktes und den Verfall der Landwirtschaft.[109] Erst am Vorabend des Ersten Weltkrieges fand in Galizien ein technischer Umbruch und ein allmählicher Übergang zum kapitalistischen System statt.[110] Dabei herrschte die Überzeugung von einer Vertiefung des ökonomischen Mißverhältnisses zwischen Galizien und den gut industrialisierten böhmischen und österreichischen Ländern in der zweiten Hälfte des 19. Jahrhunderts.[111] Von dem Grad dieses Mißverhältnisses zeugen die Schätzungen von Rudolph, die das Pro-Kopf-Einkommen in den Jahren 1911–1913 betreffen. Dieses Einkommen betrug – bei einem Durchschnitt von 520 Kronen für das gesamte Zisleithanien – für Ober- und Niederösterreich 790 Kronen, für die böhmischen Länder (Böhmen, Mähren, Österreichisch-Schlesien) 630 Kronen, für Galizien dagegen nur 250 Kronen. Auch andere Provinzen des Kaiserreiches, darunter Slowenien, Dalmatien und die Bukowina, besaßen ein höheres Nationaleinkommen (ca. 300 Kronen). Die Bevölkerung Galiziens, die 1911 ungefähr 28 Prozent der Gesamtbevölkerung Zisleithaniens ausmachte, erwirtschaftete nur 13,7 Prozent des Nationaleinkommens Österreichs.[112]

Der 1846 erfolgte Anschluß Krakaus an Galizien traf dabei mit der größten Intensität der sozio-ökonomischen Krise zusammen, in der sich diese Provinz befand. Einige Autoren bezeichnen sogar die in der Mitte des 19. Jahrhunderts in Galizien entstandene Lage als eine Katastrophe.[113] In der Tat brachten die Jahre 1848–1860 trotz der Bauernbefreiung, der allmählichen Aufhebung der feudalen gesellschaftlichen Struktur und der Verbreitung einer Reihe von zivilisatorischen Errungenschaften, zu deren Symbol jener Zeit die Eisenbahn wurde einen deutlichen Rückstand im Entwicklungsniveau dieser Provinz. „Es gelang Galizien nicht, zur rechten Zeit die Schwelle zu überschreiten, die in der Landwirtschaft die extensive Fronwirtschaft von der intensiven Lohnwirtschaft trennt. In der Industrie gelang es ihm nicht, eine moderne Arbeitsstätte für das Übermaß an Arbeitskräften in dieser Provinz zu schaffen. In diesem letzten Fall trat in den Jahren 1848–1860 sogar ein Rückschritt ein." So schrieb Kazimierz Wyka.[114] Diese dramatische Lage wird von demographischen Angaben bestätigt. Zwischen 1846 und 1857 wurde in Galizien sogar ein Bevölkerungsrückgang verzeichnet.[115] Auch in Krakau manifestierte sich die tiefe Krise durch eine Hemmung des Bevölkerungszuwachses. Im Jahre 1857 zählte die Stadt 41.086 Einwohner, das heißt fast um 3.000 weniger als 1844, dem Vorabend der Liquidierung des Freistaates. Erst die sechziger Jahre sollten ein allmähliches Anwachsen der Bevölkerungszahl bringen. Doch obwohl sich 1869 die Bevölkerung Krakaus 50.000 annäherte (49.835)[116] also um fast 6.000 mehr als 25 Jahre früher, am Ende des Freistaates , blieb die gesellschaftliche Stuktur der Stadt unverändert. Zwischen Krakau und anderen vergleichbaren Städten in Österreich bestand in dieser Hinsicht eine deutliche Ungleichheit. Krakau war – im Gegensastz zu anderen Zentren – nicht imstande, die gute Konjunktur gegen Ende der fünfziger und sechziger Jahre auszunutzen, die für viele Städte in Österreich den Anfang der kapitalistischen Industrialisierung bildete.[117] So nutzte beispielsweise Graz, das vielleicht mit seinem Charakter und der von ihm ausgeübten Funktionen am meisten mit Krakau vergleichbar war, bereitwillig die Änderungen in der Wirtschaftspolitik der Wiener Regierung aus, die schon in den fünfziger Jahren auftraten. Diese Dekade und später die sechziger Jahre des 19. Jahrhunderts waren die Zeit einer gewaltigen ökomonischen Entwicklung der steirischen Hauptstadt. Schon in den Jahren 1850–1859 – also noch in der Zeit vor der Einführung des Industriegesetzes in Österreich – vergrößerte sich die Anzahl der Fabriken von 8 auf 33. 1860 gab es in Graz 30 Dampfmaschinen mit einer Gesamtkraft von 289 PS, und fünf Jahre später verdreifachte sich die Stärke der installierten Motoren.[118] Eben in diesen sechziger Jahren wurde Graz – gestützt auf die lokale Handwerkstradition – zu einem wichtigen Zentrum der Maschinen- und Metallindustrie.[119] Ein Maßstab der wirtschaftlichen Belebung war die rasche Entwicklung des Bauwesens in der Stadt. Seine besondere Intensität begann mit der Abtragung der Befestigungen, die bis zum Ende der fünfziger Jahre die Entwicklung der Stadt hemmten.[120] Seit 1876 wurden in Graz über 100 Gebäude jährlich errichtet, während in der selben Zeit im etwas kleineren Krakau nur etwa fünfzehn Häuser jährlich entstanden.[121]

1.7. Die sozio-ökonomische Struktur Krakaus zu Beginn der Autonomie

Die Wandlungen in der gesellschaftlichen Struktur von Graz und anderen Städten der Monarchie, die in den fünfziger und sechziger Jahren schon zu jenen wirtschaftlichen Verhältnissen übergingen, die für das kapitalistische System charakteristisch sind, kontrastieren deutlich mit der Lage Krakaus, das gegen Ende der sechziger Jahre – in einer fast unveränderten Gestalt – seine sozio-ökonomische Struktur aus der Zeit vor der Bauernbefreiung und des Industriegesetzes von 1859 beibehalten hatte. Das Paradoxon dieser beiden doch umwälzenden Wandlungen lag im Falle Krakaus und Galiziens darin, daß diese wichtigen wirtschaftlichen Akte hier vor allem eine politische und keine ökonomische Bedeutung besaßen. Zur Schaffung einer bürgerlichen Gesellschaft mit Gleichberechtigung und politischen Freiheiten fähig, waren sie jedoch nicht imstande, in kurzer Zeit das herrschende sozio-ökonomische System zu ändern. Zu Beginn der galizischen Autonomie war Krakau weiterhin eine Stadt von quasi-feudaler gesellschaftlicher Struktur, die alle Kennzeichen einer protoindustriellen Stadt besaß, die von Gideon Sjoberg definiert wurden.[122] Das bestätigten Forschungen, die von Juliusz Demel und Marian Wojciechowski unternommen wurden.[123] Besonders eine von Wojciechowski vorgenommene vergleichende Analyse, die die gesellschaftliche und berufliche Struktur der Bevölkerung Krakaus in den Jahren 1850 und 1869 zusammenstellt, führt in dieser Hinsicht zu einer eindeutigen Folgerung.

Die in der österreichischen Statistik angewandte Einteilung der Bevölkerung in fünf grundsätzliche Gruppen gemäß ihrem gesellschaftlichen Status gibt, obwohl sie nicht frei von vielen Ungenauigkeiten ist, einen Begriff von der Berufsstruktur der Einwohner Krakaus 1869. 22,9 Prozent der sogenannten Familienoberhäupter sind Vertreter der in der gesellschaftlichen Hierarchie am höchsten stehenden ersten Gruppe. Zu ihnen gehörten die Besitzer landwirtschaftlicher Güter, Hausbesitzer, Industrielle und Bankiers, reiche Kaufleute und höhere Beamte, Vertreter von freien Berufen, Geistliche sowie Mittel- und Hochschullehrer. Die zweite Gruppe, die die mittelbegüterte Schicht vertrat, wie Beamte, Lehrer, Handwerker und kleine Kaufleute, bildete 27,4 Prozent der Beschäftigten. Dagegen bildete die fünfte Gruppe, zu der das städtische Proletariat, Gesellen, Lehrlinge und Arbeiter sowie die Dienstboten gezählt wurden, nur 42,6 Prozent der Familienoberhäupter.[124] Es überrascht hier die Schwäche des Fabriksproletariats, das keine wesentliche gesellschaftliche Gruppe in der Stadt war. Die einzige größere Fabrik von Zieleniewski beschäftigte ca. 50 Arbeiter.[125] Das Krakauer Proletariat verringerte sogar in den Jahren 1850–1869 seinen prozentuellen Anteil an der gesellschaftlichen Struktur Krakaus. Marian Wojciechowski bemerkt, „wenn wir zum einzigen Maßstab der Entwicklung des Kapitalismus den zahlenmäßigen Anstieg der Arbeiterklasse annehmen würden, so könnte das – im Falle von Krakau – zu entgegengesetzten Folgerungen führen . . .“[126] Krakau – in seiner sozio-ökonomischen Struktur – spielte zu Beginn der galizischen Autonomie die Rolle eines Dienstleistungszentrums, das vom kaufmännisch-handwerklichen Sektor beherrscht wurde. Eine große und ständig an Bedeutung wachsende Gruppe bildete auch die Intelleligenz.[127] Charakteristisch dabei ist, daß 1869 die Hausbediensteten die prozentuell zahlreichste Berufsgruppe war (13,9%).[128] Bis zum Ersten Weltkrieg wird Krakau die meisten Hausbediensteten unter allen großen Städten Zisleithaniens besitzen.[129] Das illustriert genau die Rückständigkeit der sozio-ökomonischen Verhältnisse in der Stadt am Wawel.

Bewahrend für diese feudale gesellschaftliche Struktur Krakaus waren nicht nur objektiv ungünstige ökonomische Umstände, unter denen sich Krakau nach 1846 befand, sondern auch Interessen verschiedener Gruppen. Sowohl der politisch dominierende Adel als auch eine in der Stadt starke Gruppe von Kaufleuten und Handwerkern waren an der Aufrechterhaltung der bestehenden Verhältnisse interessiert. Diese regressive Ordnung fand ihren Widerhall in der Zusammensetzung und der Tätigkeit der 1850 in Krakau gegründeten Handels- und Gewerbekammer. Im Laufe einer

Diskussion über die Gestaltung des Industriegesetzes von 1859, das die Grundlagen zur Entwicklung einer modernen Industrie in Österreich schuf, sprach sich die Krakauer Kammer entschieden gegen diesen Akt aus und beharrte auf der Beibehaltung der Zunftmonopole.[130] Die Anhänglichkeit an das alte Wertsystem, Routine, Vorbehalte und die Abneigung gegenüber der Industrialisierung und den neuen Formen einer wirtschaftlichen Aktivität, aus denen die von Alexander Gerschenkron präzise beschriebene protoindustrielle Mentalität bestand, sollten ein wichtiges Hindernis für die weitere Entwicklung kapitalistischer Verhältnisse bilden.[131]

Das Ende der Freien Stadt und ihre Einverleibung in die österreichische Monarchie entschieden negativ über weitere Entwicklungsmöglichkeiten Krakaus für viele Jahrzehnte. Das lag weder an den gelegentlichen politischen und wirtschaftlichen Repressalien, denen Krakau unmittelbar nach seiner Einnahme durch Österreich ausgesetzt war, noch an den empfindlichen Naturkatastrophen, von denen es Ende der vierziger Jahre heimgesucht wurde, sondern an der ungünstigen sozio-ökonomischen Lage, die sich nach 1846 herausbildete. Von Oberschlesien und den ein natürliches wirtschaftliches Hinterland bildenden Städten Kongreßpolens abgetrennt, wurde Krakau dadurch weiterer Entwicklungsmöglichkeiten beraubt, die in der Ausübung der Funktion eines großen Handelszentrums lagen, das an der Kreuzung von Eisenbahnlinien, die von Westen und Norden Europas nach Osten und Süden führten, gelegen war. Auch wurde Krakau nicht zu einem größeren Produktionszentrum, obwohl seine Umgebung nicht nur von einem Übermaß an billigen Arbeitskräften, sondern auch an Rohstoffen wie Kalkstein, Gips, Ton, Steinsalz, Schwefel, Zinkerz, Eisenerz und Kohle profitierte.[132] Wie in der ganzen Habsburger Monarchie wurde die wirtschaftliche Entwicklung Krakaus durch das Fehlen von Industrie- und Investitionskapital, dem Defizit qualifizierter Arbeitskräfte, veraltete Rechtsvorschriften und eine archaische Finanz- und Zollpolitik gehemmt. Vor allem jedoch waren es die rückständigen gesellschaftspolitischen Verhältnisse in Galizien, mit dem seit 1846 das Schicksal Krakaus verbunden war, die eine schnelle wirtschaftliche Entwicklung der Stadt unmöglich machten.

An der Schwelle der galizischen Autonomie war Krakau eine in eine tiefe Krise versunkene, peripher gelegene und 50.000 Einwohner zählende Stadt, der die auf klassische Entwicklungsfaktoren gestützten Möglichkeiten entzogen wurden, die im 19. Jahrhundert vor allem das Gewerbe, der Handel, der Verkehr oder auch administrative Funktionen bildeten. Die schwierige Lage der Stadt konnte der Beginn der Modernisierung nicht ändern: Eisenbahn, Telegraph und Gasbeleuchtung, die die neue Ära symbolisierten und die Ende der vierziger Jahre auch nach Krakau gelangten, änderten nichts an der Schwäche des ökonomischen Systems Krakaus, und die wirtschaftlich ausgeschöpfte Stadt war nicht einmal imstande, die gute Konjunktur der sechziger Jahre für sich auszunutzen.[133]

1.8. Die Bedeutung Krakaus für das polnische Nationalbewußtsein in der Mitte des 19. Jahrhunderts

In dieser ungewöhnlich schweren Lage nahmen außerökonomische Faktoren für die weitere Entwicklung Krakaus eine wesentliche Bedeutung an. Die ehemalige Hauptstadt Polens besaß einen entscheidenden Vorteil in der Gestalt des geistigen und materiellen Erbes der Vergangenheit, das sich durch Jahrhunderte bewahrt hatte. Das Bewußtsein der besonderen Rolle, die Krakau im Leben der polnischen Nation spielte, wuchs seit Ende des 18. Jahrhunderts.[134] Die erste Hälfte des 19. Jahrhunderts begünstigte eine Befestigung des romantischen Mythos von Krakau als einer heiligen Stätte der Polen. Die feierlich begangenen Begräbnisse der Fürsten Józef Poniatowski und Tadeusz Kościuszko in den Jahren 1817 und 1818 bestätigten die von dem Wawel ausgeübte Funktion eines nationalen Pantheons. Die Aufschüttung des Kościuszko-Hügels verstärkte die Bedeutung Krakaus als polnisches Mekka.[135]

Die Epoche der Romantik und deren Geschichtsauffassung brachten dabei eine bedeutende Erweiterung der Symbolkraft Krakaus als Hauptstadt eines ehemals großen und nicht mehr existierenden Staates. Durch die Schriften von Jan Paweł Woronicz und Franciszek Wężyk wurde Krakau zum Symbol einer großen historischen Vergangenheit, zum Gedenkbuch der polnischen Nation.[136] Die romantischen Pilgerfahrten zu den in Krakau gesammelten Denkmälern der Vergangenheit wurden zum patriotischen Geheiß und geistigen Erleben. Die Poesie von Edmund Wasilewski, die Schriften von Józef Mączyński und Ambroży Grabowski spielten eine ungeheure Rolle für die Popularisierung der symbolischen Bedeutung des Wawel und des alten Krakau. Dabei wurde die Stadt nicht nur als Buch der Geschichte aufgefaßt, sondern auch als städtischer Ahnherr, als das polnische Rom und manchmal auch als das polnische Troja.[137] Die Brutalität des Vorgehens der österreichischen Festungserbauer Ende der fünfziger Jahre verbreitete und verstärkte zusätzlich die patriotische Symbolik der Krakauer Denkmäler.[138]

Die besondere Rolle Krakaus zu Beginn der Autonomie beschrieb auch eine 1870 veröffentlichte Arbeit von Józef Kremer unter dem Titel „Krakau und seine Tuchhallen angesichts Polens sowie ein Wort über das Florianstor".[139] Wir lesen dort: „Jawohl, unser uraltes, geliebtes Krakau ist ein Wahrsager und Prophet Polens, der Herd und das Herz der Gesamtheit aller heimatlichen Länder, der polnischen Nation belebender Saft. Wenn in Krakau der vaterländische Puls zu schlagen aufhörte, wenn das Leben aus ihm flüchten würde und wenn der Geist es verlassen würde dann wäre wahrlich die ganze Zukunft der Nation nur noch ein Wahnbild, ein wirkliches Märchen (. . .) Gleichwohl hinterließ die ganze Vergangenheit unserer Nation in unserer Stadt als Gabe unseren Herzen so teure Andenken, wie für Kinder die Andenken teuer sind, die ihnen die verstorbene Mutter vor Augen führen und die Kinder beschützen, damit sie nicht von dem Wege der Pflicht abweichen. Diese Andenken, diese Stätten der Erinnerungen, sind fast wie greifbare Zeugen und ermahnen uns, daß wir diese Vergangenheit nie aus dem Gedanken und dem Herzen verlieren sollen. Viel Zeit würden wir brauchen, wenn wir alle diese Denkmäler der Erinnerung aus der Geschichte unserer Nation aufzählen sollten. Wir können jedoch anführen, daß Krakau keine Stadt wie andere Städte ist, Krakau ist fast ein lebendes Wesen, ein unsterblicher Geist, in ihm sprechen die Steine, und die Häuser erzählen Legenden aus alten Zeiten und der Herrlichkeit des Vaterlandes. (. . .) Krakau wirkt mit der geheimnisvollen Kraft seiner Aureole, mit magischer Kraft handelt es und zieht an sich. Unsere Landsleute von der Warthe und dem Niemen, von der Ostsee und den Schwellen des Dnjepr – wie Islamiten nach Mekka, so wehmütig sehnen sie sich nach Krakau und wünschen – wenn auch nur einmal im Leben , unter seinem klassischen, polnischen Himmel zu atmen. Unser Krakau ist für alle Polen von einer so hohen Bedeutung, daß man frei heraus sagen kann, daß der Grad seiner Liebe zum Vaterland, die Anhänglichkeit und das Wohlwollen jedes Polen für Krakau gleichzeitig ein Maßstab seines Polentums und seines vaterländischen Empfindens ist."[140]

Die symbolische Rolle Krakaus nahm angesichts der politischen Ereignisse der sechziger Jahre eine neue Bedeutung an. Das war einerseits die Tragödie des Januar-Aufstandes, andererseits wieder die Wende zum Liberalismus und die tiefgreifende innere Umgestaltung der Habsburger Monarchie, deren Ergebnis unter anderem die galizische Autonomie war.

Die neu entstandene politische Lage sollte Mitte der sechziger Jahre für Krakau angesichts der ökonomischen Degradierung der Stadt eine Aussicht für ein relatives Wohlergehen bilden. In der 1866 anonym herausgegebenen politischen Abhandlung „Galizien und Österreich" beschrieb Władysław Koziebrodzki die in der österreichischen Teilungszone entstandene Lage folgendermaßen: „Von allen polnischen Ländern befindet sich Galizien im gegenwärtigen Zeitpunkt in der günstigsten, wichtigsten und einflußreichsten Lage. Diese besondere Stellung, die es einnimmt, beschränkt sich nicht nur auf seine inneren Verhältnisse, sondern betrifft meistens auch das Schicksal von ganz Polen, also wächst die Verantwortlichkeit Galiziens mit der Wichtigkeit der Aufgabe, mit den Schwierigkeiten der Lage. (. . .) Auf Galizien blickt gegenwärtig das gesamte Polen, blickt das gemordete und von Blut triefende Litauen, blicken die bedrückten, eingenommenen Provinzen, blickt das vernichtete Kongreßpolen, das mit Gewalt germanisierte Posener Land in seiner gegenwärtigen Lage wird Galizien zeitweilig zum Herzen und zum Arm von ganz Polen – eine große Aufgabe und eine große Verantwortung. Bei jedem Schritt, vor jeder Handlung, muß Galizien nicht nur auf sich selbst, sondern mit ganz Polen rechnen, das auf Galizien blickt und wartet."[141]

Diese Besonderheit der Lage Krakaus im Vergleich zu den polnischen Ländern unter russischer Annexion, die nach dem Aufstand von Repressalien und Trauer betroffen waren, und den von der fortschreitenden gewaltsamen Germanisierung bedrohten Polen unter preußischer Annexion wurde damals gut verstanden. Denn gerade dank seiner symbolischen und überregionalen Funktion wurde Krakau zum Hauptquartier des in den sechziger Jahren entstandenen polnischen Lagers der „Stańczyks". Die Stadt, der – nicht ohne die Beihilfe der „Stańczyks" – die Funktion einer administrativen Hauptstadt entzogen wurde, wird mit der Zeit zur „Geistigen Hauptstadt“ der Nation. Die Wahl Krakaus zu dieser Rolle, die sowohl aus historischen Voraussetzungen als auch aus der Entwicklung der politischen Ereignisse in den sechziger Jahren hervorging, war eine bewußte Entscheidung des konservativen Lagers. Es war nämlich die Absicht der „Stańczyks“, aus Krakau das wichtigste Integrationszentrum für die österreichisch-polnische Lösung zu schaffen.[142] Diese Rolle wurde zusätzlich gefestigt durch die 1873 erfolgte Verlegung des Hauptsitzes des Fürsten Władysław Czartoryski und der Partei des Hotel Lambert aus Paris nach Krakau.[143]

1.9. Die Geburt der modernen städtischen Selbstverwaltung in Krakau

Die günstigen politischen Wandlungen konnten jedoch nicht vollständig für eine weitere Entwicklung Krakaus ausgenutzt werden, ohne daß die Stadt ihre völlige Identität zurückerlangte. Zu einem epochalen Ereignis in der Geschichte Krakaus im 19. Jh. wurde daher am 20. Februar 1866 die Verleihung eines Gemeinde-Status an die Stadt durch den galizischen Landtag.[144] Eben diese moderne Gemeinde-Selbstverwaltung, die der völligen Autonomie Galiziens ein Jahr vorausging, wurde zu einem der wesentlichsten Faktoren für die Entwicklung der Stadt.[145]

Es muß unterstrichen werden, daß das österreichische Gemeinde-Selbstverwaltungssystem sich von ähnlichen Rechtsregelungen in anderen europäischen Ländern günstig unterschied.[146] Deshalb auch ließen positive Ergebnisse der Selbstverwaltung nicht lange auf sich warten.[147]

Das Suchen nach einem neuen Verwaltungsmodell für Städte ging im 19. Jahrhundert also nicht nur aus den gewaltsamen technischen und ökonomischen Umwandlungen hervor, sondern war eine Reaktion auf die bürokratische und antidemokratische Regierungsmethode des aufgeklärten Absolutismus. Jetzt trat der Liberalismus auf als universaler Geist der Epoche. Man kann sagen, daß die im 19. Jahrhundert erfolgte Geburt der modernen städtischen Selbstverwaltung und eine bedeutende Erweiterung ihres Tätigkeitsbereiches ein Ergebnis von immer stärkeren Dezentralisierungstendenzen liberaler Konzepte des Rechtsstaates waren.

Zuerst betrat Preußen diesen Weg. Schon 1808 wurde dort die sogenannte Städteordnung erlassen, ein Gesetz über die Selbstverwaltung von Städten, dessen Ziel es war, „den Städten eine selbständige und bessere Gemeindeordnung zu verleihen, den Einwohnern die Möglichkeit ihres Einflusses auf die Gemeindeverwaltung zu geben und auf diese Weise den Geist der Interessengemeinschaft unter der Bevölkerung zu erwecken.“[148] Von dieser Zeit an entstanden und verallgemeinerten sich in Deutschland und anderen Ländern verschiedene Theorien der Selbstverwaltung.[149] Zum zentralen Begriff der Idee der Selbstverwaltung wurde die Gemeinde, ein wahrhaft vom Staat unabhängiger Organismus, eine juristische Person, die unter anderem das natürlichen Recht zur Entscheidung über sich in Finanzfragen sowie zur Meinungsäußerung über die Politik des Staates hatte.

Eine grundsätzliche Bedeutung für Krakau hatte in dieser Frage die Gestaltung des Selbstverwaltungssystems in der österreichischen Monarchie. Die Idee einer modernen städtischen Selbstverwaltung gelangte am Vorabend des Völkerfrühlings nach Österreich, ein Zeitabschnitt starker Zentralisierung und Bürokratisierung. Als Reaktion dagegen nahm das österreichische Bürgertum immer williger die aus Süddeutschland strömenden Lösungen der Liberalität und Selbstverwaltung an. Die Ereignisse der Märztage verstärkten das Streben der Liberalen, eine lokale Selbstverwaltung zu erlangen. Man kann sagen, daß die moderne, in konstitutionelle Rahmen gefaßte städtische Selbstverwaltung in Österreich kein Effekt einer historischen Evolution der traditionellen städtischen Verwaltung war, sondern eher eine rationelle juristische Schöpfung, die sich auf der Basis politischer Konflikte herausbildete, welche die Monarchie in den Jahren 1848–1870 erschütterten.[150]

Schon 1849 führte Franz Stadion – der damalige österreichische Innenminister – den Regierungsplan einer Gemeindeselbstverwaltung für Böhmen und die deutschen Länder der Monarchie ein. Als prinzipielle Rechte wurden auch die Wahl der Organe, die Transparenz des Haushalts und die Selbstverwaltung von Gemeinden anerkannt. In die Geschichte ging das von Stadion formulierte Prinzip ein, daß „das Fundament eines freien Staates die freie Gemeinde ist".[151] In Wirklichkeit waren jedoch die fünziger Jahre in Österreich ein letzter Triumph des Absolutismus. Die Bach-Ära vernichtete praktisch die legislativen Errungenschaften Stadions. Der 1859 erlassene Kommunalkodex Bachs bestimmte eine bürokratische Kontrolle über die Tätigkeit der Städte und integrierte die lokale mit der staatlichen Verwaltung.[152]

Das Jahr 1859 brachte jedoch eine Niederlage Österreichs im italienischen Krieg und schuf damit den Beginn gründlicher Umwandlungen der Monarchie in einem konstitutionellen Geiste. Das ein Jahr später erlassene Oktoberdiplom war ein Meilenstein auf dem Wege dieser Umwandlungen. Das Gemeindegesetz vom 5. März 1862 entwickelte die Prinzipien des Oktoberdiploms weiter und wurde zur Grundlage der österreichischen Selbstverwaltungsverfassung. Dabei war die Entwicklung einer lokalen Selbstverwaltung die Voraussetzung der österreichischen Selbstverwaltungsverfassung. Einer der wichtigsten Verfechter dieser Idee war Antoni Zygmunt Helcel, Abgeordneter in der Volkskammer des Wiener Reichstages, Vertreter einer reichen Krakauer Bürgerfamilie, Rechtshistoriker, Professor der Jagellonischen Universität und ein hervorragender konservativer Politiker.[153]

Die ehemalige Hauptstadt Polens hatte schon 1848 auf der Welle der Ereignisse des Völkerfrühlings eine weite Autonomie für sich zu erkämpfen versucht. Der 1848 gewählte provisorische Stadtrat hatte rasch ein Komitee zur Bearbeitung der Prinzipien eines Gemeindestatuts für Krakau einberufen. Aber die österreichischen Behörden hatten den damals vorbereiteten Entwurf nicht bestätigt, sondern 1853 den Rat der Stadt aufgelöst.[154] Den aufgelösten Rat hatte eine 20 Personen zählende Abteilung ersetzt, die zusammen mit dem Bürgermeister und den ihm unterstellten Beamten den sogenannten Magistrat bildete, der von den österreichischen Behörden ernannt worden war. Das war die Struktur einer bürokratischen Verwaltung der Stadt gewesen, und die deutsche Amtssprache hatte noch deren fremden Charakter unterstrichen. Erneute Bemühungen Krakaus um eine eigene Selbstverwaltung begannen sofort nach dem Erlaß des Oktoberdiploms. Schon im Dezember 1860 leitete die sogenannte Städtische Abteilung ihre Verzichtleistung in die Hände des Bürgermeisters mit der Erklärung, daß sie nicht gewählt angesichts der neuen Ereignisse das Recht zur Vertretung der Einwohner der Stadt verloren habe.[155]

In dieser völlig neuen Situation erhielt Krakau 1866 sein eigenes Selbstverwaltungsstatut, das zu einer spezifischen Verfassung der Stadt werden sollte und ihr Selbständigkeit und eine harmonische Entwicklung garantierte. Der Entwurf des Statuts wurde in Krakau 1863 von einem zu diesem Zweck berufenen Ausschuß vorbereitet, der aus neun Vertretern der christlichen und zwei Vertretern der jüdischen Einwohner zusammengesetzt war.[156] Am 20. Februar 1866 wurde dieser Entwurf als „Provisorisches Gemeindestatut für die Königliche Hauptstadt Krakau" vom Landtag in Lemberg bestätigt.[157] Der Referent der letzten Lesung war der zukünftige Präsident Krakaus, Mikołaj Zyblikiewicz. Durch eine kaiserliche Sanktion vom 1. April 1866 bestätigt, trat das Statut am 1. August desselben Jahres in Kraft. Dieses Datum eröffnete eine neue Epoche in der Geschichte der Stadt.[158]

Es ist erwähnenswert, daß Krakau seine eigene Rechtsregelung einige Jahre früher als Lemberg erlangte und außer der Hauptstadt dieser Provinz die einzige Stadt war, die ein besonderes Statut besaß. Die Ordnungen anderer Städte wurde von Landesgesetzen geregelt: in 30 bedeutenderen Städten mit Gesetzen von 1889 und in den übrigen Städten mit Gesetzen von 1896.[159] Der weite eigene Wirkungsbereich der Krakauer Gemeinde umfaßte „die Verwaltung des Gemeindevermögens; die Auferlegung von Gemeindesteuern; die Aufsicht über die Sicherheit von Personen und deren Eigentum; die Errichtung und Erhaltung von Straßen, Wegen, Plätzen, Brücken wie auch die Sorge um die Sicherheit des öffentlichen Verkehrs, schließlich die Feldpolizei, die Fürsorge um die Versorgung der Stadt mit genügend billigen und gesunden Lebensmitteln und Waren sowie Wasser; die Aufsicht über Märkte, Waagen und Gewichte; die Gesundheitspolizei; Fragen, die Arme und Obdachlose betrafen und die Obhut über die Wohltätigkeitsanstalten der Gemeinde".[160] Ähnlich wie in Frankreich und Deutschland wurde das sogenannte Bürgermeister-System zur Grundlage der neuen Behörden Krakaus. Die Schlüsselrolle in diesem System übte ein Präsident aus, der, an der Spitze der Munizipalverwaltung stehend, der Vertreter der Gemeindeinteressen und Vorsteher der Stadt war. Gleichzeitig war der Präsident auch der Vertreter und Repräsentant der Staatsgewalt auf dem Gebiet Krakaus.[161]

Am 1. August 1866 gab es die ersten Wahlen für den Rat der Stadt.[162] Gewählt wurden 60 Räte, die am 13. September den ersten Präsidenten Krakaus wählten. Dies war Józef Dietl, ein hervorragender Arzt und Wissenschaftler, damals Professor im Ruhestand, der ehemalige unerschrockene Rektor der Jagellonischen Universität. Heute schon eine Legende, symbolisiert die Gestalt Dietls nicht nur die Größe der damaligen Präsidenten Krakaus, sondern auch die Stärke der Institution der Gemeindeselbstverwaltung, die rasch zu einem Entwicklungsfaktor der Stadt wurde.[163]

Der erste Präsident Krakaus war sich der grundsätzlichen Bedeutung der Verfassungsfragen für ein richtiges Funktionieren des städtischen Organismus völlig bewußt. Schon in seiner Inaugurationsrede bei der Eröffnung der ersten Sitzung des Stadtrates am 31. Oktober 1866 sagte er: „Denn die Autonomie der Gemeinde ist lediglich eine dauernde Grundfeste des Staates, sie ist eine angeborene, lebendige, unerschöpfliche und immer junge und frische Kraft, sie ist keine Theorie, keine Form, kein System, sondern sie ist Leben, meine Herren! Und wenn der Staat leben will, so muß er sich auf die Autonomie der Gemeinde stützen. Denn jede Form, obwohl sie am künstlichsten und am engsten zusammengeleimt ist, kann sich abnützen, nur die Gemeindeselbstverwaltung, die sich in den aufeinanderfolgenden Generationen ewig verjüngt, bildet eine unverwüstliche und dauernde Kraft des Staates."[164]

Auf die neu erschaffene Selbstverwaltungsstruktur gestützt und im vollen Bewußtsein der Möglichkeiten und der Bedürfnisse Krakaus sowie auch der Bedeutung des in der Stadt am Wawel angesammelten Kulturerbes trat Dietl an den kühnen Entwurf eines Programms der Entwicklung der Stadt heran. Dieses Programm – eine Vision des Herausreißens Krakaus aus der tiefen Krise und seine Umwandlung in eine moderne, lebenswerte europäische Stadt – wurde von den nicht minder verdienten Nachfolgern des ersten Präsidenten fortgesetzt.[165]

Der zwanzigjährige Zeitabschnitt, der zwischen der Liquidierung des Krakauer Freistaates und der politischen Autonomie von Galizien und Krakau lag, brachte der Stadt einen tiefen wirtschaftlichen Zusammenbruch und entschied auf viele Jahrzehnte über die ökonomische Schwäche Krakaus, aber gleichzeitig bot er neue Entwicklungsmöglichkeiten, gestützt auf das in der Stadt am Wawel angesammelte geistige und materielle Erbe ehemaliger Epochen, auf einen weitgehenden politischen Liberalismus und die aus ihm hervorgehende Selbstverwaltung. Die fünfziger und sechziger Jahre waren in der Geschichte Krakaus also nicht nur ein Zeitabschnitt der Krise und Stagnation, sondern auch vieler wichtiger Beschlüsse, die über die weitere Entwicklung der Stadt entschieden.

Obwohl noch 1860 Walery Wielogłowski die Frage stellte, ob sich Krakau als eine „wissenschaftliche, technische, industrielle oder Handels- und Fabrikstadt entwickeln werde" und bedauerte, daß Krakau „bisher sich selbst nicht erkannte, weder die Epoche noch auch seine Lage verstand, Wege einer weiteren Entwicklung nicht suchte und nicht bezeichnete und nicht weiß, was es ist und was es sein könnte", so war einige Jahre später die Lage schon grundsätzlich verschieden.[166] Das wurde von Józef Dietl in seiner Eröffnungsrede deutlich unterstrichen, der sagte: „Es ist nötig, daß dieses Krakau, das nicht mehr durch die Macht seiner materiellen Bestände glänzen kann, dank der Macht seiner geistigen Bestände glänzen muß . . ."[167]

1. Pęcławski (Walerian Kalinka): Listy o Krakowie (Briefe über Krakau). Poznań 1850, S. 6.
2. Walerian Kalinka war auch der Autor eines 1853 in Paris herausgegebenen politischen Pamphlets: Galicja i Kraków pod panowaniem austriackim (Galizien und Krakau unter österreichischer Herrschaft). Der Zweck dieser umfangreichen Abhandlung war u.a. der Nachweis der verderblichen Folgen des Anschlusses Krakaus an Österreich. Die Arbeit Kalinkas obwohl sie einseitig ist bleibt bis heute eine wertvolle Quelle für Forschungen über die Geschichte Krakaus um die Mitte des 19. Jahrhunderts. Die Arbeit Kalinkas wurde kritisch betrachtet u.a. von Kazimierz Wyka und Juliusz Demel, der dem Autor eine auf Berichte aus der Epoche gestützte wertvolle Arbeit von Maria Estreicher gegenüberstellt. Vgl. K. Wyka: Teka Stańczyka na tle historii Galicji w latach 1849–1869 (Die Mappe Stańczyks vor dem Hintergrund der Geschichte Galiziens in den Jahren 1849–1869). Wrocław 1951, S. 1825; J. Demel: Stosunki gospodarcze i społeczne Krakowa w latach 1846–1853 (Wirtschaftliche und gesellschaftliche Verhältnisse Krakaus in den Jahren 1846–1853). Kraków 1951, S. 89; ders.: Stosunki gospodarcze i społeczne Krakowa w latach 1853–1866 (Wirtschaftliche und gesellschaftliche Verhältnisse Krakaus in den Jahren 1853–1866). Wrocław-Kraków 1958, S. 701–702; M. Estreicherówna: Życie towarzyskie i obyczajowe Krakowa w latach 1848–1863. Biblioteka Krakowska (Das Gesellschafts- und Sittenleben Krakaus in den Jahren 1848–1863. Krakauer Bibliothek). Bd. 90 und 91, Kraków 1936 (für den Text maßgeblich: 2. Auflage, Kraków 1968).
3. Über das wirtschaftliche Leben des Freistaates Krakau vgl. u.a.: J. Bieniarzówna/J. M. Małecki: Życie gospodarcze w Wolnym Mieście Krakowie (Das Wirtschaftsleben in der Freien Stadt Krakau). Kraków 1967; J. Bieniarzówna/J. M. Małecki: Dzieje Krakowa. T. 3. Kraków w latach 1796–1918 (Geschichte Krakaus. Bd. 3, Krakau in den Jahren 1796–1918). Kraków 1979, S. 110–135; Z. Kwaśny: Außenhandel des Freistaates Krakau im Lichte von Berichten der preußischen Residenten. Studia Historiae Oeconomicae. Bd. 9, 1974, S. 141–160; M. Żychowski: Stosunki gospodarczo-społeczne w Rzeczypospolitej Krakowskiej w przeddzień rewolucji 1846 r. Przegląd Historyczny (Sozio-ökonomische Verhältnisse im Krakauer Freistaat am Vorabend der Revolution von 1846. Historische Rundschau). Bd. 45, 1954, S. 36–55.
4. M. Tyrowicz: Kraków od Wiosny Ludów do Nocy Styczniowej 1848–1864. In: Szkice z dziejów Krakowa od czasów najdawniejszych do pierwszej wojny światowej (Krakau vom Völkerfrühling bis zur Januarnacht 1848–1864. In: Skizzen aus der Geschichte Krakaus seit den ältesten Zeiten bis zum Ersten Weltkrieg). Hrsg. v. Bieniarzówna. Kraków 1968, S. 314.
5. J. Demel: Stosunki gospodarcze i społeczne Krakowa w latach 1846–1853 (Wirtschaftliche und gesellschaftliche Verhältnisse Krakaus in den Jahren 1846–1853). S. 173.
6. S. Kieniewicz: Galicja w latach 1846–1848. In: W stulecie Wiosny Ludów 1848–1948 (Galizien in den Jahren 1846–1848. In: Zum hundertsten Jahrestag des Völkerfrühlings 1848–1948). Bd. 1, Warszawa 1948, S. 281.
7. M. Estreicherówna: op. cit., S. 5; A. Chmiel: Ustrój miasta Krakowa w XIX wieku (w zarysie). In: Kraków w XIX wieku (Die Verfassung der Stadt Krakau im 19. Jahrhundert (im Abriß). In: Krakau im 19. Jahrhundert). Bd. 1, Kraków 1932, S. 104–105; J. Demel: Stosunki gospodarcze i społeczne Krakowa w latach 1846–1853 (Wirtschaftliche und gesellschaftliche Verhältnisse Krakaus in den Jahren 1846–1853). S. 23.
8. W. Kalinka: Galicja i Kraków pod panowaniem austriackim (Galizien und Krakau unter österreichischer Herrschaft). Paris 1853, S. 382.
9. Ibidem. Kalinka ermittelt für 1850: 534 Beamte und 459 Personen Hilfspersonal in den Ämtern Krakaus (nicht mitgerechnet das Gerichts- und Schulwesen sowie religiöse und Wohlfahrtsinstitutionen). Zwei Drittel der Beschäftigten (ca. 650 Personen) sollten nach 1846 aus Österreich nach Krakau kommen.

10. J. Demel: Stosunki gospodarcze i społeczne Krakowa w latach 1853–1866 (Wirtschaftliche und gesellschaftliche Verhältnisse Krakaus in den Jahren 1853–1866). S. 684; M. Tyrowicz: S. 313/314.

11. J. Demel: S. 685.

12. A. Chmiel: S. 106–107; J. Demel, op. cit., S. 360–365.

13. W. Kalinka: S. 376–379; J. Demel: S. 267–269 und 420–427; ders.: Stosunki gospodarcze i społeczne Krakowa w latach 1846–1853 (Wirtschaftliche und gesellschaftliche Verhältnisse Krakaus in den Jahren 1846–1853). S. 139–156.

14. Ibidem.

15. Eine ausführliche Analyse dieses Problems gibt Juliusz Demel. Vgl.: J. Demel: Stosunki gospodarcze i społeczne Krakowa w latach 1846–1853 (Wirtschaftliche und gesellschaftliche Verhältnisse Krakaus in den Jahren 1846–1853). S. 118–138; ders.: Stosunki gospodarcze i społeczne Krakowa w latach 1853–1866 (Wirtschaftliche und gesellschaftliche Verhältnisse Krakaus in den Jahren 1853–1866). S. 395–413.

16. W. Kalinka: op. cit., S. 379.

17. J. Demel: Stosunki gospodarcze i społeczne Krakowa w latach 1846–1853 (Wirtschaftliche und gesellschaftliche Verhältnisse Krakaus in den Jahren 1846–1853). S. 167–174; ders.: Stosunki gospodarcze i społeczne Krakowa w latach 1853–1866 (Wirtschaftliche und gesellschaftliche Verhältnisse Krakaus in den Jahren 1853–1866). S. 263–266.

18. A. Grabowski: Wspomnienia (Erinnerungen). Bd. 2, Kraków 1909, S. 254.

19. W. Wielogłowski: Kraków jako główne targowisko zbożowe i punkt handlowo-przemysłowy (Krakau als wichtigster Getreidemarkt und Handels- und Industriezentrum). Kraków 1860, S. 17.

20. W. Kalinka: op. cit., S. 365–366; J. Demel: Stosunki gospodarcze i społeczne Krakowa w latach 1846–1853 (Wirtschaftliche und gesellschaftliche Verhältnisse Krakaus in den Jahren 1846–1853). S. 256 und 277. Über die Handelsbeziehungen der Freien Stadt mit Kongreßpolen und Preußen vgl. u.a.: J. Bieniarzówna: Groß- und Kleinhandel des Freistaates Krakau 1815–1846. In: Grazer Forschungen zur Wirtschafts- und Sozialgeschichte. Band 3, Graz 1978. Beiträge zur Handels- und Verkehrsgeschichte. Graz 1978, S. 133–144; B. Król: Kontakty gospodarcze Rzeczypospolitej Krakowskiej ze śląskiem. Zeszyty Naukowe Wyższej Szkoły Pedagogicznej w Katowicach, Nr. 22. Prace Historyczne nr. 1 (Wirtschaftliche Kontakte des Freistaates Krakau mit Schlesien. Wissenschaftliche Hefte der Pädagogischen Hochschule in Kattowitz, Nr. 22. Historische Arbeiten Nr. 1). Katowice 1964, S. 97–105; Z. Kwaśny: op. cit.; M. Żychowski: op. cit.

21. Das zwang die Kaufleute zu einem Massenausverkauf der früher gelagerten Waren zu einem sehr niedrigen Preis. Vgl.: J. Wawel-Louis: Urywki z dziejów i życia mieszkańców Krakowa (Bruchstücke aus der Geschichte und dem Leben der Einwohner Krakaus). Hrsg. v. J. Bieniarzówna und W. Bieńkowski. Kraków 1977, S. 62/63.

22. W. Kalinka: op. cit., S. 369 und 395; J. Demel: Stosunki gospodarcze i społeczne Krakowa w latach 1846–1853 (Wirtschaftliche und gesellschaftliche Verhältnisse Krakaus in den Jahren 1846–1853). S. 181–188; J. Demel: Stosunki gospodarcze i społeczne Krakowa w latach 1853–1866 (Wirtschaftliche und gesellschaftliche Verhältnisse Krakaus in den Jahren 1853–1866). S. 102, 105–108.

23. W. Kalinka: op. cit., S. 395/396; J. Demel: Stosunki gospodarcze i społeczne Krakowa w latach 1846–1853 (Wirtschaftliche und gesellschaftliche Verhältnisse Krakaus in den Jahren 1846–1853). S. 259–261.

24. J. Demel: op. cit., S. 278–292.

25. Am ausführlichsten über den Brand Krakaus, siehe: J. Demel: Pożar Krakowa 1850 r. Rocznik Krakowski (Der Brand Krakaus 1850. Krakauer Jahrbuch). Bd. 32, Heft 3, 1952.

26. Czas (Die Zeit): Jg. 1851, Nr. 225, S. 1; W. Kalinka: op. cit., S. 7, 348–349; J. Demel: Stosunki gospodarcze i społeczne Krakowa w latach 1846–1853 (Wirtschaftliche und gesellschaftliche Verhältnisse Krakaus in den Jahren 1846–1853). S 28–29.

27. W. Kalinka: op. cit., S. 365/366.

28. Schon am 31. Mai 1843 wurde der für Krakau günstige Handelsvertrag mit Kongreßpolen abgebrochen. Ersetzen sollte ihn das am 4. Mai 1844 abgeschlossene Handelsabkommen mit Österreich. Diese beiden Schritte unternahm der Krakauer Senat unter dem Druck des österreichischen Residenten gegen die Interessen der lokalen Kaufleute, was Proteste hervorrief. Vgl: Rzeczpospolita Krakowska 1815–1846. Wybór źródeł (Der Krakauer Freistaat 1815–1846. Auswahl von Quellen). Hrsg. v. J. Bieniarzówna. Wrocław 1951, S. 145–153; J. Bieniarzówna/J.M. Małecki: op. cit., S. 112/113.

29. W. Kalinka: op. cit., S. 397/398; J. Demel: Stosunki gospodarcze i społeczne Krakowa w latach 1853–1866 (Wirtschaftliche und gesellschaftliche Verhältnisse Krakaus in den Jahren 1853–1866), S. 142/143.

30. Ibidem, S. 217/218; eine ausführliche Charakteristik der Situation Krakaus und seiner Rolle zur Zeit der Ereignisse des Januaraufstandes findet man in dem Sammelband: Kraków w powstaniu styczniowym (Krakau im Januaraufstand). Kraków 1968.

31. I. Kostrowicka: Eksport roślinnych produktów rolnych z Królestwa Polskiego w latach 1816–1864. Zeszyty Naukowe Szkoły Głównej Planowania i Statystyki (Der Export von pflanzlichen landwirtschaftlichen Produkten aus Kongreßpolen in den Jahren 1816–1864. Wissenschaftliche Hefte der Hauptschule für Planung und Statistik), Heft 37, S. 143–164. Warszawa 1962.

32. Ibidem; Z. Kwaśny: op. cit., S. 124–144; S. Rychliński: Handel zagraniczny Królestwa Polskiego w latach 1831–1850 (Der Außenhandel Kongreßpolens in den Jahren 1831–1850). Ekonomista, Jg. 29, Bd. 2, S. 91–92.

33. W. Kalinka: op. cit., S. 360.

34. B. Król: op. cit., S. 9; Z. Kwaśny: op. cit., S. 144, 153/154.

35. S. Kutrzeba: Handel i jego organizacja. In: S. Kutrzeba/J. Ptaśnik: Dzieje handlu i kupiectwa krakowskiego. Rocznik Krakowski (Der Handel und seine Organisation. In: S. Kutrzeba/J. Ptaśnik: Die Geschichte des Handels und der Krakauer Kaufleute. Krakauer Jahrgänge). Bd. 14, S. 56. 1910; Z. Kwaśny: op. cit., S. 145/146; M. Tyrowicz: Wolne Miasto Kraków w ogniu walk społecznych 1815–1840 (Die Freie Stadt Krakau im Feuer der gesellschaftlichen Kämpfe 1815–1840). S. 39, Kraków 1955.

36. J. Demel: Stosunki gospodarcze i społeczne Krakowa w latach 1846–1853 (Wirtschaftliche und gesellschaftliche Verhältnisse Krakaus in den Jahren 1846–1853), S. 289/290; vgl. auch W. Kalinka: op. cit., S. 398/399.

37. W. Wielogłowski: op. cit., S. 34/35.

38. B. Król: op. cit., S. 100; Z. Kwaśny: op. cit., S. 146–160.

39. B. Król: op. cit., S. 101.

40. Ibidem.

41. M. Żychowski: op. cit., S. 40.

42. M. Haisig/S. Inglot/N. Wolański: Związki gospodarcze Śląska z resztą ziem polskich w okresie Tysiąclecia. Kwartalnik Opolski (Die wirtschaftlichen Verbindungen Schlesiens mit den übrigen polnischen Ländern im Jahrtausend. Oppelner Vierteljahresblatt), Jg. 12, S. 124–176. 1966.

43. E. von Lucadou: Strukturwandel Schlesiens. S. 57, Breslau 1943.

44. W. Kalinka: op. cit., S. 356.

45. Schon im Laufe der Vorbereitungen zum Bau der Bahn Warschau-Wien erwog Ing. Sple-

szyński am 1. Februar 1836 in seinem Vortrag „Berechnungen des Nutzens der zu bauenden Eisenbahn aus Dąbrowa, Niwka und Krakau nach Warschau" die Frage der Bahnverbindung Warschau-Krakau. Vgl. H. Hilchen: Historia drogi żelaznej Warszawsko-Wiedeńskiej 1835–1848–1898. Przyczynek do historii kolejnictwa w Królestwie Polskim (Gechichte der Eisenbahn Wien-Warschau 1835–1848–1898. Ein Beitrag zur Geschichte des Eisenbahnwesens in Kongreßpolen). S. 28 und Karte Nr. 1, Warszawa 1912. 1840 erwog die Direktion der Gesellschaft der Eisenbahn Wien-Warschau den Antrag des Senats der Freien Stadt zu einer Verbindung Krakaus mit Warschau, aber persönliche Interessen von Piotr Steinkeller und sein Antagonismus mit einer Gruppe von Krakauer Bankiers führte damals nicht zu einem Abschluß des Vertrags. Zu einer Verständigung kam es erst 1844 nach dem Zusammenbruch der Gesellschaft der Eisenbahn Wien-Warschau. Vgl.: R. Kołodziejczyk: Piotr Steinkeller 1799–1854. S. 129/130, Warszawa 1963. Überzeugt von Krakau als großem Eisenbahnknotenpunkt zwischen Ost und West drückten sich zu jener Zeit auch Leon Sapieha und Andrzej Zamoyski aus. Vgl.: J. Demel: Stosunki gospodarcze i społeczne Krakowa w latach 1853–1866 (Wirtschaftliche und gesellschaftliche Verhältnisse Krakaus in den Jahren 1853–1866). S 144.

46. S. Kieniewicz: The Free State of Cracow 1815–1846. The Slavonic and East European Review. Vol. 26, S. 85, 1947/48. Vgl. auch: J. Demel: Początki kolei żelaznej w Krakowie (Die Anfänge der Eisenbahn in Krakau). S. 7, Kraków 1954.

47. B. Król: op. cit., S. 104.

48. S. Kieniewicz: op. cit., S. 85.

49. Cracow in 1815 and 1860. Addressed to the Pleinpotentiaries of the European Powers about to Assemble in Congress. S. 13/14, London 1860. Auf diesen interessanten Bericht des Obersten Du Plat aus Warschau verweist als erster Juliusz Demel, der einen Teil übersetzte. In: J. Demel: Stosunki gospodarcze i społeczne Krakowa w latach 1853–1866 (Wirtschaftliche und gesellschaftliche Verhältnisse Krakaus in den Jahren 1853–1866). S. 143/144.

50. Barbara Król meint: „Wenn die Krakauer-Oberschlesische Bahn schon zur Zeit der Freien Stadt beendet gewesen wäre, so wäre die Rolle Krakaus als Vermittler zwischen Ost und West unvergleichlich angewachsen". Vgl.: B. Król: op. cit., S. 103.

51. H. Hilchen: op. cit., S. 82; vgl. auch: J. Demel: Stosunki gospodarcze i społeczne Krakowa w latach 1846–1853 (Wirtschaftliche und gesellschaftliche Verhältnisse Krakaus in den Jahren 1846–1853). S. 88–90; J. Demel: Stosunki gospodarcze i społeczne Krakowa w latach 1853–1866 (Wirtschaftliche und gesellschaftliche Verhältnisse Krakaus in den Jahren 1853–1866). S. 143.

52. Eine ausführlichere Besprechung der Politik der russischen Regierung in der Frage der Eisenbahnlinien im Grenzgebiet Kongreßpolens, Preußens und Galiziens kann man im Artikel von M. Krzysica finden: Rola czynników wojskowo-politycznych w budowie kolei żelaznych w Królestwie Polskim. In: Studia do dziejów kolei żelaznych w Królestwie Polskim 1840–1914 (Die Rolle der militärisch-politischen Faktoren beim Bau von Eisenbahnen in Kongreßpolen. In: Studien zur Geschichte der Eisenbahnen in Kongreßpolen 1840–1914). Hrsg. v. R. Kołodziejczyk, S. 9–44, Warszawa 1970; vgl. auch K. Jasiewicz: Militarne i ekonomiczne Aspekty w budowie i eksploatacji dróg żelaznych w Królestwie Polskim w latach 1835–1914. Studia Historyczne (Militärische und ökonomische Aspekte beim Bau und der Benutzung von Eisenbahnlinien in Kongreßpolen in den Jahren 1835–1914. Historische Studien). Jg. 23, S. 191–207, 1980.

53. Krakau besaß keine unmittelbare Bahnverbindung mit Ungarn. Zum Knotenpunkt für diese Richtung wurde dagegen Tarnów, das aus dieser Tatsache großen Nutzen zog. Die Bahnlinie Tarnów-Leluchów, die schon seit 1854 geplant war, wurde 1876 eröffnet. Vgl. J. Bund: Rozwój kolejnictwa małopolskiego w okresie 80-lecia 1850–1930, działalności krakowskiej Izby Przemysłowo-Handlowej oraz przebieg starań o wykonanie ustawy koerberowskiej o budowie dróg wodnych. In: Sprawozdanie z obrad publicznych oraz czynności Izby Przemysołwo-Handlowej w Krakowie za rok 1930 (Die Entwicklung des kleinpolnischen Eisenbahnwesens

zwischen 1850 und 1930, der Krakauer Handels- und Gewerbekammer sowie der Verlauf der Bemühungen und die Ausführung des Koerber-Gesetzes über den Bau von Wasserwegen. In: Berichterstattung über die öffentlichen Beratungen und Tätigkeit der Handels- und Gewerbekammer in Krakau für das Jahr 1930). S. 20, Kraków 1931.

54. L. Wierzbicki: Rozwój sieci kolei żelaznych w Galicji od roku 1847 włącznie do roku 1890. Czasopismo Techniczne (Die Entwicklung des Eisenbahnnetzes in Galizien von 1847 bis 1890. Technische Zeitschrift). Jg. 25, S. 308, 1907.

55. Ibidem, S. 307/308.

56. Czas (Die Zeit), Jg. 1851, Nr. 237, S. 1/2.

57. Czas (Die Zeit), Jg. 1851, Nr. 249, S. 1; Vgl. auch: Z. Beiersdorf/J. Purchla: Dom pod Globusem. Dawna siedziba krakowskiej Izby Handlowej i Przemyslowej (Das Haus „Zum Globus". Der ehemalige Sitz der Krakauer Handels- und Gewerbekammer). S. 13, Kraków 1988.

58. J. Demel: Stosunki gospodarcze i społeczne Krakowa w latach 1853–1866 (Wirtschaftliche und gesellschaftliche Verhältnisse Krakaus in den Jahren 1853–1866). S. 145.

59. Ibidem, S. 150–152; J. Osiecki: Koleje żelazne w Galicji i stosunek tychże do kolei w Polsce i Rosji (Die Eisenbahnen in Galizien und ihr Verhältnis zu den Eisenbahnen in Polen und Rußland). S. 3–4, Wien 1858.

60. Über den Nutzen, der aus dem hauptstädtischen Status Lembergs hervorging, vgl. S. Hoszowski: Ekonomiczny rozwój Lwowa w latach 1772–1914 (Die ökonomische Entwicklung Lembergs in den Jahren 1772–1914). S. 16–19 und 55–56, Lwów 1935; eine kurze vergleichende Zusammenstellung der in Galizien von Lemberg und Krakau ausgeübten Funktionen, darunter der hauptstädtischen Rolle Lembergs, gab letztens Jan M. Małecki: Lemberg und Krakau zwei Hauptstädte Galiziens. In: Festschrift Othmar Pickl zum 60. Geburtstag. Hrsg. v. H. Ebner u.a., S. 409–415, Graz-Wien 1987.

61. K. Grzybowski: Historia państwa i prawa Polski. T. 4. Od uwłaszczenia do odrodzenia państwa (Staats- und Rechtsgeschichte Polens. Bd. 4. Von der Bauernbefreiung bis zur Wiedererstehung des Staates. S. 297–298, Warszawa 1982. Westgalizien umfaßte folgende Kreise: Krakau, Bochnia, Jasło, Rzeszów, Neu Sandec, Tarnów und Wadowice.

62. F. Bujak: Galicja. Bd. 1, S. 46, Lwów-Warszawa 1908; J. Demel: Stosunki gospodarcze i społeczne Krakowa w latach 1853–1866 (Wirtschaftliche und gesellschaftliche Verhältnisse Krakaus in den Jahren 1853–1866). S. 365; K. Grzybowski: op. cit., S. 298.

63. F. Bujak: op. cit., S. 46; J. Demel: Stosunki gospodarcze i społeczne Krakowa w latach 1853–1866 (Wirtschaftliche und gesellschaftliche Verhältnisse Krakaus in den Jahren 1853–1866). S. 371–372; S. Hoszowski: op. cit., S. 17.

64. M. Estreicherówna: op. cit., S. 45–46.

65. K. Wyka: op. cit., S. 75–80.

66. M. Bobrzyński/W. L. Jaworski/J. Milewski: Z dziejów odrodzenia politycznego Galicji 1859–1873 (Aus der Geschichte der politischen Wiedergeburt Galiziens 1859–1873). S. 7, Warszawa-Kraków 1905.

67. J. Demel: Stosunki gospodarcze i społeczne Krakowa w latach 1853–1866 (Wirtschaftliche und gesellschaftliche Verhältnisse Krakaus in den Jahren 1853–1866). S. 372.

68. M. Bobrzyński/W. L. Jaworski/J. Milewski: op. cit., S. 8.

69. Trotz der Auflösung vieler Ämter in Krakau waren 1861 noch ungefähr 400 Staatsbeamte beschäftigt. Vgl. J. Demel: Stosunki gospodarcze i społeczne Krakowa w latach 1853–1866 (Wirtschaftliche und gesellschaftliche Verhältnisse Krakaus in den Jahren 1853–1866). S. 371.

70. S. Tarnowski: O sesji sejmowej roku 1865–66. Przegląd Polski (Über die Landtagssitzung von 1865/66. Polnische Rundschau). S. 154, Jg. 1, Juli 1866.

71. Ibidem, S. 154/155; M. Bobrzyński/W.L. Jaworski/J. Milewski: op. cit., S. 195.

72. J. Demel: Stosunki gospodarcze i społeczne Krakowa w latach 1853–1866 (Wirtschaftliche und gesellschaftliche Verhältnisse Krakaus in den Jahren 1853–1866). S. 382.

73. Über den Standpunkt Krakaus in der Frage der administrativen Aufteilung Galiziens, vgl. J. Demel: Stosunki gospodarcze i społeczne Krakowa w latach 1853–1866 (Wirtschaftliche und gesellschaftliche Verhältnisse Krakaus in den Jahren 1853–1866). S. 382/383. In Lemberg war 1869 jeder sechste Mann christlicher Konfession in öffentlichen Ämtern beschäftigt. K. Wyka: op. cit., S. 68.

74. J. Kremer: Kraków wobec Polski i Sukiennice jego oraz słowo o Bramie Floriańskiej (Krakau und seine Tuchhallen angesichts Polens sowie ein Wort über das St. Florians-Tor). S. 25, Kraków 1870.

75. J. Demel: Stosunki gospodarcze i społeczne Krakowa w latach 1853–1866 (Wirtschaftliche und gesellschaftliche Verhältnisse Krakaus in den Jahren 1853–1866). S. 383.

76. Ibidem.

77. Die Verbrauchersteuer wurde in Krakau mit dem 1. November des Jahres 1854 eingeführt. J. Demel: Stosunki gospodarcze i społeczne Krakowa w latach 1853–1866 (Wirtschaftliche und gesellschaftliche Verhältnisse Krakaus in den Jahren 1853–1866). S. 264. Vgl. auch E. Strasburger: Gospodarka naszych wielkich miast. Warszawa, Łódź, Kraków, Lwów, Poznań (Die Wirtschaft unserer großen Städte. Warschau, Łódź, Krakau, Lemberg, Posen). S. 420–421, Kraków-Warszawa 1913.

78. Rzeczpospolita Krakowska 1815–1846. Wybór źródeł (Der Krakauer Freistaat 1815–1846. Quellenauswahl). S. 12.

79. Schon im Herbst 1831 war Krakau vom russischen Militär besetzt. Zwei Jahre später wurde in Münchengrätz ein Abkommen getroffen, in dem die Schutzmächte sich das Recht zu einer militärischen Okkupation vorbehielten. Im Februar 1836 wurde das Gebiet der Freien Stadt vom österreichischen und etwas später auch vom russischen und preußischen Militär besetzt Die Österreicher blieben bis zum Februar 1841 in Krakau. Vgl. J. Bieniarzówna/J. M. Małecki: op. cit., S. 79/80, 82/83 und 101.

80. Ausführlicher über die Krakauer Miliz, bei J. Wawel Louis: op. cit., S. 106–133; W. Namysłowski: Milicja Wolnego Miasta Krakowa 1815–1845 (Miliz der Freien Stadt Krakau 1815–1845). Kraków 1913.

81. 1850 gab die österreichische Zentralbefestigungskommission unter der Leitung des Feldzeugmeisters Baron von Hess folgende Meldung über die strategische Bedeutung Krakaus bekannt: „Krakau, an der Weichsel, ist im westlichen Teile Galiziens der geeigneteste Punkt für ein befestigtes Armeelager. Es sperrt die feindliche Hauptoperationslinie von Warschau, flankiert jene über Tarnów, deckt die Eingänge des Arva- und Waag-Tales in Ungarn sowie die kürzeste Operationslinie gegen Wien. Die dem Zwecke und der Terraingestaltung angemessene Befestigung von Krakau an beiden Ufern der Weichsel ist demnach in Galizien am ersten in Angriff zu nehmen." Nach: E. von Steinitz/T. Brosch von Aarenau: Die Reichsbefestigung Österreich-Ungarns zur Zeit Conrads von Hötzendorf. S. 7, Wien 1937; über das Thema der österreichischen Befestigungspläne vgl. auch F. Forstner: Przemyśl. Österreich-Ungarns bedeutendste Festung. S. 48–59, Wien 1987.

82. Noch 1868 schrieb Leon Chrzanowski: „Leider wurde aber mit der Umwandlung Krakaus in eine Festung in dem Augenblick begonnen, als es mehr um die Unterdrückung eines der Herde polnischer Nationalität ging, als um die Sicherung der Grenzen gegen Moskau." L. Chrzanowski: W sprawie obwarowania Krakowa (In der Frage der Befestigung Krakaus). S. 8, Kraków 1868. Diese Ansicht drückte auch der Autor des Stichworts „Krakau" in der Militärischen Enzyklopädie der Vorkriegszeit aus. Er schrieb: „Im Jahre 1846 verstärken die Österreicher die Befestigungen auf dem Wawel für den Fall eines Aufstands in Krakau." Vgl.: Encyklopedia Wojskowa (Militärische Enzyklopädie). Red. O. Laskowski, Bd. 4, S. 579, Warszawa 1934.

83. J. Demel: Stosunki gospodarcze i społeczne Krakowa w latach 1853–1866 (Wirtschaftliche und gesellschaftliche Verhältnisse Krakaus in den Jahren 1853–1866). S. 620/621.

84. J. Bogdanowski: Warownie i zieleń twierdzy Kraków (Befestigungen und Grünanlagen der Festung Krakau). S. 84/85, Kraków 1979.

85. Ibidem, S. 95–97.

86. M. Zgórniak: 1914–1918. Studia i szkice z dziejów I wojny światowej (1914–1918. Studien und Skizzen aus dem 1. Weltkrieg). S. 78, Kraków 1987.

87. J. Bogdanowski: op. cit., S. 118.

88. Ibidem, S. 118–121.

89. J. Purchla: Jak powstał nowoczesny Kraków. Studia nad rozwojem budowlanym miasta w okresie autonomii galicyjskiej (Wie das moderne Krakau entstanden ist. Studien über die Entwicklung des Bauwesens der Stadt im Zeitabschnitt der galizischen Autonomie). S. 18 und 20, Kraków 1979.

90. Eine solche Summe gab das österreichische Kriegsministerium in einer Erklärung an, die während einer Reichstagssitzung Ende Februar 1868 abgegeben wurde, und die später in einer gedruckten Berichterstattung aus dieser Sitzung am 7. März desselben Jahres veröffentlicht wurde: Stenographische Protokolle über die Sitzungen der Delegation des Reichsrathes. I. Session, 10. Sitzung am 7. März 1868. S. 182, Wien 1868. Vgl. auch L. Chrzanowski: op. cit., S. 16; J. Demel gibt als Baukosten der Befestigungen rund um den Kościuszko-Hügel im Jahre 1851 die Summe von 11 Mio. fl. an. Diese Summe scheint übertrieben und bezieht sich gewiß auf den ganzen Bereich der in den Jahren 1848–1855 durchgeführten Arbeiten, oder sie bezieht sich gleichfalls auf die Kosten der Ausrüstung der Festung. Vgl. J. Demel: Stosunki gospodarcze i społeczne Krakowa w latach 1853–1866 (Wirtschaftliche und gesellschaftliche Verhältnisse Krakaus in den Jahren 1853–1866). S. 622.

91. In der Mitte der sechziger Jahre bestand die Besatzung der Festung aus 10 Bataillonen, 7 Kompanien, 5 Schwadronen und 2 fahrbaren Batterien. Am Vorabend des 1. Weltkriegs wuchs die Sicherungsbesatzung bis auf 25 Bataillone. Zusammen mit anderen Formationen waren das ungefähr 39.000 Soldaten. Vgl. Encyklopedia Wojskowa: op. cit., S. 579 und 581. In dem Verwaltungsgebiet Krakaus wohnten ständig ca. 6.000 Militärangehörige. J. Purchla: op. cit., S. 217, Tabelle 10. Vgl. auch Kap. 4.

92. Vgl. S. 24.

93. Vgl. S. 24.

94. Ausführlicher über dieses Thema bei J. Purchla: op. cit., S. 51–53 und 186/187.

95. Czas (Die Zeit). Nr. 221, S. 1 und 3 sowie Nr. 224, S. 3, Jg. 1861.

96. Gazeta Polska (Polnische Zeitung). Nr. 222, S. 2, Jg. 1861; Magazyn Mód (Modemagazin). Nr. 39, S. 5, Jg. 1861.

97. Vgl. u.a.: Gazeta Polska (Polnische Zeitung). Nr. 222, S. 2 und Nr. 223, S. 1–2, Jg. 1861; Gazeta Warszawska (Warschauer Zeitung). Nr. 222, S. 2, Jg. 1861; Gazeta Wielkiego Księstwa Poznańskiego (Zeitung des Großherzogtums Posen). Nr. 229, S. 3 und Nr. 230, S. 5, Jg. 1861; Kurier Wileński (Wilnaer Kurier). Nr. 72, S. 708, Jg. 1861; Tygodnik Ilustrowany (Illustrierte Wochenschrift). Nr. 105, S. 119, 2. Halbjahr, Jg. 1861.

98. Przegląd Powszechny (Allgemeine Rundschau). Nr. 90, Jg. 1861.

99. Eine Delegation in der Zusammensetzung: Adolf Aleksandrowicz (Apotheker), Jan Kanty Hahn (Kaufmann), Maksymilian Michalski (Advokat), Franciszek Trzciński (Kurator der Gesellschaft Gemeinsamer Feuerversicherung) und Szymon Samelson (Abgeordneter und Advokat) begab sich am 7. November nach Wien und kehrte am 13. desselben Monats zurück. Magazyn Mód (Modemagazin). Nr. 39, S. 5–6, Jg. 27, 1861; Czas (Die Zeit). Nr. 274, S. 1, Jg. 1861; Gazeta Warszawska (Warschauer Zeitung). Nr. 270, S. 2 und Nr. 273, S. 2, Jg. 1861.

100. M. Holewiński: Nieznany plan budowy twierdzy Kraków z 1852 roku. Rocznik Krakowski (Ein unbekannter Bauplan der Festung Krakau von 1852. Krakauer Jahrbuch). Bd. 55, S. 147, 1989.

101. J. Demel: Stosunki gospodarcze i społeczne Krakowa w latach 1853–1866 (Wirtschaftliche und gesellschaftliche Verhältnisse Krakaus in den Jahren 1853–1866). S. 624.

102. Abgesehen von der verhältnismäßig raschen Beendigung des österreichisch-preußischen Krieges ist es bemerkenswert, daß der Kommandant der Krakauer Garnison damals den Befehl zum Verlassen der Stadt erhielt, um eine Belagerung durch den Gegner zu vermeiden. Die preußische Armee umging 1866 bewußt Krakau und Galizien, um eine Zerstreuung ihrer Kräfte zu vermeiden. Vgl. L. Chrzanowski: Odpowiedź na artykuł p.H.L. w sprawie obwarowania Krakowa, zamieszczony w „Gazecie Narodowej" w nrze 46 z dnia 25 lutego 1868 r. (Antwort auf den Artikel des Herrn H.L. in der Frage der Befestigung Krakaus in den Spalten der „Nationalen Zeitung", Nr. 46 vom 25. Februar 1868). S. 19, Kraków 1868.

103. Eine eindeutig negative Beurteilung der wirtschaftlichen Entwicklung der österreichischen Monarchie im 19. Jahrhundert gab schon Oskar Jàszi in seinem zum ersten Mal im Juni 1929 veröffentlichten, heute schon klassischen Werk, das dem Verfall der Habsburger Monarchie gewidmet war. Vgl. O. Jàszi: The Dissolution of the Habsburg Monarchy. S. 191/192, 209/210 und 212, Chicago 1961. Obwohl der Forschungsstand über die wirtschaftliche Geschichte der österreichisch-ungarischen Monarchie noch immer viel zu wünschen übrig läßt, so erschien in den letzten Jahren eine Reihe wertvoller Arbeiten über dieses Thema. Die vollkommenste Synthese der wirtschaftlichen Entwicklung des Kaiserreiches im 19. Jahrhundert verfaßte letztens der amerikanische Forscher David Good. Vgl. David Good: The Economic Rise of the Habsburg Empire, 1750–1914. Berkeley-Los Angeles-London 1984. Dort befindet sich auch eine ausführliche Besprechung des gegenwärtigen Forschungsstandes.

104. Gerschenkron drückte das deutlich aus: „. . . Austria never experienced a great spurt of modern industrialization in the nineteenth century." A. Gerschenkron: An Economic Spurt That Failed. Four Lectures in Austrian History. S. 52, Princeton 1977; dagegen hebt März in der Schlußfolgerung seiner Arbeit hervor, daß die Monarchie am Vorabend des 1. Weltkriegs noch ein großes rückständiges Gebiet war. E. März: Österreichische Industrie- und Bankpolitik. S. 373, Wien 1968.

105. D. F. Good: op. cit.; N. Gross: Austria-Hungary in the World Economy. In: Economic Development in the Habsburg Monarchy in the Nineteenth Century. Essays. Hrsg. v. J. Kolmos. S. 1–39, New York 1983; G. Ránki: On the Development of the Austro-Hungarian Monarchy in the Nineteenth Century, op. cit., S. 47–63; L. R. Rudolph: Banking and Industrialization in Austria-Hungary. The role of Banks in the industrialization in Austria-Hungary of the Czech Crownlands 1873–1914. London-New York-Melbourne 1976.

106. D. F. Good: op. cit., S. 239/240.

107. Ibidem, S. 74–95.

108. H. Madurowicz-Urbańska: Przemysł Galicji. Główne Problemy i potrzeby badawcze. Studia Historyczne (Die Industrie Galiziens. Die wichtigsten Probleme und Forschungsbedürfnisse. Historische Studien). S. 192, Jg. 18, 1975.

109. W. Saryusz-Zaleski: Dzieje przemysłu w b. Galicji 1804–1929, ze szczególnym uwzględnieniem historii rozwoju „S.A. L. Zieleniewski i Fitzner-Gamper" (Geschichte der Industrie im ehem. Galizien unter besonderer Berücksichtigung der Firma „L. Zieleniewski und Fitzner-Gamper A.G."). S. 43, Kraków 1930.

110. Über die wirtschaftliche Entwicklung Galiziens an der Jahrhundertwende siehe u.a.: F. Bujak: Galicja, Bd. 1 und 2, Lwów-Warszawa 1908 und 1910; ders.: Rozwój gospodarczy Galicji 1772–1914 (Die wirtschaftliche Entwicklung Galiziens 1772–1914). Lwów 1917; W. Saryusz-Zaleski, op. cit.; W. Kula: Historia gospodarcza Polski 1864–1918. Kształtowanie się kapitalizmu w Polsce (Wirtschaftliche Geschichte Polens. Die Gestaltung des Kapitalismus in Polen). Warszawa 1958; J. Buszko: Stosunki gospodarczo-społeczne w Galicji i na Śląsku Cieszyńskim po uwłaszczeniu. Postęp gospodarczy i przemiany społeczne Galicji i Śląska Cieszyńskiego u schyłku XIX. wieku 1890–1900 (Sozio-ökonomische Verhältnisse in Gali-

zien und in Teschener Schlesien nach der Bauernbefreiung. Wirtschaftlicher Fortschritt und gesellschaftliche Wandlungen Galiziens und Teschener Schlesiens am Ausgang des 19. Jahrhunderts, 1890–1900). In: Historia Polski (Geschichte Polens). S. 295–320 und 628–648, Warszawa 1963; H. Madurowicz-Urbańska: op. cit., S. 189–212; vgl. auch: P. R. Magocsi: Galicia: A Historical Survey and Bibliographic Guide. S. 99–101 und 136–142, Toronto-Buffalo-London 1983. Nach dem aktuellen Stand der Forschungen wird angenommen, daß der technische Umschwung in der galizischen Industrie, der gleichzeitig mit einer Entwicklung der kapitalistischen Verhältnisse verbunden war, im Prinzip in die Jahrhundertwende fiel. Vgl. auch P. Hanak: Hungary in the Austro-Hungarian Monarchy. Austrian History Yearbook. Bd. 8, S. 283–284, 1967.

111. Vgl. z.B. D. Good: op. cit.
112. R. L. Rudolph: op. cit., S. 18/19.
113. H. Madurowicz-Urbańska: op. cit., S. 193/194.
114. K. Wyka: op. cit., S. 34.
115. Ibidem, S. 31–33. Die zutreffenden Bemerkungen von Kazimierz Wyka über den Bevölkerungsrückgang in Galizien in der Mitte des 19. Jahrhunderts berücksichtigen jedoch zwei andere grundsätzliche Faktoren dieser Entscheidung nicht: die Kartoffelseuche und die Choleraepidemie. Man muß auch die unpräzisen demographischen Angaben aus der Zeit vor der Volkszählung in Galizien bedenken. Diese Vorbehalte scheinen jedoch die allgemeine Beurteilung der sozio-ökonomischen Krisensituation Galiziens und Krakaus in jener Zeit nicht zu ändern.
116. J. Demel: Stosunki gospodarcze i społeczne Krakowa w latach 1853–1866 (Wirtschaftliche und gesellschaftliche Verhältnisse Krakaus in den Jahren 1853–1866). S. 483/484.
117. Das bemerkte auch Wielogłowski, der schrieb, daß insofern andere, mit Krakau vergleichbare Städte der Monarchie, die schon seit langem im österreichischen ökonomischen System funktionieren, „sich entwickeln, wachsen und in dieser Ordnung Wohlergehen genießen, dieses ganze Problem dagegen für Krakau unversehens kam“. Die Stadt war nicht imstande, die Konjunktur der Gründerzeit für sich auszunutzen. W. Wielogłowski: Kraków jako główne targowisko zbożowe i punkt handlowo-przemysłowy (Krakau als wichtigster Getreidemarkt und Handels- und Industriezentrum). S. 17/18, Kraków 1860.
118. W. H. Hubbard: Auf dem Weg zur Großstadt. Eine Sozialgeschichte der Stadt Graz 1850–1914. S. 56, Wien 1984.
119. Ibidem, S. 58/59.
120. Ibidem, S. 59. Vgl. auch: Stadterweiterung von Graz. Gründerzeit 1850–1914. Hrsg. v. S. Dimitriou, Graz-Wien 1979.
121. W. H. Hubbard: op. cit., S. 60; J. Purchla: Jak powstał nowoczesny Kraków (Wie das moderne Krakau entstand). S. 28 und 206.
122. G. Sjoberg: The Preindustrial City. Past and Present. Now York 1965.
123. J. Demel: Stosunki gospodarcze i społeczne Krakowa w latach 1846–1853 (Wirtschaftliche und gesellschaftliche Verhältnisse Krakaus in den Jahren 1846–1853). S. 483–616; M. Wojciechowski: Struktura społeczna Krakowa w roku 1869. Przegląd Zachodni (Die gesellschaftliche Struktur Krakaus im Jahre 1869. Westliche Rundschau). Bd. 1, S. 169–205, Jg. 9, 1953; J. Demel: Stosunki gospodarcze i społeczne Krakowa w latach 1853–1866 (Wirtschaftliche und gesellschaftliche Verhältnisse Krakaus in den Jahren 1853–1866). S. 483–616.
124. M. Wojciechowski: op. cit., S. 178–195.
125. Ibidem, S. 190.
126. Ibidem, S. 194.
127. Ibidem, S. 194; vgl. auch I. Homola: „Kwiat społeczeństwa . . .“. Struktura społeczna i zarys położenia inteligencji krakowskiej w latach 1860–1914 („Die Blüte der Gesellschaft . . .“. Die gesellschaftliche Struktur und ein Abriß der Lage der Krakauer Intelligenz in den Jahren 1860–1914). Kraków-Wrocław 1984.

128. M. Wojciechowski, op. cit., S. 179.

129. J. Purchla: Autonomia Galicyjska a rozwój Krakowa na przełomie XIX i XX wieku (Die galizische Autonomie und die Entwicklung Krakaus an der Jahrhundertwende). Znak. S. 67, Nr. 350, Jg. 36, 1984; W.H. Hubbard: Der Wachstumsprozeß in den österreichischen Großstädten 1869–1910. Eine historisch-demographische Untersuchung. Kölner Zeitschrift für Soziologie und Sozialpsychologie. S. 14, Sonderheft 16, 1973.

130. Z. Beiersdorf/J. Purchla: op. cit., S. 14.

131. A. Gerschenkron: Economic Backwardness in Historical Perspective. A Book of Essays. S. 62–64, Cambridge, Mass. 1966.

132. 1865 schrieb Włodzimierz Janowski: „In Betracht ziehend, daß dieses Salz von verschiedenen Fabriken benötigt wird, und daß es in der Umgebung Krakaus Bergwerke von Schwefel, Zinkerz, Eisenerz und Steinkohle gibt, die billiges Heizmaterial liefern, und die Kraft des Feuers in fast allen Fabriken die Hauptrolle spielt, so kann mit Gewißheit gefolgert werden, daß im Großherzogtum Krakau zahlreiche Fabriken entstehen könnten, nämlich an der Weichsel, wenn es nicht an Kapital, Privatkrediten und Unternehmungsgeist mangeln würde." W. Janowski: Przegląd statystyczny celniejszych przemysłowości krajowych w Królestwie Galicji i Lodomerii z Wielkim Ks. Krakowskim (Statistischer Überblick der trefflichsten Landesindustrien im Königreich Galizien und Lodomerien mit dem Großherzogtum Krakau). Heft 1, S. 17, Krakau 1865.

133. Walery Wielogłowski erklärte die Tatsache, daß Krakau die Konjunktur nicht nützte, damit, daß andere, mit Krakau vergleichbare Städte schon seit langem in dem österreichischen ökonomischen System funktionierten: „Diese Städte . . . entwickeln sich, wachsen und genießen in dieser Ordnung Wohlergehen; für Krakau dagegen kam dieses Problem unversehens." W. Wielogłowski: op. cit., S. 17–18.

134. K. Grodziska-Ożóg: Ze studiów nad rolą Krakowa w epoce porozbiorowej. Rocznik Biblioteki PAN w Krakowie (Aus Studien über die Rolle Krakaus in der Epoche nach den Teilungen. Jahrgang der Bibliothek der PAN in Krakau). S. 151–158, Jg. 31, 1986.

135. J. Bieniarzówna/J. M. Małecki: op. cit., S. 55–59.

136. E. Miodońska-Brookes: Wawel-„Akropolis". Studium o dramacie Stanisława Wyspiańskiego (Wawel-„Akropolis". Studien über das Drama von Stanisław Wyspiański). S. 16, Kraków 1980.

137. Ibidem, S. 17–19.

138. Vgl. z.B. Kurier Wileński (Wilnaer Kurier). Nr. 72, S. 708, Jg. 1861.

139. J. Kremer: op. cit.

140. Ibidem, S. 4, 13, 17 und 18.

141. W. Koziebrodzki: Galicja i Austria (Galizien und Österreich). S. 5, Bendlikon 1866.

142. W. Zaleski: Tysiąc lat naszej wspólnoty. Społeczne i gospodarcze dzieje narodu polskiego w zarysie (Tausend Jahre unserer Gemeinschaft. Gesellschaftliche und wirtschaftliche Geschehen der polnischen Nation im Abriß). S. 367–368, London 1961.

143. J. Zdrada: Zmierzch Czartoryskich (Die Dämmerung der Czartoryskis). S. 426–428, Warszawa 1969.

144. Das „Provisorische Gemeindestatut für die königliche Hauptstadt Krakau", das vom Landtag am 20. Februar 1866 beschlossen wurde, trat am 1. August desselben Jahres in Kraft. Vgl. A. Chmiel: op. cit., S. 112.

145. Auf die Rolle dieses Faktors in der Entwicklung Krakaus an der Wende des 19. zum 20. Jahrhundert habe ich schon in meinen Arbeiten hingewiesen; vgl. u.a. J. Purchla: Jak powstał nowoczesny Kraków (Wie das moderne Krakau entstanden ist); ders.: Liberalizm i symbolika a powstanie nowoczesnego Krakowa (Liberalismus und Symbolik und die Entstehung des modernen Krakau). In: Kraków na przełomie XIX. i XX. wieku. Materiały z sesji naukowej z okazji Dni Krakowa w 1981 roku (Krakau an der Wende des 19. zum 20. Jahrhundert. Materialien aus der wissenschaftlichen Tagung aus Anlaß der Krakauer Tage im Jahr 1981). S. 117/118, Kraków 1983; ders.: Autonomia galicyjska a rozwój Krakowa na przełomie XIX

i XX wieku (Die galizische Autonomie und die Entwicklung Krakaus an der Wende des 19. zum 20. Jahrhundert). S. 60–63.

146. Die vollständigste Besprechung der Gemeinde-Selbstverwaltung in Österreich gab Jiri Klabouch: Die Gemeindeselbstverwaltung in Österreich 1848–1918. Wien 1968; vgl. auch W. H. Hubbard: Auf dem Weg zur Großstadt. S. 139–152. Josef Redlich charakterisierte nicht ohne Übertreibung – die österreichische Gemeinde-Selbstverwaltung folgendermaßen: „Die österreichische Gemeinde ist eine Verwirklichung jener Auffassung der Selbstverwaltung, die in der Schaffung einer möglichst erweiterten staatsfreien Lebenssphäre für die Selbstverwaltungskörper das Wesen der Selbstverwaltung und damit zugleich auch die Grundlagen der bürgerlichen Freiheit und des Rechtsstaates erblickt." J. Redlich: Das Wesen der österreichischen Kommunalverfassung. S. 52, Leipzig 1910.

147. Eine vollständige Bearbeitung der Rolle der Gemeindeselbstverwaltung in der Entwicklung Krakaus hat bisher noch keinen Autor gefunden.

148. E. Strasburger: Gospodarka naszych wielkich Miast. Warszawa, Łódź, Kraków, Lwów, Poznań (Die Wirtschaft unserer großen Städte. Warschau, Łódź, Krakau, Lemberg, Posen). S. 30, Kraków-Warszawa 1913.

149. Einen Abriß dieser Problematik gab letztens J. J. Sheenan: Liberalism and the City in Nineteenth-Century Germany. Past and Present. Nr. 51, S. 116–137. Dort befindet sich auch eine ausführliche Sachbibliographie.

150. Vgl. J. Klabouch: op. cit.; siehe auch W. Hubbard: Auf dem Weg zur Großstadt. S. 139–152.

151. J. Klabouch: op. cit., S. 36–43.

152. Ibidem, S. 43–53.

153. W. Kozub-Ciembroniewicz: Austria i Polska w konserwatyzmie Antoniego Z. Hecla 1846–1856 (Österreich und Polen im Konservatismus des Anton Z. Helcel 1846–1856). S. 146–151, Kraków 1986.

154. T. Przeorski: Samorząd miasta Krakowa w latach 80-tych ubiegłego stulecia. Dziennik Rozporządzeń dla Stołecznego Królewskiego Miasta Krakowa (Die Selbstverwaltung der Stadt Krakau in den 80er Jahren des vergangenen Jahrhunderts. Verordnungsblatt für die königliche Hauptstadt Krakau). S. 459/460, Jg. 1929.

155. A. Chmiel: Ustrój miasta Krakowa w XIX wieku w zarysie. In: Kraków w XIX wieku (Krakau im 19. Jahrhundert). Bd. I, S. 105–110, Kraków 1932. Der Ausschuß wählte schon 1859 eine vier Personen zählende Kommission für den Entwurf eines städtischen Statuts. Ihre Arbeit brachte jedoch keine konkreten Ergebnisse. T. Przeorski: op. cit., S. 460.

156. T. Przeorski, op. cit., S. 460.

157. Interessant ist, daß A. Z. Helcel ein Gegner der Beschlußfassung eines Gemeindestatuts für Krakau durch den galizischen Landtag war. In einem Brief vom 29. Januar 1866 schrieb er: „Was das Gemeindestatut für die Stadt Krakau betrifft, so bin ich gegen seinen Beschluß durch den Landtag. Jedes Oktroyieren von wichtigen Gesetzen ist schlecht und umso viel mehr ein Oktroyieren jenes Statuts, das von einigen Menschen zusammengebastelt wurde, die keine Ahnung von einer Gemeinde haben (. . .) Was ist das schon für ein Gesetz, das nie einer öffentlichen Diskussion von Bürgern oder einer gesetzgebenden Korporation unterlag? Sollen diese Diskussionen erst vom Lemberger Landtag begonnen werden, der die Verhältnisse, Forderungen, Auffassungen und die lokalen Bedürfnisse Krakaus ja überhaupt nicht kennt?" W. Kozub-Ciembroniewicz: op. cit., S. 161/162.

158. J. Bieniarzówna/J. M. Małecki: op. cit., S. 226; A. Chmiel: op. cit., S. 112.

159. K. Grzybowski: op. cit., S. 323.

160. Dieser Tätigkeitsbereich betrifft den Stand von 1901. Vgl.: Ustawy i rozporządzenia Stoł. Król. M. Krakowa oraz przepisy dla wewnętrznego urzędowania Magistratu (Gesetze und Verordnungen der Königl. Hauptstadt Krakau für innere Angelegenheiten des Magistrats). Hrsg. v. J. Leo, I. Teil, Bd. I, S. 9/10, Kraków 1916.

161. T. Przeorski: Kraków współczesny (Das zeitgenössische Krakau). In: Rozszerzenie granic 1909–1915 (Die Erweiterung der Grenzen 1909–1915). Hrsg. v. K. Rolle, S. 653, Kraków 1931.

162. Das Statut Krakaus führte als einziges in Galizien die obligatorische, geheime Form der Wahl „schriftlich auf Zetteln" ein. Das Wahlrecht besaßen nur wohlhabende Bürger der Stadt, die nach der Interessenvertretung und der Höhe der entrichteten Steuern in drei Gruppen eingeteilt waren. In dieser Frage bestand ein grundsätzlicher Unterschied zwischen Krakau und Lemberg. In letzterer, der demokratischsten Stadt der Monarchie, wählten alle Wahlberechtigten in einer Gruppe. K. Grzybowski: op. cit., S. 323/324.

163. Über die Rolle der städtischen Selbstverwaltung in der Entwicklung Krakaus zu jener Zeit schrieb J. Purchla: Autonomia galicyjska a rozwój Krakowa na przełomie XIX i XX wieku (Die galizische Autonomie und die Entwicklung Krakaus an der Jahrhundertwende). Znak. Nr. 350, S. 54–71. Dort auch über das Programm Józef Dietls.

164. Rede Dr. Józef Dietls, des Präsidenten der Stadt Krakau, der die erste Sitzung des Stadtrates unter seiner Präsidentschaft eröffnete, die am 31. Oktober 1866 stattfand. S. 3–4, Kraków 1866.

165. Vgl. J. Purchla: Jak powstał nowoczesny Kraków (Wie das moderne Krakau entstand). S. 28–72.

166. W. Wielogłowski: op. cit., S. 19 und 21.

167. Die Rede Dr. Józef Dietls, des Präsidenten der Stadt Krakau.

2. Das „adelige Tuskulum“

Die Rolle der Gutsbesitzer in der Entwicklung Krakaus zur Jahrhundertwende

In Anbetracht der beschränkten Investitionsmöglichkeiten der Stadt sowie der ökonomischen Schwäche der Krakauer Bürgerschaft und des Fehlens der Bourgeoisie und des größeren Kapitals sollte das Gutsbesitzertum in der autonomen Epoche in der Entwicklung Krakaus eine wichtige Rolle spielen.[1] Gerade für den polnischen Adel, der im national-patriotischen Geist der Tradition aufgewachsen war, war Krakau ein besonderer, symbolischer Ort.[2] Der Mythos Krakaus als einer noblen Stadt, in der es sich bequem leben ließ, entwickelte sich schon in der ersten Hälfte des 19. Jahrhunderts. Schon nach 1815 konnte man den Zustrom adeliger Familien nach Krakau beobachten, der sich zur Zeit des Novemberaufstands noch steigerte. „Adelige Familien, sowohl aus Galizien wie auch aus dem Königreich, kaufen hier Häuser, siedeln sich dauernd an, erziehen hier ihre Kinder und führen Salons“, bemerkt Stanisław Estreicher.[3] Zur Zeit der Freien Stadt siedeln sich in Krakau dauernd oder zeitweise (in der Wintersaison) adelige Familien an, wie die Wodzickis, Potockis, Małachowskis, Lanckorońskis, Michałowskis, Mieroszewskis, Badenis, Popiels, Wielopolskis, Morsztyns, Stadnickis, Tarnowskis, Zamoyskis und auch viele weniger bedeutende Familien.[4] Walery Wielogłowski, ein Zeitgenosse jener Epoche, schrieb: „Nur das müssen wir anführen, daß in der Wiedergeburt dieser Freien Stadt Krakau seinen Charakter änderte. Der vermögende Adel, der schon aus der leeren Stadt in die Dörfer oder nach Warschau gezogen war, begann, angelockt vom Geruch der Freiheit, die unser Volk seit Jahrhunderten so heiß liebte und diese Liebe manchmal sogar bis zur Versessenheit steigerte, nach Krakau zurückzukehren, die verkauften Häuser zurückzukaufen, sich hier anzusiedeln und diese alte Stadt zu ihrer ehemaligen Bedeutung zu erheben und mit Bewegung und Kapital zu beleben.“[5] Mit besonderer Stärke trat dieser Prozeß in Krakau erst in der zweiten Hälfte des 19. Jahrhunderts auf und nahm damals den Charakter eines der wichtigsten Entwicklungsfaktoren der ehemaligen Hauptstadt Polens an.

2.1. Krakau und die „Stańczyks“

Das liberal-konspirative Krakau „verwandelte sich nach dem Jahre 1850 aus einem Herd der Verschwörung, der es bis vor kurzem noch war, in einen großen aristokratischen Salon“[6] und etwas später in das Nest der „Stańczyks“ und in das wichtigste Zentrum eines neuen „Sarmatia“.

Die Wiedergeburt und Stärkung der adeligen Ideologie besaß in der zweiten Hälfte des 19. Jahrhunderts einen weiteren, mitteleuropäischen Aspekt. Dort, wo trotz der

Ereignisse 1848 der heimische Adel die vorherrschende Position im politischen, gesellschaftlichen und wirtschaftlichen Leben beibehielt, wie beispielsweise in Ungarn, wurde die adelige Kultur mit der nationalen Kultur identifiziert.[7] Man bemerkt hier eine besondere Analogie zwischen den halbfeudalen Verhältnissen, die in Galizien und in Kroatien herrschten, und der Rolle Krakaus, Lembergs und Zagrebs für die Entwicklung der nationalen Kultur, gestützt auf eigene adelige Traditionen.[8] Die Grundlage dieser Tradition bildete der Feudalismus als sozio-ökonomisches System, das die adelige Mentalität und Kultur gestaltete.[9] Daher konnte sich auch, an der Wende der fünfziger Jahre, als Galizien dem polnischen Adel vom österreichischen Kaiser in Pacht gegeben wurde, eine Ideologie und Kultur des „Sarmatismus" neu entfalten.

Interessant ist die Paradoxie in der Entwicklung der politischen Lage Galiziens nach dem Bauernaufstand von 1846. Das „galizische Gemetzel" sowie die mit den Ereignissen des Völkerfrühlings verbundene Reform der Bauernbefreiung waren für den galizischen Adel eine tiefe Erschütterung und riefen eine Schwächung seiner politischen und wirtschaftlichen Bedeutung hervor. Jedoch schon in den fünfziger Jahren gab es eine deutliche Stärkung der Position der Gutsbesitzer. Die sechziger Jahre sollten der „adelig-historisch-politischen" Gruppe den Sieg bringen, den Vertretern der reichen Gutsbesitzer über die „bürgerlich-liberale-bürokratische" Gruppe. Diese Tatsache entschied über die Befestigung der Vorherrschaft des Adels und der adeligen Kultur in Galizien für viele Jahrzehnte. Dabei war Galizien ein außergewöhnlich günstiger Ort für die Entwicklung der adeligen Tradition. Hier nämlich hatten die Gutsbesitzer die meisten altadeligen Merkmale beibehalten.[10] Eben dieser galizische Kontext des „Sarmatismus" ist eine der Quellen der außergewöhnlichen Rolle des Adels im Leben Krakaus in der zweiten Hälfte des 19. Jahrhunderts.

Vor allem ging jedoch das wachsende Interesse an Krakau seitens des Adels aus der neuen Situation hervor, in der sich die polnischen Länder und die polnische nationale Frage nach der Niederschlagung des Januaraufstandes zu Beginn der galizischen Autonomie befanden. Auf dem Boden dieser Situation wurde in den konservativen Gutsbesitzerkreisen eine neue politische Konzeption geboren, in der Krakau seinen besonderen Platz finden sollte. Die ehemalige Hauptstadt Polens wurde nämlich nach 1863 – neben Lemberg – zur einzigen großen polnischen Stadt, in der sich ein ungehindertes nationales Leben entwickeln konnte. Dabei war Krakau kraft seiner Tradition und des kulturellen Erbes ein außergewöhnlicher und prädestinierter Ort, um hier das wichtigste Zentrum des konservativen Gedankens zu schaffen. Der Sieg der konservativen Ideologie der „Stańczyks" und die Wiedergeburt der „sarmatischen" Kultur sollten die Entwicklung der Stadt in der zweiten Hälfte des 19. Jahrhunderts bestimmen.

Das Verlangen nach einer nationalen Tradition, die Krakau am vollständigsten und tiefsten symbolisierte, wurde für die „Stańczyks" zu einem Werkzeug, um den status quo und die Verteidigung alter Werte rechtskräftig zu machen. Einer der wichtigsten Ideologen des Krakauer Konservatismus, Stanisław Tarnowski, schrieb: „Keine Nation kann materielle Kraft ohne ihr Bewußtsein besitzen, ohne Inhalt und das geistige

Wesen, das ihre Geschichte bildet."[11] Die natürliche Hinwendung der Konservativen zur Vergangenheit – als Bedingung sine qua non des Konservatismus – implizierte den Kult für das in Krakau gesammelte historische Erbe und löste eine Suche nach neuen symbolischen Inhalten aus. Auf dieser Grundlage sollte in der zweiten Hälfte des 19. Jahrhunderts der Prozeß einer spezifischen Musealisierung Krakaus stattfinden, der bewußt vom polnischen Adel vollzogen wurde.

Dieses Bewußtsein ging nicht nur aus dem eingewurzelten Bedürfnis nach Tradition hervor, sondern auch aus dem tiefen Empfinden der eigenen historischen Mission. Der adelige Traditionalismus wurde von den „Stańczyks" übernommen und auf der Grundlage der Konzeption des „Adels als historische Schicht" entwickelt.[12] Józef Szujski bezeichnete diese Gruppe folgendermaßen: „Jene sich oben befindende Schicht, die wir eine natürliche Regierung nannten, die der Gemeinschaft in den Jahren der Unfreiheit den Ton angab, ist eine Schicht von Menschen, die sich ausgezeichnet haben durch ihre Arbeit, Intelligenz und ihr Vermögen, vor allem aber durch das Empfinden nationaler Pflichten."[13]

In der von den Konservativen angenommenen Konzeption der sogenannten österreichisch-polnischen Lösung sollte Krakau eine bedeutende Rolle spielen. Von den „Stańczyks" zur geistigen Hauptstadt der Nation erwählt,[14] sollte es zum historischen Symbol der Unabhängigkeitsbestrebungen der Polen werden. Der Erfolg einer solchen Lösung hing von der politischen Stärke des konservativen Lagers ab und von der Umsetzbarkeit der Konzeption der österreichisch-polnischen Lösung selbst.

Im parlamentarischen System der österreichisch-ungarischen Monarchie bildeten die galizischen Konservativen bis zum Ausbruch des 1. Weltkrieges eine beachtliche politische Kraft. Das durch das kuriale Wahlsystem privilegierte galizische Gutsbesitzertum erlangte bis zum Ende des 19. Jahrhunderts die Mehrheit der Mandate in Galizien. Das sicherte den Konservativen nicht nur monopolistische Regierungen in der eigenen Provinz zu, sondern auch einen erheblichen Anteil in der Aufteilung der Mandate im Wiener Parlament. Das erwies sich u.a. in der Ausübung der Ämter des Premierministers, des Außenministers oder des Finanzministers in der Wiener Regierung durch die galizischen Konservativen. Galizien wählte nämlich ein Viertel der Gesamtheit der Abgeordneten in ganz Zisleithanien.[15]

Schon in den ersten Landtagswahlen von 1861 wählten ungefähr 2.000 Gutsbesitzer aus der ersten Kurie 44 Abgeordnete, während 20.000 wohlhabende Bürger aus den Städten nur 20 Abgeordnete, und 500.000 reichere Bauern nur 74 Abgeordnete stellen konnten.[16] Nach der Wahl hatten im ersten galizischen Landtag nicht weniger als 48 Großgrundbesitzer einen Sitz, die Bauern aber nur 39.[17] Ein Maßstab der politischen Stärke des galizischen Adels war der bedeutende Anstieg der Zahl ihrer Vertreter in den nächsten Landtagen. So befanden sich 1883 unter 150 Abgeordneten des Lemberger Landtages beispielsweise nicht weniger als 105 Großgrundbesitzer (darunter 5 Fürsten und 30 Grafen). Diese Vorherrschaft hielt sich bis zum Beginn des 20. Jahrhunderts aufrecht. Noch 1907 waren 65 Prozent der Abgeordneten zum Landtag und 56 Prozent der polnischen Vertreter im Wiener Reichsrat Großgrundbesitzer.[18]

Ein Abbild der politischen Vorherrschaft des Adels in Galizien war seine bedeutende Rolle im gesellschaftlichen Leben Krakaus. Unter den zahlreichen und einflußreichen aristokratischen Familen, die in Krakau ansäßig waren, hatte im 19. Jahrhundert die Krzeszowicer Linie der Potockis im Leben der Stadt die wichtigste Bedeutung, die in dem prächtigen Palais „Zu den Widdern" am Hauptmarkt residierte. Adam Potocki, der Führer des westgalizischen Adels, Mitbesitzer der Zeitschrift „Czas" (Die Zeit), stand den „Stańczyks" nahe und war einer der Schöpfer des polnisch-österreichischen Übereinkommens.[19] Noch 1860 trat Potocki mit dem Programm einer nationalen Autonomie auf, das auf einem im Dezember desselben Jahres in Krakau organisierten großen Provinziallandtag des galizischen Adels angenommen wurde.[20] Der fast bis zum Ausbruch des 1. Weltkrieges andauernde große Einfluß der Aristokratie in Krakau – darunter auch der Familie Potocki – ging aus deren privilegierter ökonomischer Lage hervor. In den Händen der Potockis befand sich nicht nur riesiger Landbesitz, sondern auch Bergwerke und Hütten im schlesischen Grenzland sowie Fabriken. Die Potockis finanzierten den Bau von Eisenbahnlinien in Galizien, kontrollierten gemeinsam mit anderen aristokratischen Familien Banken und Kreditanstalten, unterhielten den konservativen „Czas" und viele andere Unternehmen. Wie Juliusz Demel bemerkte, „. . . nicht dank ihrem großen Namen und ihrer Kultur, sondern vor allem dank ihres Kapitals wurden die Krzeszowicer Herren zu inoffiziellen Herrschern Krakaus."[21]

Ein Maßstab für die Stärke und die Anziehungskraft des Gutsbesitzertums war die Übernahme adeliger Kulturvorbilder durch die Bürgerschaft in der zweiten Hälfte des 19. Jahrhunderts in Krakau. Die reichsten von ihnen, wie die Familien Helcel und Kirchmaier, versuchten durch den Erwerb von Landbesitz und Titeln Zutritt zu der Klasse des Adels zu erlangen. Dieser Prozeß wurde vom Schwinden altbürgerlicher Traditionen begleitet.[22] Stellvertretend für diese Haltung war auch Józef Dietl, der erste Präsident der Stadt, Arzt und Rektor der Universität, und vor allem der Repräsentant des Bürgertums Krakaus, der für seinen Lebensabend ein Landgut bei Tarnów erwarb.[23]

Dieser Mangel an eigener Tradition hatte seine Ursache in der Schwäche des damaligen Krakauer Bürgertums. Diese Schwäche trat gleichfalls deutlich im politischen Leben der Stadt hervor. Schon bei den Wahlen von 1861 stimmten die Krakauer vor allem für Kandidaten des Adels und der Intelligenz.[24] Zu ihnen gehörte Mikołaj Zyblikiewicz, einer der engsten Mitarbeiter Adam Potockis aus der Zeit, als Galizien um seine Autonomie im Wiener Parlament kämpfte.[25]

Als 1874 Józef Dietl sein Amt als Präsident der Stadt niederlegte, wurde Zyblikiewicz in dieses Amt gewählt, wobei er nur knapp den bürgerlichen Kandidaten Ferdynand Weigl besiegte.[26]

Als Kandidat der „Stańczyks" realisierte der neue Präsident völlig die Umgestaltung Krakaus in die geistige Hauptstadt der Nation. Er war darum bemüht, daß bei der Wiederherstellung des alten Glanzes der ehemaligen Hauptstadt Polens der entscheidende Anteil den Gutsbesitzern zufallen sollte. Zyblikiewicz wußte sehr gut, daß nur die reiche Aristokratie und der Adel die Last der ökonomischen Verwirklichung vieler ehrgeiziger Projekte, die noch von Józef Dietl geplant waren, auf sich nehmen konnten. Krakau sollte für das Gutsbesitzertum wieder ein attraktiver und lebenswerter Ort sein.[27]

Der Zeitabschnitt der Präsidentschaft Zyblikiewiczs war ein Triumph des Neosarmatismus" in Krakau. Zu einem Symbol dieser Erscheinung wurde Zyblikiewicz selbst, der, obwohl er aus einer Handwerkerfamilie stammte, als Präsident Krakaus altpolnische adelige Tracht trug.[28]

Eine grundsätzliche Bedeutung für das Anwachsen der Rolle Krakaus als zentraler Punkt des polnischen nationalen Lebens hatten in den sechziger Jahren des 19. Jahrhunderts nicht nur der Sieg und die Entwicklung der österreichisch-polnischen Orientierung in Galizien, sondern auch die Vereinigung der Kräfte des „Krakauer Kreises" (die „Stańczyks") mit dem Pariser Hotel Lambert. Galizien wurde schon seit 1865 zur wichtigsten Basis der politischen Tätigkeit von Władysław Czartoryski. Das stand auch in Verbindung mit den Umwandlungen, die sich in der Innenpolitik Österreichs vollzogen sowie mit der wachsenden Überzeugung vom unabwendbaren Ausbruch eines russisch-österreichischen Krieges.[29]

Das seit 1866 von Władysław Czartoryski vertretene Konzept, aus der „Verknüpfung der polnischen Frage mit der Habsburger Monarchie und damit aus Galizien das Zentrum des gesamtpolnischen politischen Gedankens zu gestalten", stimmte mit den Anschauungen der Krakauer Konservativen überein. Die von Władysław Czartoryski im November und Dezember des Jahres 1866 unternommene Reise nach Galizien bekräftigte diese Vorhaben. Ein symbolischer Akt der Vereinigung war die Teilnahme Czartoryskis an der Vorbereitung der bekannten Erklärung des galizischen Landtages an den Kaiser: „Zu Dir, allergnädigster Herr, stehen wir und wollen wir stehen" vom 10. Dezember 1866. Der Führer des Hotel Lambert hatte Einfluß auf die endgültige Abfassung dieses politischen Manifests.[30]

Über eine Zusammenarbeit des Hotels Lambert mit der österreichischen Regierung sollte jedoch die Entwicklung der internationalen Lage entscheiden. Änderungen in der Anordnung der europäischen Kräfte, die nach 1870 eintraten, aber vor allem der Zusammenbruch des zweiten Kaiserreiches in Frankreich sowie die Befestigung der Republik beendeten die Möglichkeiten und den Sinn des politischen Handelns des Hotel Lambert in der Emigration. Diese politische Untätigkeit und die teure Lebenshaltung in Paris bewogen Władysław Czartoryski zum Verlassen Frankreichs. Im März 1873 wurde der endgültige Beschluß zur Verlegung des Hauptsitzes des Fürsten und seiner Partei nach Krakau gefaßt.

Die Wahl Krakaus zum neuen Sitz der Partei des Hotel Lambert wurde nicht zufällig getroffen. Neben verschiedenen politischen und ökonomischen Argumenten, die für die Verlegung der Tätigkeit nach Galizien sprachen,[31] entschieden für die Wahl Krakaus gleichfalls Argumente, die aus der Bedeutung der historischen Tradition der ehemaligen Hauptstadt Polens hervorgingen. Nach dem Fürsten Władysław kehrten zu Beginn der siebziger Jahre viele Emigranten aus Frankreich nach Galizien und

Krakau zurück, die sich hauptsächlich aus der Schicht der adeligen Gutsbesitzer rekrutierten.[32]

Die besondere Rolle des Adels in der Entwicklung Krakaus in den siebziger und achtziger Jahren ging einerseits aus dem nationalen Bewußtsein nach 1863 hervor, andererseits war sie ein Ergebnis der allgemeinen Ordnung der politischen und nationalen Kräfte in der Monarchie, die schon in den sechziger Jahren die österreichische Regierung zwang, im polnischen Gutsbesitzertum eine Stütze zu suchen und ihm Konzessionen zu erteilen. Die Ausstrahlung Krakaus und seine integrative Rolle in bezug auf alle polnischen Länder erreichten nicht zufällig ihren Höhepunkt während der Machtstabilisierung der Konservativen in der österreichisch-ungarischen Monarchie unter der Regierung von Eduard Taaffe in den achtziger Jahren. Obwohl bis über die neunziger Jahre hinaus der Triumph der galizischen Konservativen anhielt, insbesondere unter dem Premierminister Kazimierz Badeni, so war schon damals ein allmähliches Absinken ihres Einflusses auch in Krakau zu bemerken. Einerseits ging das aus einer Änderung der politischen Verhältnisse in Galizien hervor – darunter auch aus einer fortschreitenden Demokratisierung –, andererseits aus der beschleunigten Entwicklung des kapitalistischen Systems und der Gestaltung einer modernen Gesellschaft, in der der Adel allmählich seine privilegierte Position zu verlieren begann. Das führte gleichfalls zu einer Änderung der Entwicklungsmechanismen Krakaus.

2.2. Der „Schlupfwinkel Polens“

Im Jahre 1850 wohnten schon 116 Gutsbesitzer in Krakau.[33] In den fünfziger Jahren übersiedelten zahlreiche Gutsbesitzerfamilien in die Stadt, weil sie durch die Bauernbefreiung im Jahre 1848 nicht imstande waren, ihre Güter zu erhalten. Daher gab es in Krakau viele Personen, die ohne arbeiten zu müssen, ständige Einkünfte hatten. 1850 betrug deren Anteil nur 4 Prozent der Haushalte, 1857 schon beachtliche 7,5 Prozent und 1869 waren es 7,6 Prozent. Gemäß Demel bildete diese Gruppe samt ihren Familien damals ca. 10 Prozent der Gesamtbevölkerung Krakaus.[34] In den Jahren 1850–1869 verzeichnete sie die höchste Wachstumsdynamik unter allen Bevölkerungsgruppen Krakaus – nach dem Kriterium der Einnahmequelle 918%.[35]

Besonders nach 1863 stieg der Zustrom von Gutsbesitzerfamilien nach Galizien. Zu jener Zeit übersiedelten die von Verfolgungen bedrängten Familien aus Kongreßpolen und den Randprovinzen sowie aus dem preußischen Annexionsgebiet und sogar aus der Emigration nach Krakau.[36] 1880 gab es schon über 200 Gutsbesitzerfamilien in Krakau.[37] Dieses Niveau erhielt sich bis zum Ende der autonomen Ära.[38]

In dem 1883 herausgegebenen Band des Geographischen Wörterbuchs, das eine Beschreibung Krakaus enthielt, kann man unter anderem lesen: „Zahlreiche wissenschaftliche Anstalten, Buchhandlungen, Druckereien, Bibliotheken sowie Ämter, Finanzanstalten, Fabriken und schließlich humanitäre Institutionen und Anstalten sammeln in Krakau viel Intelligenz um sich und tragen zu einer großen geistigen

Bewegung bei; während wiederum viele altertümliche Denkmäler in 40 Kirchen, eine zahlreiche Anzahl von Kloster- und Laienpriestern und vor allem die schöne Umgebung, gesunde Luft, angenehme Verhältnisse des gesellschaftlichen Lebens, Ruhe und eine verhältnismäßige Billigkeit hierher Personen anlocken, die nach den Mühen und dem Leben in Großstädten hier ausruhen und dabei auf ein Leben in einer größeren Welt nicht verzichten wollen."[39]

Stanisław Estreicher meinte lakonischer: „Krakau ist der Schlupfwinkel Polens, zu dem im Alter große Löwen, Adler, Bären – manchmal auch Leoparden – ziehen, um hier ihre Knochen zur Ruhe zu legen."[40]

So auch Hubert Antoni Krasiński (1833–1890), der Besitzer von Regimentarzówka in der Ukraine, ein Arzt, Publizist und Aktivist; er verließ 1883 Warschau, um den Rest seines Lebens als österreichischer Untertan in Krakau in einem eigens für ihn errichteten kleinen Palais in der Wolskastraße zu verbringen.[41] Nach dem Tode Krasińskis kaufte dieses Palais Emeryk Hutten Czapski (1828–1896) aus Stańków in Weißrußland, der sich kurz vor seinem Tode dauernd in Krakau niederließ und in dem ausgebauten Palais eine aus seinem Familienbesitz mitgebrachte, herrliche Sammlung von Büchern, Handschriften, Kunstwerken und vor allem von Münzen und Medaillen unterbrachte. Diese Sammlung wurde der Öffentlichkeit zugänglich gemacht und das Emeryk-Hutten-Czapski-Museum geschaffen.[42] Nach Krakau hingezogen fühlte sich Czapski einerseits durch die politischen Freiheiten, derer sich Galizien erfreute, andererseits durch Krakau selbst, das ihn „mit seinen historischen Denkmälern, seiner Tradition und Religiosität" für sich gewann.[43] In den siebziger Jahren des 19. Jahrhunderts kaufte der Besitzer von Gütern im Gebiet von Suwalki, Baron de Puget-Puszet, eine ausgedehnte Bauparzelle in der Starowiślnastraße. Bedeutende Einkünfte aus seinen Gütern ermöglichten es ihm, in Krakau ein ansehnliches zweigeschoßiges Palais zu bauen, mit zwei Pavillons an der Front und einem Garten an der Rückseite. Gemäß der Familientradition bestimmte Puszet zu jener Zeit seinen Sohn zum Staatsdienst in Galizien.

Ein anderes Motiv zum Bau der neuen Residenz in Krakau war sein Wunsch, einen Teil seines Vermögens außerhalb der russischen Annexion zu lokalisieren, um einer Konfiszierung zu entgehen. Schon in den siebziger Jahren wurde das Palais der Puszet anderen befreundeten Familien vermietet, die in der Wintersaison nach Krakau kamen. Hier wohnten auch die Dzieduszyckis aus Potużyca, die mit ihren Töchtern zum Karneval kamen, sowie die Załuskis aus Iwonicz. Nach dem Tode des Konstanty Puszet im Jahre 1882 ging das Palais in die Hände seiner Schwiegertochter Maria über, die es zehn Jahre später für die ungeheure Summe von 240.000 fl. ihrer Schwester Anna Stablewska verkaufte, die ein Landgut in Posen besaß, auf dem sie sich ständig aufhielt.[44]

Obwohl für den großpolnischen Adel Posen die nächste Metropole bildete,[45] so unterhielten auch andere Familien aus dem preußischen Annexionsgebiet ihre Häuser in Krakau. So ließ sich 1889 auch die Familie Morawski in Krakau nieder, die in ihrem Haus in der Basztowastraße ein bewegtes Gesellschaftsleben führte.[46] Aus dem

Posener Gebiet stammte gleichfalls die Gräfin Anna Broel Plater, sie besaß Güter bei Kościan und verbrachte als Witwe die letzten 20 Jahre ihres Lebens in Krakau.[47]

Der glänzendste Salon in Krakau war ohne Zweifel das Haus des Grafen Edward Raczyński in der Szpitalnastraße. Raczyński, unter anderem Besitzer eines großen Vermögens in Rogalin, vermählte sich 1886 mit Róża Potocka und ließ sich in Krakau nieder, wo er vor allem als großer Kunstsammler und Kunstmäzen berühmt wurde.[48]

Unter den Reemigranten, die sich in Krakau niederließen, lenkte eine aus Frankreich zurückgekehrte Gruppe die Aufmerksamkeit auf sich. Das Hotel Lambert interessierte sich schon früher lebhaft für Krakau. Schon 1858 kam die Fürstin Marcelina Czartoryska nach Krakau in der Mission, in der Stadt ein Gegengewicht zur lebhaften gesellschaftlichen Tätigkeit des österreichischen Landespräsidenten Graf Eduard Clam-Martinitz zu schaffen. Die Fürstin hatte zwar mit ihrem patriotischen Salon, den sie in ihrem kleinen Palais in der Basztowastraße führte, großen Erfolg, doch wurde sie deshalb rasch von den österreichischen Behörden gezwungen, Krakau zu verlassen.[49] Sie kehrte 1869 zurück, um sich hier dauernd niederzulassen. Zu ihrer Residenz wählte sie den ehemaligen Palast der Wolbromer Starostengattin Urszula Dębińska in der Sławkowskastraße. Zur Sommerresidenz von Marcelina und ihrem Gatten Aleksander Czartoryski wurde hingegen die Villa Decjusz in Wola Justowska, wo auch seine Kunstsammlung untergebracht war.[50]

Nach Aleksander und Marcelina übersiedelte später auch Władysław Czartoryski selbst nach Krakau. Nach kurzen Verhandlungen mit der Krakauer Gemeinde erwarb er 1874 das Gebäude des damaligen Arsenals mit zwei Basteien und einem Teil der Planten (Grünanlagen). Schon im Dezember 1876 wurden dort eine Bibliothek und ein kleines Museum eröffnet. Die Czartoryski kauften auch das benachbarte Klostergebäude der Piaristen und etwas später ein Gebäude in der St. Johannesstraße, um auf diese Weise einen großen Museums- und Residenzkomplex zu schaffen.[51]

Krakau zog auch viele Heimatlose aus den von Rußland annektierten Ländern an. Zu ihnen gehörten der aus der Ukraine stammende Apollo Korzeniowski und Izydor Kopernicki. Korzeniowski, der noch 1862 wegen konspirativer Tätigkeit verhaftet und verurteilt worden war, kam 1867 nach seiner Freilassung aus der Verbannung nach Lemberg. Da er die patriotische Atmosphäre Krakaus genoß und diese auch für die Erziehung seines Sohnes Józef, des späteren Schriftstellers, wünschte, zog er in die Stadt am Wawel, wo er sehr früh starb.[52] Izydor Kopernicki, ein hervorragender Arzt und Anthropologe, Teilnehmer am Januaraufstand, kam nach einem mehrjährigen Aufenthalt im Ausland, dessen Etappen die Gefängnisse in Olmütz, Paris, Belgrad und Bukarest waren, ebenfalls nach Krakau. Dort übernahm er eine Professur an der Jagellonischen Universität und lehnte deshalb sogar einen Lehrstuhl an der Universität in Genf ab.[53]

Aus Amerika kam Erazm Jerzmanowski nach Krakau. Jerzmanowski stammte aus der Umgebung von Kalisz und studierte in Warschau, um nach der Teilnahme am Januaraufstand nach langem Umherirren in die Vereinigten Staaten zu emigrieren, wo er 23 Jahre lang leitende Funktionen in der amerikanischen Gasindustrie innehatte und ein Millionenvermögen dabei erwarb. 1896 siedelte sich Jerzmanowski in dem bei Krakau gelegenen Prokocim an. Sein ungeheures Vermögen vermachte er verschiedenen kulturellen, wissenschaftlichen und künstlerischen Stiftungen. Bei seinem Tode überwies er testamentarisch die riesige Summe von 1,2 Mio. Kronen der Krakauer Akademie der Wissenschaften.[54]

Die Entwicklung der politischen Ereignisse sicherte während der ganzen Autonomie Krakau einen ständigen Zustrom von Gutsbesitzerfamilien zu. Die letzte große Welle von begüterten aristokratischen Familien aus Litauen, Wolhynien und Podolien, die aus Angst vor Repressalien flohen, erreichte Krakau in den Jahren 1905–1908 und belebte die Atmosphäre der Stadt.[55]

Als „Schlupfwinkel Polens" ermunterte Krakau reiche Gutsbesitzerfamilien aus verschiedenen Gegenden nicht nur zu einer dauernden Ansiedlung. Es zog auch viele zu einem längeren oder kürzeren Besuch an. Der Aufenthalt in Krakau war für die Ankömmlinge aus den anderen Annexionsgebieten vor allem ein Treffen mit Polen und dem Polentum. „Krakau war für uns eine Erfrischung . . .", schrieben Besucher aus Kongreßpolen, „das war eine wahrhafte Erschütterung, überall die polnische Sprache, überall Spuren unserer königlichen Vergangenheit. Wer immer aus Kongreßpolen oder den Randgebieten, aus dem Posener Land oder aus Schlesien nach Krakau kam – besonders an feierlichen Tagen, wie beispielsweise bei der Überführung der sterblichen Überreste Mickiewicz' im Jahre 1890 – erlebte eine mystische Begeisterung. Der Wawel war das stärkste Signal, die Quintessenz eines Symbols.[56] Der 1892 zur Zeit des Begräbnisses von Paweł Popiel in Krakau weilende Stefan Żeromski schrieb in einem seiner Briefe: „Galizien – Krakau, das ist eine unerschöpfliche Quelle des Humors, das ist schlechterdings der Humor selbst, der einer Beschreibung bedarf. Rundherum Elend, Hunger, Unwissenheit – und sie in altpolnischer Tracht und mit Federbüschen . . ."[57]

2.3. Krakau als Dienstleistungsstadt

Durch den aus allen Richtungen nach Krakau ziehenden Adel begann der Stadt auch beträchtliches Kapital zuzuströmen. Gutsbesitzerkapital floß zwar in die Stadt, aber nicht in die Industrie oder in das Bankwesen. Die sich in Krakau niederlassenden Familien suchten vor allem neue und bequeme Wohnsitze für sich. Anfangs wurden in der Regel schon bestehende Häuser im historischen Zentrum gekauft, die nachher erneuert, ausgebaut oder umgebaut wurden. 1890 gehörten allein am Hauptmarkt nicht weniger als 15 Häuser (das entsprach einem Drittel) den Großgrundbesitzern.[58] Ähnliche aristokratische Residenzen befanden sich auch in den benachbarten Straßen. In der St. Johannes-Straße besaßen die Familien Czartoryski, Lubomirski, Potocki (früher Wodzicki) und Popiel ihr städtisches Palais; gleichzeitig aber errichtete dort was sehr charakteristisch ist auch ein Vertreter des „neuen Adels", Baron Goetz, der Besitzer der Brauerei in Okocim, ein elegantes Gebäude. In der Sławkowskastraße waren die Residenzen der Familien Badeni, Sanguszko und Czartoryski, in der Grodzkastraße wohnten die Stadnickis, in der Franziskanerstraße die Michałowskis (früher Larisch) sowie der Fürst Roman Lubartowicz Sanguszko, ein Besitzer von Landgütern in Wolhynien. Noch 1890 befand sich mehr als die Hälfte der Immobilien, die den Gutsbesitzern gehörten, im Stadtzentrum.[59]

Allmählich war es immer schwerer, ein entsprechendes Gebäude innerhalb der Planten zu finden. Daher war man gezwungen, Grundstücke in den äußeren Stadtteilen zu kaufen, um dort ansehnliche Palais und Villen zu bauen, die gewöhnlich von Gärten umgeben waren. Auf diese Weise errichteten in den siebziger und achtziger Jahren die Familien Pusłowski, Wołodkowicz, Czarkowski, Puszet, Potulicki, Krasiński, Tyszkiewicz, Tarnowski, Dębicki und Mańkowski ihre Residenzen in Krakau.[60]

Besonders an der Jahrhundertwende wurden im Zusammenhang mit der fortschreitenden Bebauung freier Gelände die Palais und Villen in der Stadt durch elegante und komfortable Häuser ersetzt, oder auch – wie damals gesagt wurde – durch Familienhäuser. Solche Häuser errichteten beispielsweise die Familien Dunajewski, Klobassa, Hussarzewski, Popiel, Małachowski und Turnau.[61] Schließlich kauften einige von ihnen Palais und Gutshöfe in der Nähe der Stadt, z.B. Marcelina Czartoryska, Erazm Jerzmanowski und die Familie Radziwiłł aus Balice.

Die Gutsbesitzer, die eine eher kleine und dabei hermetische Gruppe bildeten, erweiterten nicht unwesentlich den lokalen – sehr beschränkten – Arbeitsmarkt. Für diese Gruppe arbeiteten hervorragende Krakauer Architekten und Baumeister, Künstler, Ärzte und Juristen, Vertreter anderer freier Berufe, Handwerker und Kaufleute. Einige von ihnen stellten sich ganz auf die Befriedigung der hohen Ansprüche ihrer adeligen Kunden ein.

Deutlich sichtbar war das im Krakauer Baugewerbe, dessen Elite freischaffende Architekten bildeten. Die zweite Hälfte des 19. Jahrhunderts brachte eine Wiederbelebung und Entfaltung der Architektur mit sich.[62] Eine wichtige Rolle in diesem Prozeß spielte das Mäzenatentum des Adels, der von den Diensten der Architekten und Baumeister nicht nur in der Stadt selbst, sondern auch in der Provinz großen Gebrauch machte. Dies betrifft auch so bekannte Schöpfer wie Tadeusz Stryjeński und Teodor Talowski. Nach seiner Ankunft in Krakau eröffnete Stryjeński rasch ein großes, privates Atelier, das ganz auf den Geschmack seiner adeligen Kundschaft eingestellt war. Ein Mitarbeiter Stryjeńskis, Władysław Ekielski, erwähnt nach Jahren die Tätigkeit seines Patrons folgendermaßen: „. . . er verwandelt sich in einen Unternehmer, der Architekten beschäftigt und architektonische Arbeiten auf eine industrielle Art ausführt. Auf dem Grund seiner Seele bleibt nicht viel von dem künstlerischen Ehrgeiz zurück, der ihm sichtlich nicht angeboren, sondern nur angelernt ist. Ein solcher Typus eines Architekten ist – wie es scheint – in Frankreich ziemlich verbreitet und einen solchen Typus importiert Stryjeński nach Krakau. Man muß sagen, daß gerade ein solcher Typus den Vorstellungen der adeligen Schicht entsprach, während die bürgerliche Schicht überhaupt keine Vorstellungen besaß und deshalb auch die Kundschaft Stryjeńskis eine adelige ist. Konstanty Wołodkowicz, Graf Pusłowski,

Jędrzejewicz, Michałowski aus Dobrzechów, Fürst Radziwiłł aus Balice, Branicki aus Sucha, Erzherzog Stefan von Habsburg aus Saybusch, Popiel, Skrzyński in Zagórzany. Hutten-Czapski ist die Kundschaft Stryjeńskis, für die er als Unternehmer für sehr hohe Preise baut, dabei unter anderem auch Entwürfe für geplante Bauten, Umbauten oder Erneuerungen liefert. Mit diesen Arbeiten erwarb er ein beträchtliches Vermögen." [63]

Teodor Talowski, der nach Studien in Wien und Lemberg nach Krakau gekommen war, lenkte rasch durch die Originalität und Exzentrizität der von ihm entworfenen eleganten Gebäude die Aufmerksamkeit auf sich. Seine elegante Architektur war vor allem an die Adresse der reichen adeligen Kundschaft gerichtet. Das betrifft nicht nur die Krakauer Verwirklichung seiner Entwürfe, die hauptsächlich in den besten Stadtteilen wie Nowy Świat oder Piasek lokalisiert waren, sondern auch – ähnlich wie im Falle Stryjeńskis – Aufträge aus der Provinz. Für die Familien Michałowski und Żeleński, die in Krakau ihre Palais besaßen, errichtete er prächtige dörfliche Residenzen in Dobrzechów und Grodkowice. In Dobrzechów erbaute Talowski gleichfalls die Pfarrkirche.[64] Einige Krakauer Architekten der Jahrhundertwende, wie Stryjeński und Talowski, Sławomir Odrzywolski und Jan Sas-Zubrzycki bauten neben Palais und Gutshöfen auch Kirchen, die hauptsächlich von den Gutsbesitzern finanziert wurden.[65]

In Krakau selbst führte die lebhafte Baubewegung im Zusammenhang mit der territorialen Beschränkung der Stadt zu einer Bodenspekulation, die vor allem die von den Gutsbesitzerfamilien bewohnten Stadtteile umfaßte.[66]

Neben den Architekten waren auch viele Künstler für die Gutsbesitzer tätig. Vor allem Bildhauer fanden in der „geistigen Hauptstadt" zahlreiche Aufträge für Denkmäler, Porträt- und architektonische Bildhauerei und Grabdenkmäler. Bildhauer und Steinmetze fanden gleichfalls Beschäftigung bei vielen Erneuerungsarbeiten, die damals in Krakau durchgeführt wurden.[67]

Zu jener Zeit waren in Krakau folgende Künstler tätig: Parys Filippi, Walery Gadomski, Marceli Guyski, Teodor Rygier, Alfred Daun, Wacław Szymanowski, Tadeusz Błotnicki, Konstanty Laszczka, Ksawery Dunikowski und Jan Szczepkowski.[68] Die Unterstützung der Familie Potocki für den 1873 in Krakau eintreffenden Marceli Guyski, den Schöpfer ausgezeichneter Porträtbüsten, wurde zu einem Beispiel eines unmittelbaren künstlerischen Mäzenatentums. Die Potockis gehörten nicht nur zur Kundschaft des Bildhauers, sie überließen auch dem Künstler ihr kleines Landhaus in der Straszewskistraße als Atelier. Guyski, der sich einer großen Popularität in aristokratischen Kreisen erfreute, gehörte zu den teuersten Bildhauern in Krakau.[69] Er war gleichfalls der Schöpfer des Denkmals der Familie Rohozinski in der St.-Peter-und-Paul-Kirche. Diese übte – wie auch andere Krakauer Kirchen – die Rolle eines Pantheons vieler Großgrundbesitzerfamilien aus verschiedenen polnischen Ländern aus.

Zu einer besonderen Stätte wurde zu jener Zeit der Rakowicer Friedhof, der für viele Familien zum Ort einer Prestigebestattung wurde. Daher waren dort zahlreiche Steinmetzwerkstätten, hervorragende Architekten und Bildhauer beschäftigt. Eines der besten Beispiele hierfür bildet das monumentale Grabgewölbe der Ehegatten Jerzmanowski, eine Schöpfung von Wacław Szymanowski.[70]

Das Mäzenatentum der Gutsbesitzer für das Krakauer Künstlermilieu besaß tiefe, ideologische Grundlagen. Deutlich bemerkbar war das in den Werken von Jan Matejko, den die „Stańczyks“ zum Malerfürsten der Nation erhoben. „Seine Schöpfungen bildeten eine mächtige Stütze für diese Schicht (der Adel als „historische Schicht“), besonders wenn seine Gemälde sich mit authentischen Köpfen der damaligen Magnaten bevölkerten. Als Stanisław Tarnowski zum Batory wurde, Adam Sapieha zum Witold und Jerzy Lubomirski zum Stanislaus August . . .“, schrieb Kazimierz Wyka.[71]

Eine grundsätzliche Bedeutung für die Existenz des Krakauer Künstlermilieus hatten jedoch nicht nur individuelle Mäzene, sondern auch die 1854 gegründete Gesellschaft der Kunstfreunde. Besonders in den ersten Jahrzehnten ihres Bestehens stützte sich ihre lebhafte Tätigkeit im Bereich der Förderung der Künste auf das aus verschiedenen Annexionsgebieten und der Emigration hervorgehende reiche Gutsbesitzertum. Zum ersten Präsidenten der Gesellschaft wurde Fürst Władysław Sanguszko und zu seinem Stellvertreter Graf Henryk Wodzicki. Im Verzeichnis der ersten Mitglieder der Gesellschaft befanden sich die Namen einiger Fürsten und über 80 Grafen.[72] Die sechziger und siebziger Jahre brachten einen raschen Zuwachs an Aktionären. 1881 zählte die Gesellschaft schon über 9.000 Mitglieder. Die Einkünfte aus dem Verkauf der Aktien erreichten damals eine Rekordhöhe von 45.000 fl. Dieses bedeutende Kapital ermöglichte 1881 der Gesellschaft den Ankauf von 72 Ölgemälden im Wert von fast 13.000 fl. sowie von 38 Skulpturen, 20 Aquarellen und vielen anderen Kunstwerken. Die Direktion der Gesellschaft bestellte bei Juliusz Kossak ein Aquarell mit der Schilderung „einer historischen Episode von dem Entsatz von Wien unter dem Befehl unseres Heldenhaften Königs“ mit dem Ziel, unter den Mitgliedern den sich nähernden Jahrestag des Entsatzes von Wien zu feiern und zu propagieren.[73] Auch das verhältnismäßig gut entwickelte Kunstgewerbe stellte seine Dienste zur Verfügung. Ein gutes Beispiel für die Verbindung des lokalen Kunstmarktes mit den Anforderungen der adeligen Kundschaft liefert die Geschichte der Werkstätte für Glasfenster, die 1902 von Władysław Ekielski und Antoni Tuch gegründet wurde. Die in Kürze von Władysław und Izabela Żeleński übernommene Werkstätte entwickelte sich zu einer bedeutenden Firma, die sich großen Ansehens erfreute. Über das hohe künstlerische Niveau der Produktion wachten vor allem Jan Bukowski und Henryk Uziembło. Mitarbeiter waren Stanisław Wyspiański, Józef Mehoffer, Karol Frycz, Wojciech Jastrzębowski, Kazimierz Sichulski und andere.[74]

Die Firma Żeleński verdankte, ähnlich wie fast das ganze Künstlermilieu Krakaus, seine Existenz vor allem dem Mäzenatentum des Adels und der katholischen Kirche, die gleichfalls freigiebig von den Gutsbesitzern unterstützt wurde.[75] Das kulturelle Mäzenatentum des Gutsbesitzertums wurde nämlich an der Jahrhundertwende zu einem Symbol der Freizügigkeit dieser Schicht sowie zu einem Maßstab ihrer tiefen Auffassung von Tradition und Patriotismus.[76]

Biblioteka Uniwersytetu Jagiellońskiego,
W czasie zwiedzania tejże przez N. Franciszka I. Józefa Cesarza Austryi. &.&.&.
dnia 12 Października 1851 r.

Kaiser Franz Joseph der Erste besichtigt die Bibliothek der Jagiellonen-Universität während seines ersten Besuches in Krakau am 12. Oktober 1851. Historisches Museum der Stadt Krakau.

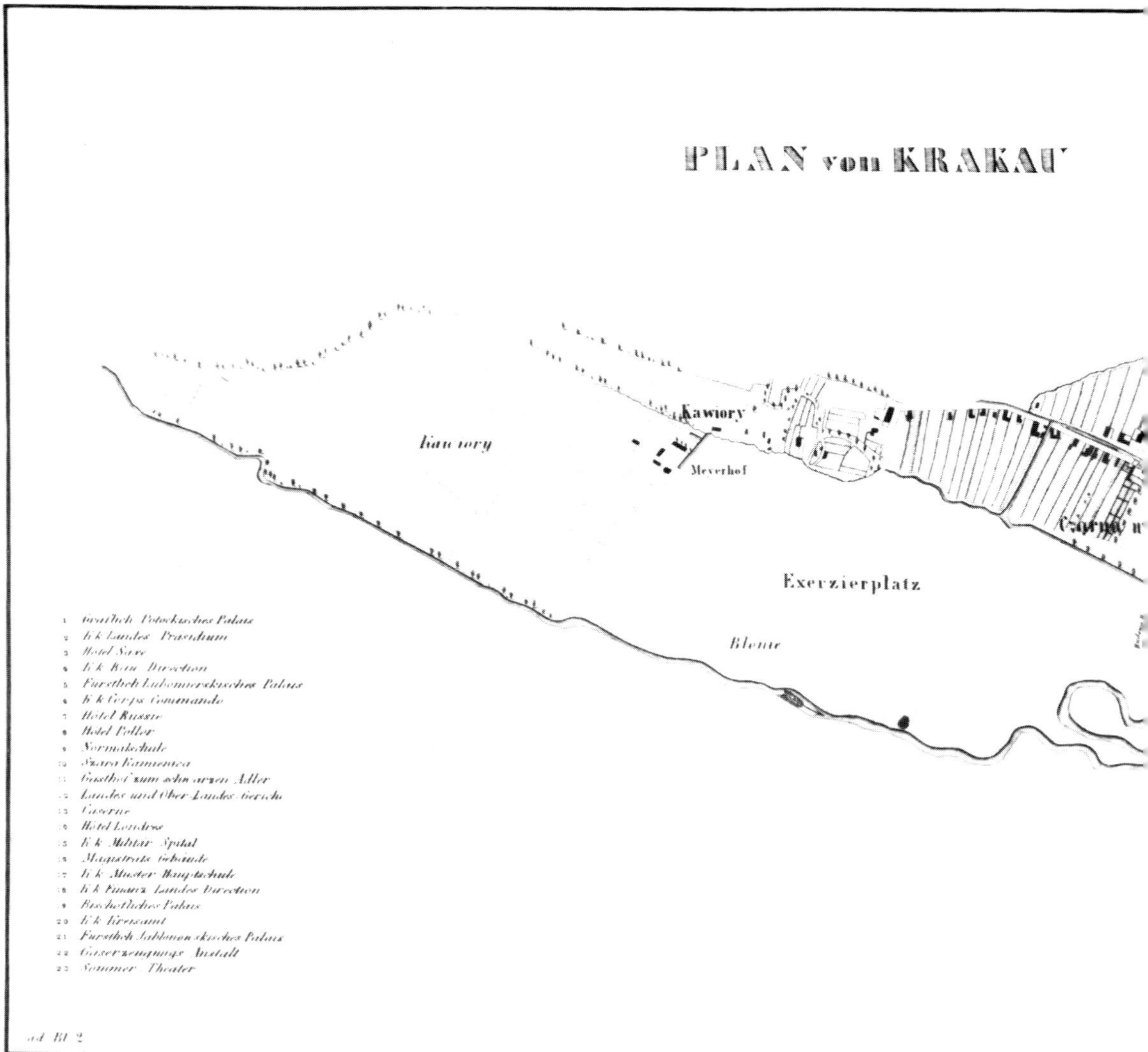
PLAN von KRAKAU
Kawiory
Kawiory
Meyerhof
Exerzierplatz
Blonie
1 Gräflich Potockisches Palais
2 K.k. Landes Präsidium
3 Hôtel Saxe
4 K.k. Bau Direction
5 Fürstlich Lubomierskisches Palais
6 K.k. Corps Commando
7 Hôtel Russie
8 Hôtel Poller
9 Normalschule
10 Stara Kamienica
11 Gasthof zum schwarzen Adler
12 Landes und Ober Landes Gericht
13 Caserne
14 Hôtel Londres
15 K.k. Militär Spital
16 Magistrats Gebäude
17 K.k. Muster Hauptschule
18 K.k. Finanz Landes Direction
19 Bischöfliches Palais
20 K.k. Kreisamt
21 Fürstlich Jablonowskisches Palais
22 Gaserzeugungs Anstalt
23 Sommer Theater

ad Bl. 2

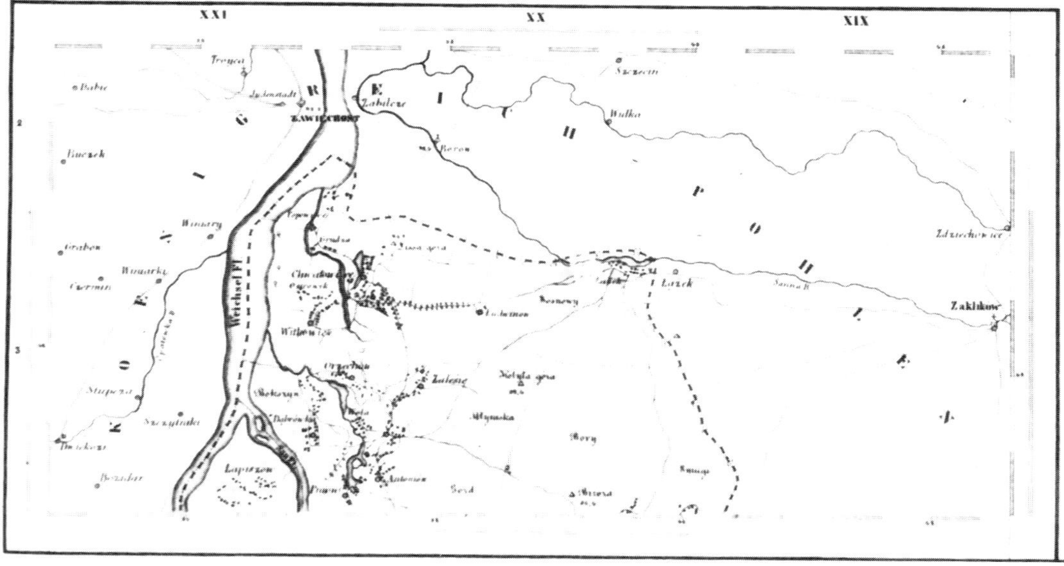
XXI
XX
XIX
ZAWICHOST
Weichsel Fl.
Zakikow

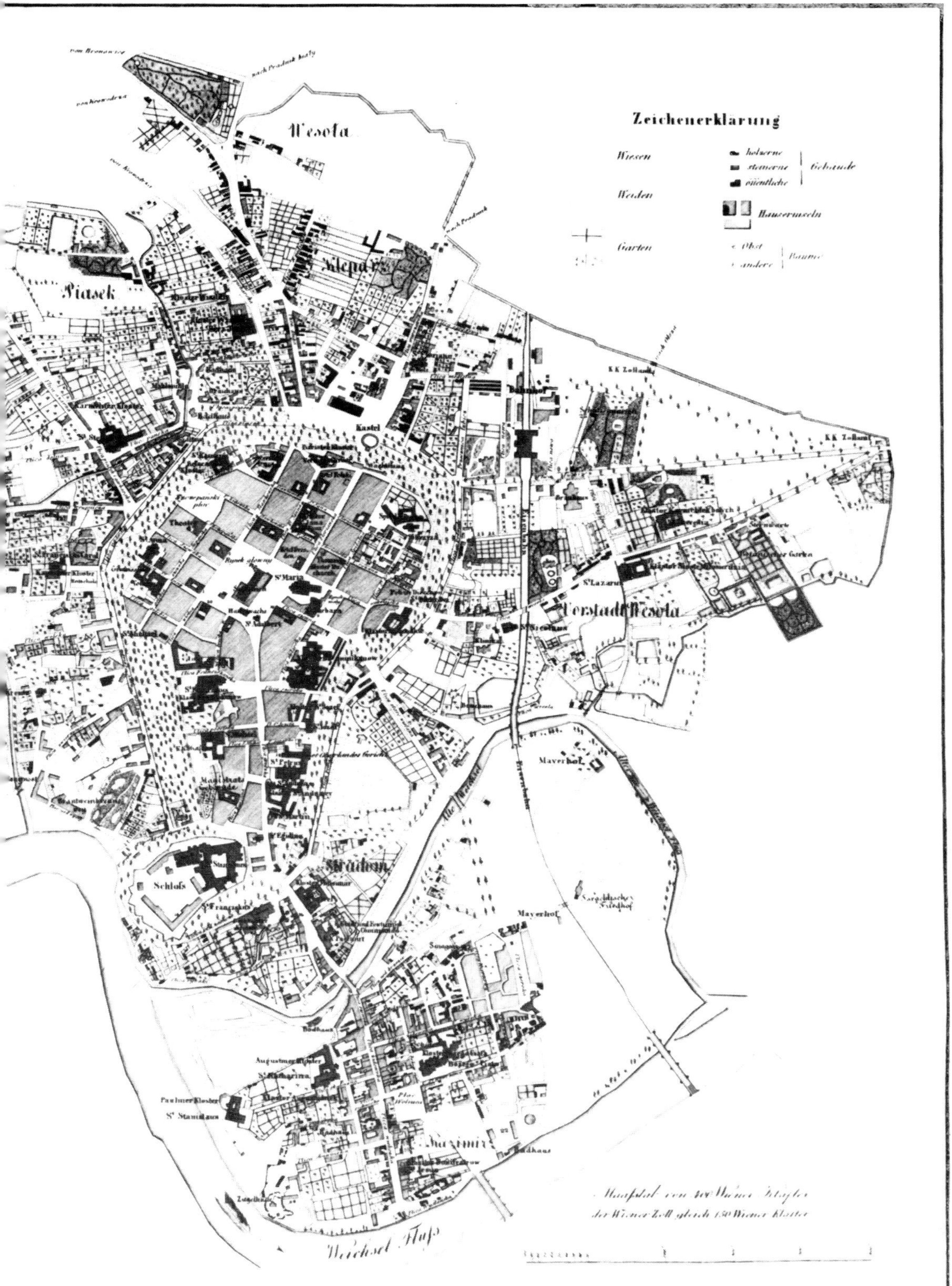

Stadtplan von Krakau aus dem Jahre 1855. Staatliches Archiv Krakau.

Österreichische Kaserne und Befestigungsanlagen, erbaut in der Mitte des 19. Jahrhunderts auf dem Wawel, der historischen Residenz der polnischen Könige. Historisches Museum der Stadt Krakau.

Hauptplatz und Marienkirche in Krakau am Beginn der 70er Jahre des 19. Jahrhunderts. Historisches Museum der Stadt Krakau.

Ankunft Kaiser Franz Josephs des Ersten in Krakau im Jahre 1880 (nach Juliusz Kossak). Nationalmuseum Krakau.

Das Denkmal Kaiser Franz Josephs des Ersten am Hauptplatz in Krakau im Jahre 1887. Nationalmuseum Krakau.

Kaiser Franz Joseph der Erste besichtigt das Königliche Schloß auf dem Wawel im Jahre 1880 (nach Tadeusz Ajdukiewicz). Auf Ersuchen des Krakauer Bürgermeisters Mikołaj Zyblikiewicz anerkannte der Kaiser den Wawel, der zu dieser Zeit von der k. u. k. Armee besetzt war, als offizielle kaiserliche Residenz. Nationalmuseum Krakau.

Pavillon des Kunstfreunde-Vereins in Krakau, nach dem Entwurf von Franciszek Mączyński, 1898–1901. Historisches Museum der Stadt Krakau.

Stadtplan von Krakau um 1885 mit dem österreichischen Befestigungswall. Staatliches Archiv Krakau.

PLAN
KRÓL. STOŁ. MIASTA KRAKOWA.
Zamek
Kościół Panny Maryi
Krowodrza
V. Kleparz.
IV. Piasek
Rynek Kleparski
Planty
Dworzec kolei żelaznej
Prądnik czerwony
Olsza
VI. Wesoła
Plac Axenów
Ogród botaniczny
I. Śródmieście
Rynek
III. Nowy Świat
Grzegórzki
Wisła
II. Zamek Wawel
VII. Stradom
VIII. Kazimierz
Nowy Smentarz żydowski
Rzeźnia
Pianki
Czarna wieś
Podgórze
Sukiennice
Szkoła Sztuk Pięknych
Kościoły
Bóżnice
Budynki rządowe
Budynki gminne
Hotele
Zakłady publiczne
Trammay
Kolej żelazna
Fortyfikacye
1
2
3
4
5
6
7
8
9
10
A
B
C
D
E
F
G
H
J
K
L

Erzherzog Rudolf und seine Frau Stephanie besuchen das neueröffnete Gebäude des Collegium Novum der Jagiellonen-Universität im Juni 1887. Nationalmuseum Krakau.

Das Fürstlich Lubomirskische Knabenasyl in Krakau, nach dem Entwurf von Tadeusz Stryjeński und Władysław Ekielski, 1887–1893. Historisches Museum der Stadt Krakau.

Eröffnung der Akademie der Wissenschaften in Krakau in Anwesenheit Erzherzog Karl Ludwigs und des Statthalters Agenor Gołuchowski im Jahre 1873 (nach Juliusz Kossak). Nationalmuseum Krakau.

Enthüllung des Tannenbergdenkmals am Matejkoplatz in Krakau, verbunden mit einer patriotischen Kundgebung im Juli 1910. Nationalmuseum Krakau.

Erzherzog-Rudolf-Kaserne in Krakau, erbaut in den Jahren 1871–1877. Historisches Museum der Stadt Krakau.

Hauptplatz von Krakau nach der Restaurierung der Tuchhallen durch Tomasz Pryliński in den Jahren 1875–1879. Historisches Museum der Stadt Krakau.

Kościuszko-Hügel und die österreichische Zitadelle, erbaut in den 50er Jahren des 19. Jahrhunderts. Historisches Museum der Stadt Krakau.

Regulierungsplan von Krakau, entworfen von den Architekten Józef Czajkowski, Władysław Ekielski, Tadeusz Stryjeński, Ludwik Wojtyczko und Kazimierz Wyczyński. Erster Preis eines Wettbewerbes für Stadtplanung im Jahre 1910. Der Architekt. Jg. 11, 1910.

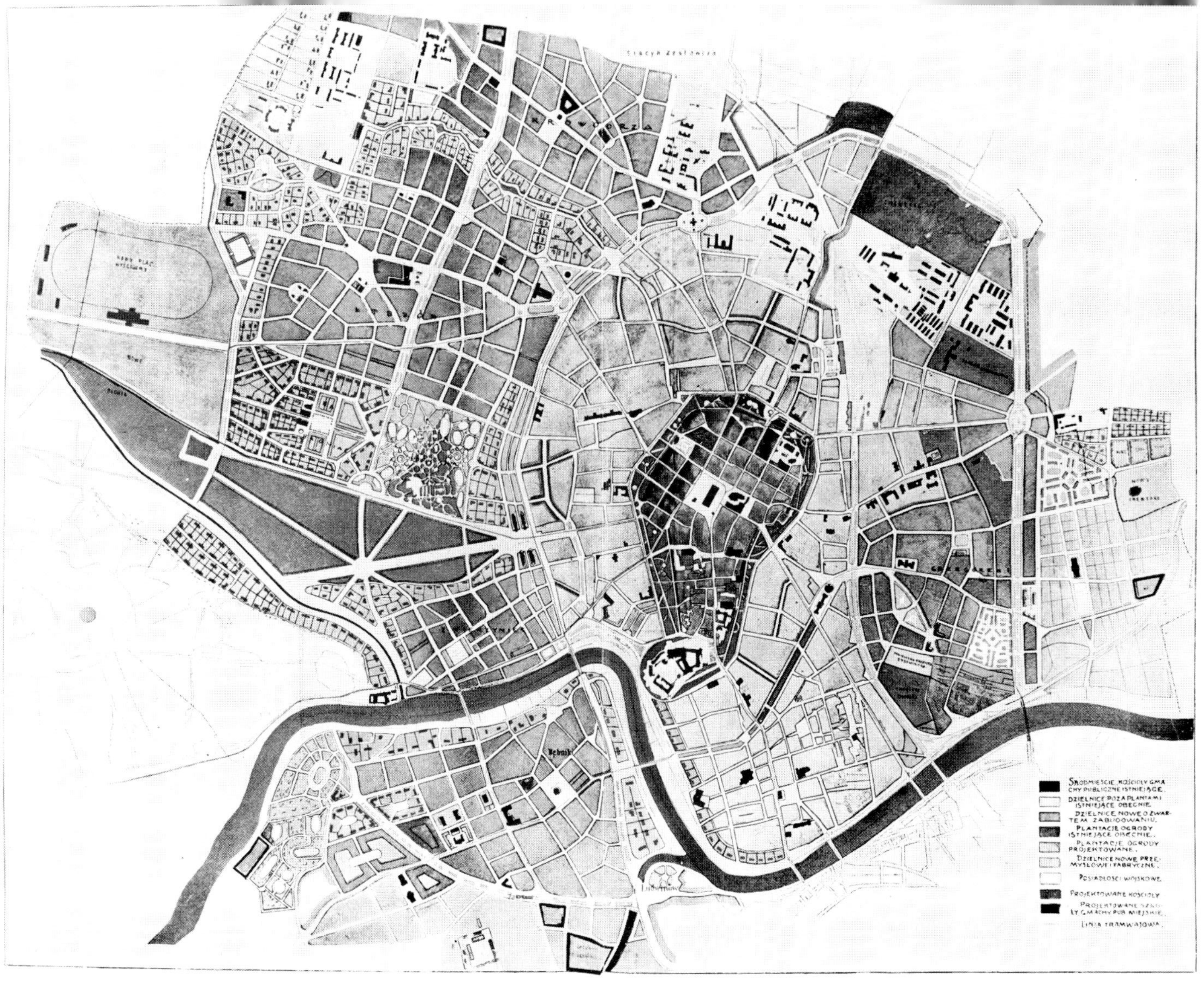
KROWODRZA
ŚRODMIEŚCIE, KOŚCIOŁY GMACHY PUBLICZNE ISTNIEJĄCE.
DZIELNICE POZA PLANTAMI ISTNIEJĄCE OBECNIE.
DZIELNICE NOWE O ZWARTEM ZABUDOWANIU.
PLANTACJE OGRODY ISTNIEJĄCE OBECNIE.
PLANTACJE OGRODY PROJEKTOWANE.
DZIELNICE NOWE PRZEMYSŁOWE I FABRYCZNE.
POSIADŁOŚCI WOJSKOWE.
PROJEKTOWANE KOŚCIOŁY
PROJEKTOWANE SZKOŁY, GMACHY PUB. MIEJSKIE.
LINIA TRAMWAJOWA.

Kadettenschule in Łobzów bei Krakau. Staatliches Archiv Krakau.

Die ökonomische Struktur des damaligen Krakau wurde von der besonderen Situation der Stadt geprägt, denn die räumliche Entwicklung der Stadt wurde durch einen Gürtel von österreichischen Befestigungen aufgehalten. Aber die bewußte Politik der ersten Präsidenten zog daraus einen großen Nutzen. Diese sahen nämlich eine Chance für Krakau, den historischen Maßstab der Stadt zu erhalten. Der Charakter Krakaus als ein nicht großes, aber nobles und lebenswertes Zentrum sollte gewahrt bleiben. Einer der Führer der Partei der „Stańczyks“ schrieb von der Weltausstellung in Wien im Jahre 1873: „Insofern die wahrhaft großen Städte etwas Anziehendes an sich haben, etwas, was sowohl zu der Einbildungskraft wie auch zu den Sinnen spricht, umso viel mehr erbärmlich ist das Vortäuschen kleiner oder mittlerer Städte, eine große Stadt zu sein. Das ist in diesen demokratischen Zeiten eine allgemeine Krankheit. Jeder drängt nur nach oben oder bläst sich auf wie der Frosch im Märchen. Mit dieser Lächerlichkeit sündigen unsere kleinen polnischen Städte, sündigt bis zur Lächerlichkeit unser übrigens bezauberndes Warschau, das einen erstaunlichen großstädtischen Verkehr, aber kein Leben besitzt, so sündigt unerträglich und unangenehm Lemberg, das übrigens in dieser Täuschung lebt. Diese Täuschung ist die einzige Seele, die es besitzt. Nur Krakau ist aufrichtig und ohne falsche Scham eine kleine Stadt, und das ist eine der tausend Ursachen, warum ich Krakau liebe und über andere polnische Städte stelle, und die einzige, warum ich in ihm wohne. Nach einer großen Stadt gibt es nichts angenehmeres, als eine kleine, die sich offen und ehrlich dazu bekennt, die sich dessen nicht schämt, nicht nach oben drängt und sich nicht aufbläst, um größer zu erscheinen. Nur dort kann man diese Ungebundenheit und diese Freiheit finden, die den hauptsächlichsten Reiz großer Städte ausmachen und die man umsonst in kleinen Städten suchen würde, die große vortäuschen und in ständiger Furcht leben, als klein angesehen zu werden. Wie wenig gibt es jedoch von denen, die aufrichtig die Stelle kleiner Städte einnehmen und sie verstehen; gerade so wenig wie es Menschen gibt, die nicht über ihren Stand leben und nicht für etwas anderes gelten wollen als das, was sie tatsächlich sind. Krakau ist eine Ausnahme, trotz seiner Vergangenheit weiß es, daß es eine kleine Stadt ist und hat ein genaues Bewußtsein seiner Lage; es läßt sich nicht demütigen, denn auch was klein, ist kann und soll stolz sein, doch fällt es nicht in eine lächerliche Großtuerei, lebt nicht über seinen Stand, und – was wichtiger ist – es bläst sich nicht auf, um sich über die Täuschung zu freuen, daß es als das gelten wird, was es nicht ist. Daher liebe ich Krakau und ziehe es allen anderen Städten vor, die Großstädte nachäffen. Wer Krakau nicht liebt, hat keinen entwickelten Sinn für die Schönheit, wer sich von Krakau nicht angezogen fühlt, der hat keinen entfaltetetn polnischen Gedanken; man kann sich über Krakau beklagen, aber man muß es schätzen können.“[77]

Krakau erweiterte in der zweiten Hälfte des 19. Jahrhunderts seine Dienstleistungsbasis. Das betrifft vor allem die Bedürfnisse der in die Stadt eintreffenden reichen Gutsbesitzer. Den Geschmack der Gutsbesitzerkundschaft sollten gute Gaststätten, Kaffeehäuser und Hotels, elegante Kolonialwaren- und Galanterieläden, Schneidersalons, Buchhandlungen mit polnischen Büchern, Rechtsanwaltskanzleien und ärztliche Kabinette, Fecht- und Reitschulen und schließlich Kasinos befriedigen, in denen „viel und hoch“ gespielt wurde und die „zur Ursache nicht nur eines Vermögensruins wurden“.[78]

Eine große Anziehungskraft bildete das Theater Krakaus besonders für diejenigen Gutsbesitzer, die von jenseits der Grenze kamen. Nicht zufällig nahm die Stadt an der Wende der achtziger Jahre die ungeheure Anstrengung auf sich, die mit dem Bau eines neuen monumentalen Gebäudes des Stadttheaters verbunden war. Dies war symptomatisch: der Bau der neuen Bühne siegte im Streit um die Bedeutung und den Vorrang mit dem Bau der städtischen Wasserleitung.[79] Deutlich unterstrich diese Entwicklung der Landesmarschall Eustachy Sanguszko in seiner Rede bei der Eröffnung des neuen Theatergebäudes am Heiligen-Geist-Platz im Oktober des Jahres 1893: „So nahm also Krakau eine europäische und künstlerische Gestalt an, ohne dabei die Merkmale einer Stätte der Denkmäler und Wissenschaften zu verlieren. Die endgültige Krönung dieser Umwandlung ist dieses prächtige Gemach, das die Stadt der polnischen dramatischen Kunst erbaute. Die Nation bringt nicht sich selbst dieses Opfer, wie es in Prag geschah, sondern Krakau – unsere geistige Hauptstadt – bringt mit Hilfe des Landes diese wahrhaft königliche Gabe der Nation, der Kunst und sich selbst zum Opfer. Wenn Krakau angesichts so vieler drängender materieller Bedürfnisse dieses große Opfer auf sich nimmt, so tut es das überzeugt von seiner königlichen Vergangenheit und im Bewußtsein der großen Aufgaben eines nationalen Theaters.“[80] Das Krakauer Theater wurde an der Jahrhundertwende zu einem integralen Bestandteil des kulturellen Lebens der Stadt. Es war auch eine der wichtigsten Attraktionen, die die reichen Gutsbesitzerfamilien nach Krakau zog.[81] Ein charakteristisches Symptom des Bestehens einer starken aristokratischen Gutsbesitzergruppe war die im Mai 1890 erfolgte Gründung der Gesellschaft Internationaler Pferderennen in Krakau. Seine Initiatoren waren Roman Potocki aus Łańcut, der Präsident der Gesellschaft, und Andrzej Potocki aus Krzeszowice. Zu dem Mitgliederbestand dieser elitären Institution zählten Vertreter aller wichtigen Gestüte in den polnischen Ländern. Die Gesellschaft erbaute eine ausgedehnte Pferderennbahn, wo sich seit 1891 polnische und ausländische Pferdezüchter trafen. Die Krakauer Pferderennen erfreuten sich an der Jahrhundertwende eines ausgezeichneten Rufes. Die Gesellschaft stiftete die höchsten Siegespreise von allen polnischen Rennbahnen. In dem in den neunziger Jahren viermal abgehaltenen „Krakauer Derby“ betrug der Siegerpreis einmal 40.000 Kronen! 1893 ging aus der Gesellschaft der „Galizische Herrenreiterklub“ hervor, an dessen Spitze gleichfalls der Majoratsherr von Łańcut, Roman Potocki, stand.[82]

Auch der Fasching wurde zu einem spezifischen Gewerbe im Leben Krakaus. Anfangs war er eine Organisationsform des gesellschaftlichen Lebens der Gutsbesitzerfamilien, die im Winter immer zahlreicher nach Krakau strömten. Die in geschlossenen aristokratischen Kreisen abgehaltenen Bälle unterstrichen nicht nur die Besonderheit und vorherrschende Position dieser Gruppe, sie hatten auch einen günstigen Einfluß auf die Wirtschaft der Stadt. Schon 1853 erreichte der Fasching ein solches Ausmaß, daß es , wie M. Estreicher schrieb, „in den Geschäften an weißen Handschuhen zu fehlen begann, die von den Kaufleuten angesichts des großen Verkehrs bis spät in die Nacht offen gehalten werden mußten, anstatt wie gewöhnlich bis sieben Uhr, und man sieht, wie gut es ihnen damals ging, sobald sie sich über die Verlängerung der täglichen Arbeitszeit beklagten, trotz des daraus fließenden Gewinnes". Nur ein einziger Ball für 160 Personen kostete damals 9.000 fl.[83]

In der zweiten Hälfte des 19. Jahrhunderts begann sich der Krakauer Fasching nicht nur in eine elitäre Form des gesellschaftlichen Lebens der Aristokratie umzugestalten, dies war auch ein besonderer Heiratsmarkt. Dort suchten die Gutsbesitzerfamilien, die speziell zu diesem Zweck aus Galizien, aus Großpolen, Kongreßpolen und vor allem aus den Randprovinzen angereist kamen, die besten Partien für ihre heranwachsenden Kinder.[84] Auf diese Weise gestaltete sich der Krakauer Fasching der Jahrhundertwende zu einer „schrecklichen, schweren Arbeit für die mit ihren heiratsfähigen Töchtern aus Podolien und Polesie anreisenden Damen.[85]

Die Vorschriften, die bei einem solchen jährlichen Zusammentreffen galten, waren einfach. Einige Visiten genügten, um andere Damen kennenzulernen, die mit ihren Töchtern aus Litauen, dem Posener Gebiet oder Podolien angereist waren, dann ein Ball zum Kennenlernen der Tänzer, worauf sich die Einladungen vermehrten, denn obwohl nicht sich nicht aller kannten, so wußten doch alle, wer sie sind und was ihnen gebührt", so ruft Janina von Puttkamer-Żółtowska, eine Teilnehmerin an jenen Faschingsvergnügen, diese Zeiten in ihre Erinnerung zurück und fügt hinzu: „Es gab in Krakau keine reichen Menschen aus einer anderen Sphäre, die mit Geld und Gastfreundschaft eine mondäne Stellung einzunehmen wünschten."[86]

Die zum Fasching in Krakau eintreffenden Familien hielten sich in den Hotels auf oder mieteten bequeme Apartments in den Krakauer Häusern.[87] Einer großen Popularität erfreuten sich anfangs die Hotels „Dresdner Hof", „Sächsischer Hof" und „Russischer Hof", wo auch Bälle und gesellschaftliche Zusammenkünfte stattfanden.[88] Zu den vom Adel besuchten gehörten die Hotels Poller und Klein, „Stadt Krakau", „Stadt Lemberg" sowie „Londoner Hof" und später „Victoria" und „Französischer Hof".[89] Im Januar 1887 wurde in den ehemaligen Palais der Fürstin Marcelina Czartoryski in der Sławkowska-Straße das „Grand-Hotel" eröffnet. Sein Besitzer, Eustachy Chronowski, ein Aufständischer aus dem Jahre 1863 und Kunstkenner, gestaltete die damalige Residenz der Czartoryski in ein Luxushotel um, das in Kürze zu dem am meisten snobistischen Treffpunkt der Aristokratie aus allen Teilgebieten wurde.[90]

Neben Luxushotels entstanden elegante Restaurants und Kaffeehäuser, die sich in der Umgebung des Hauptmarktes konzentrierten.[91] Auf diese Weise gestalteten die Gutsbesitzer auch mittelbar die wirtschaftliche Struktur Krakaus, befestigten seinen Dienstleistungscharakter und steigerten bedeutend die Unterhaltskosten in der Stadt.

Allmählich wurde aus einer billigen eine verhältnismäßig teure Stadt. Das empfanden sowohl die Ankömmlinge aus Kongreßpolen[92] wie auch die lokale Bevölkerung, die an der Jahrhundertwende begann, in die vorstädtischen Gemeinden zu übersiedeln, die außerhalb der administrativen Grenzen Krakaus lagen.[93]

Für die Bedürfnisse der Gutsbesitzer waren auch – besonders in den sechziger und siebziger Jahren – elegante Fotoateliers tätig. Die Besitzer der exklusivsten Firmen wie Walery Rzewuski oder Awit Szubert verdienten an ihrer adeligen Kundschaft ein bedeutendes Vermögen.[94] Von dem modernen Atelier Rzewuskis, das sich in einem besonders zu diesem Zweck entworfenen kleinen Palais befand, machten die wichtigsten Gestalten der Krakauer Gesellschaft Gebrauch.[95]

Der Dienstleistungscharakter der Krakauer Wirtschaft wurde auch mit den Kurorten in den Karpaten verknüpft, die in der zweiten Hälfte des 19. Jahrhunderts ihre Blütezeit erlebten. Nicht zufällig spielten die zwei ersten Präsidenten von Krakau Józef Dietl und Mikołaj Zyblikiewicz eine bahnbrechende Rolle bei der Entwicklung von Krynica und Szczawnica. Für viele Ankömmlinge aus Kongreßpolen und den Randprovinzen war ihr Aufenthalt in Krakau nur eine Etappe auf dem Wege zu den Heilbädern und später auch auf dem Weg in die Tatra.[96]

Gegen Ende des 19. Jahrhunderts wurde scherzhaft behauptet, daß „das größte Gewerbe des damaligen Krakaus das Begehen von Jubiläen und die Begräbnisfeierlichkeiten großer Polen waren“[97] Die in Krakau organisierten großen Jubiläumsfeiern sammelten zahlreiche Anreisende aus allen Teilungsgebieten Polens an. So waren eben die „Stańczyks“ die Initiatoren von aufeinanderfolgenden großen nationalen Jubiläen, die sie gleichfalls als wichtige Elemente ihres politischen Programms behandelten.

Einen solchen Charakter hatten auch die König-Kasimir-Feierlichkeiten auf dem Wawel von 1869,[98] ebenso die Jahresfeiern anläßlich des „Entsatzes“ von Wien im Jahre 1883. Unter ähnlichen, patriotischen Feierlichkeiten können erwähnt werden: die Feier des 400jährigen Geburtstags von Nikolaus Kopernikus (1873); der 400. Todestag von Jan Długosz (1880); das 100jährige Jubiläum der Verfassung vom 3. Mai (1891); der 100. Jahrestag des Kościuszko-Aufstands (1894); die 100jährige Geburtstagsfeier von Adam Mickiewicz (1898); der 500. Jahrestag der Erneuerung der Jagiellonischen Universität; der 500. Jahrestag der Schlacht bei Tannenberg (1910).[99] Jubiläen, Ausstellungen und Begräbnisfeierlichkeiten von nationaler Bedeutung waren auch: das 50jährige Jubiläum der schriftstellerischen Tätigkeit von Józef Ignacy Kraszewski, 1879;[100] die Ausstellung „Polnische Kunst“ in den Tuchhallen, 1887;[101] Begräbnisse verdienter Persönlichkeiten auf der Skałka und die Überführung der sterblichen Überreste von Adam Mickiewicz auf den Wawel, 1890.[102] Die patriotischen Feierlichkeiten in Krakau bildeten eine Anziehungskraft für zahlreiche Bürger aus verschiedenen Teilen Polens und beschleunigten den Prozeß eines sich hier gestaltenden Zentrums elitärer Touristik.

Der dauernde Zustrom adeliger Gutsbesitzer nach Krakau war auch mit den politischen Ereignissen in den benachbarten Annexionsgebieten verbunden, besonders nach den Ereignissen in Rußland von 1905. In den Jahren 1905–1908 suchten begüterte Adelsfamilien aus Litauen, Wolhynien und Podolien Schutz in Krakau. Der massenhafte Zustrom von Flüchtlingen jenseits der russisch-österreichischen Grenze – man sprach sogar von 18.000 bis 20.000 Personen – rief eine Wohnungsnot hervor, an der sich die Krakauer Hausbesitzer bereicherten.[103]

Wissenschaft und Bildung stellten einen wichtigen Dienstleistungszweig dar und lockten besonders die Jugend der Gutsbesitzer aus allen Teilungsgebieten nach Krakau an. „Bei dem Adel ist das Streben nach höherer Bildung sehr lebhaft. Schulen, Gymnasien und Universitäten sind hauptsächlich mit adeliger Jugend besetzt", bemerkt Antoni Zygmunt Helcel.[104] Die Universität wurde zum traditionellen Studienort der Gutsbesitzersöhne aus Kongreßpolen. Dazu dienten sogar besondere Stiftungen. Eine Bedingung zur Erlangung eines Stipendiums war beispielsweise die adelige Geburt, ein Vorzug die Herkunft aus Krongreßpolen.[105]

Zwischen 1911 und 1912 bildeten sich in den Krakauer Mittel- und Hochschulen schon fast 13.000 Hörer aus.[106] Die Autonomie zog ganze Scharen von Jugendlichen von jenseits der russischen Grenze nach Krakau. Es gab auch Institutionen, die hauptsächlich auf die Erziehung von Kindern aus Gutsbesitzerfamilien eingestellt waren. Die meistbekannten unter ihnen waren die Höheren Lehrgänge von Adrian Baraniecki für Frauen. Der aus Podolien stammende Adrian Baraniecki emigrierte nach dem Zusammenbruch des Januaraufstands nach Frankreich und England, von woher er 1868 dauernd nach Krakau übersiedelte. Hier begann er seine groß angelegte gesellschaftliche Tätigkeit.[107] Die 1868 in Krakau gegründeten Höheren Lehrgänge für Frauen waren vor allem als eine Institution für Hörerinnen aus Kongreßpolen und den Randgebieten gedacht, die sich hier zeitweise aufhielten und sich hier unbeschränkt bilden konnten.[108] Ähnlich war es mit den Pensionaten der Seweryna Górska oder der Łucja Żeleźkiewicz aus Warschau. Die sogenannte Höhere Lehranstalt für Mädchen der Łucja Żeleźkiewicz wurde auf einen Befehl Apuchtins 1886 geschlossen, was die Vorsteherin bewog, ihre Anstalt nach Krakau zu verlegen. Dieses Pensionat, das 1901 von Helena Kaplińska übernommen wurde, wurde zuerst in ein sechsjähriges Lyzeum und 1911 in ein Realgymnasium umgestaltet – die erste Mittelschule für Mädchen in Galizien mit der vollen Berechtigung zum Besuch höherer Schulen. Schon vom Anfang ihres Bestehens an war diese Schule mit einem geräumigen Internat – hauptsächlich für Mädchen aus Kongreßpolen – verbunden.[109] Eine elitäre Mädchenschule für Töchter aus Gutsbesitzerfamilien leiteten auch die aus Posen nach Krakau gekommenen Ursulinerinnen, die ihren Schülerinnen neben einem hohen Bildungsniveau auch religiöse Erziehung zusicherten.[110]

Der außergewöhnlich hohe Rang Krakaus als Zentrum des religiösen Lebens steigerte zusätzlich die Anziehungskraft der Stadt unter den Gutsbesitzern.[111] „Der religiöse Geist, der bei dem höheren und besseren Adel stark ausgebaut ist, geht Hand in Hand mit einer eifrigen Beachtung der religiösen Pflichten", schrieb Antoni Zygmunt Helcel.[112] Der Konservatismus und die Religiosität der Gutsbesitzer stimmten mit der Atmosphäre Krakaus als einer Stadt des Klerus, zahlreicher Kirchen und Klöster, überein. Zwischen der Krakauer Kirche und den „Stańczyks", die den Standpunkt des Ultramontanismus, Legitimismus und eines extremen gesellschaftlichen Konservatismus vertraten, bildete sich eine spezifische Rückkoppelung.[113] Diese beiden Kräfte spielten in der zweiten Hälfte des 19. Jahrhunderts eine entscheidende Rolle bei der Gestaltung eines quasi-feudalen Modells der Entwicklung Krakaus. Zu materiellen Früchten dieser Symbiose wurden zahlreiche religiöse Stiftungen, die von den Gutsbesitzern gerade in Krakau ins Leben gerufen wurden.[114] Die Gutsbesitzer waren auch die traditionellen Besucher der religiösen Feierlichkeiten und der prächtigen Begräbnisse, die Krakau an der Jahrhundertwende berühmt machten.[115]

Neben den Architekten, Künstlern, Lehrern, Geistlichen und anderen Vertretern der freien Berufe waren auch viele Krakauer Ärzte an der Befriedigung der Ansprüche des Adels beteiligt. Nicht zufällig besaß Krakau die höchste Anzahl von Ärzten im Verhältnis zu seinen Einwohnern. 1904 entfielen auf einen Krakauer Arzt 411 Einwohner, in Lemberg waren es 632 und in Wien sogar 735 Personen. In Krakau wohnten damals ungefähr 20 Prozent aller in Galizien tätigen Ärzte.[116]

Die Krakauer Heilstätten erfreuten sich nicht nur in der Provinz – sowohl in Galizien als auch in Kongreßpolen – eines ausgezeichneten Rufes, sie zogen auch Patienten aus Warschau, Posen und Lemberg an.[117] Die nach Krakau kommenden reichen Patienten fanden hier gut ausgestattete Universitätskliniken, die von den hervorragendsten Ärzten geleitet wurden, und auch private Heilkliniken. Zu ihnen gehörte das 1889 eröffnete Haus der Gesundheit des Doktor Gwiazdomorski in der Siemiradzkistraße und eine große Klinik des Doktor Lustgarten in der St. Agnes-Straße. In der Dlugastraße befand sich in einem zu diesem Zweck adaptierten Meierhof die psychiatrische Klinik des Doktor Żuławski.[118] In der Szujskistraße leitete Doktor Bernard Kupczyk ein Sanatorium und eine Heilklinik, und in der Nachbarschaft, in der Garncarskastraße, eröffneten die Doktoren Cercha und Piotrowski eine elegante gynäkologische Klinik. Die in Krakau ansässigen, aristokratischen Familien hatten in der Regel eigene Hausärzte, gewöhnlich mit einem hohen Jahresgehalt.[119]

Schließlich boten sich für zahlreiche Diener und andere Hilfskräfte viele Beschäftigungsmöglichkeiten.[120] Diese Tatsache kam deutlich in der demographischen Struktur Krakaus zum Ausdruck. Damals schrieb der „Czas“: „Das Verhältnis zwischen den Geschlechtern in Krakau weist eine größere Überlegenheit der Frauen als in anderen Städten auf. (. . .) Die Ursache der Überlegenheit der Frauen unter den Einwohnern der Stadt ist der Zustrom weiblicher Bevölkerung als Dienstboten und zu anderen Diensten, die für Frauen in der Stadt leichter als auf dem Dorf zu erreichen sind.“[121]

Der Anteil von Dienstboten an der allgemeinen Beschäftigungsstruktur nahm in Krakau ungewöhnliche Ausmaße an.[122] Interessant ist in dieser Hinsicht ein Vergleich Krakaus mit anderen Städten der Monarchie, die Krakau ähnlich waren. 1890 beschäftigten 464 von 1.000 Haushalten Dienstboten, in Wien waren es nur 283, in Graz 334, in Triest 193, in Prag 337, in Brünn 260 und in Lemberg 337 Haushalte. Obwohl diese Tendenz eher rückläufig war, bewahrte Krakau weiterhin diese Beschäftigungsstruktur. Der Anteil der Dienstboten an der Gesamtzahl der Beschäftigten betrug 1900 immer noch 8,87 Prozent, während es in Lemberg 6,66 und in Graz 5,13 Prozent waren.[123]

2.4. Die ökonomische Aktivität der Gutsbesitzer in Krakau

An der Wende der fünfziger Jahre – unter den Umständen einer tiefen ökonomischen Krise – gingen spärliche wirtschaftliche Initiativen von den in der Stadt eintreffenden Gutsbesitzern aus. Bei Investitionen im Bereich des Baugewerbes spielte der Gutsbesitzer Antoni Marfiewicz eine bedeutende Rolle. Er war der erste, der „in der Epoche einer völligen Stagnation begann, in Krakau Häuser zu bauen und die Stadt mit nicht nur einem Gebäude schmückte". Nicht nur, daß Marfiewicz für sich eine elegante Villa in der Nähe der Planten bestellte, die von dem Architekten Filip Pokutyński errichtet wurde, er baute auch in der Nachbarschaft eine große, neugotische Badeanstalt (das spätere Hotel „Stadt Krakau") sowie ein prächtiges Palais an der Rudawa.[124]

Auch in den siebziger Jahren trieben die Gutsbesitzer das Bauwesen in Krakau voran. Große Verdienste erwarb sich in dieser Hinsicht der aus der Emigration in Krakau eintreffende Aleksander Kurtz, ein Teilnehmer am November- und Januaraufstand, Besitzer von Landgütern bei Warschau und Absolvent der Berliner Universität für Ökonomie. Kurtz beschloß gegen Ende seines Lebens, sein Kapital und sein fachliches Wissen in Krakau zu verwerten. Gemeinsam mit Adam Potocki und Henryk Wodzicki gründete er hier eine Gesellschaft. 1869 eröffnete diese Gesellschaft die Galizische Handels- und Gewerbebank, zu deren Direktor Aleksander Kurtz wurde. Die Bank, die sich auf das Kapital der Gutsbesitzer stützte, förderte auch die Entwicklung der Landwirtschafts- und Nahrungsmittelindustrie, den Bau von Eisenbahnlinien und Investitionen in der Erdölindustrie.[125] Am Anfang bestand die Hauptaufgabe in der Belebung des Wohnungbauwesens in Krakau. Zu diesem Zweck entstand die Galizische Gesellschaft für Parzellierung und Bauwesen, die 1872 von dieser Bank gegründet wurde. Im Laufe ihrer zweijährigen Tätigkeit erbaute sie in Krakau zehn große Wohnhäuser, die sogleich verkauft wurden. Zwar mußte die Gesellschaft 1873 wegen des Wiener Börsenkrachs liquidiert werden, doch wurden ihre Interessen von der Galizischen Bank übernommen und weitergeführt. Die Bank setzte die gewinnbringende Aufteilung von Grundstücken in Krakau weiter fort, unter anderem auch in der Starowiślnastraße, wo zum Beispiel Baron Konstanty Puszet ein Grundstück für den Bau eines Palais erwarb und die aus Posen stammenden Ursulinerinnen ein Kloster und eine Lehr- und Erziehungsanstalt für Mädchen errichteten. Auf diese Weise trug die Initiative der Grundbesitzer und deren Kapital wesentlich zur Belebung des Bauwesens der Stadt bei.[126]

Doch war das nicht die einzige positive Wirkung der von Aleksander Kurtz aufgenommenen Initiative. Die Bank errichtete in Krakau große Lagerhäuser und befaßte sich intensiv mit dem Verkauf von Getreideprodukten. In kurzer Zeit wurde die Bank auch zu einem Handelsvermittler und erwarb eine zahlreiche Kundschaft von Grundbesitzern aus ganz Westgalizien.

Die Galizische Handels- und Gewerbebank war nicht die einzige Institution dieser Art, die damals in Krakau tätig war. Die Wende der sechziger und siebziger Jahre war eine Zeit der Bankgründungen in der Monarchie, darunter auch in Galizien[127] Mit der Welle der österreichischen Gründerzeit entstanden damals in Krakau eine Filiale der Hypotheken-Bank (1868), die Vorschuß-Gesellschaft (1870), die Galizische Bodenkreditanstalt (1872) und gleichzeitig auch Filialen böhmischer und Wiener Banken.[128] Die vor allem von den Gutsbesitzern gegründeten Banken spielten besonders für die Industrialisierung Galiziens eine grundsätzliche Rolle, wobei sie die große Kreditkrise abschwächten, die sich zu Beginn der Autonomie in Galizien abzeichnete.[129] Die Tätigkeit der Galizischen Handels- und Gewerbebank sowie anderer in Krakau arbeitender Kreditanstalten festigte dabei die fast monopolistische Position des galizischen Gutsbesitzertums auf dem lokalen Kapitalmarkt. Zur Tradition wurde es gleichfalls, daß die Präsidenten aller Banken und Kreditanstalten in Galizien und Krakau Aristokraten waren.[130]

Auch in der Industrie spielte das Kapital der Gutsbesitzer eine bedeutende Rolle. In Krakau entstand und entwickelte sich die erste größere Fabrik von Ludwik Zieleniewski, dank der finanziellen Hilfe des größten Finanzpotentaten der Stadt, Adam Potocki aus Krzeszowice.[131] Diese Familie dominierte nicht nur im politischen Leben der Stadt, sie beeinflußte auch die wirtschaftliche Entwicklung Krakaus.[132] Es war kein Zufall, daß Zieleniewski in der neu gegründeten Fabrik die Produktion von landwirtschaftlichen Maschinen und Geräten aufnahm.

Im ökonomischen Leben Krakaus dominierten in der zweiten Hälfte des 19. Jahrhunderts nicht nur reiche aristokratische Familien, sondern auch wirtschaftliche Institutionen der Gutsbesitzer. Zur überzeugendsten Institution dieser Erscheinung wurde die 1861 in Krakau gegründete Wechselseitige Versicherung, die sogenannte „Florianka“. Obwohl sie von Anfang an auf Dienste für die Großgrundbesitzer eingestellt war, begann sie jedoch rasch, auf die Wirtschaft Krakaus und Galiziens großen Einfluß auszuüben. Die „Florianka“ ging siegreich aus einem harten Konkurrenzkampf mit österreichischen und italienischen Versicherungsgesellschaften hervor und erwarb sich auf dem Gebiet Galiziens und der Bukowina fast eine Monopolstellung in den wichtigsten Versicherungshandlungen. Dagegen ließen trotz größter Anstrengungen die russischen Behörden die „Florianka“ auf dem Gebiet Kongreßpolens nicht zu. Zu einem Maßstab der Stärke und Bedeutung der Krakauer Wechselseitigen Versicherung wurde der elegante Gebäudekomplex, der in der Basztowastraße Ende der siebziger Jahre von den Architekten Tomasz Pryliński und Tadeusz Stryjeński errichtet wurde. Hier waren der Sitz der Direktion und geräumige Büros untergebracht, in denen ein ganzes Beamtenheer arbeitete. Die „Florianka“ spielte auch eine wichtige Rolle im Leben Krakaus. Sie gab auch den Anlaß zur Gründung der Freiwilligen Feuerwehr und eröffnete eine Sparkasse. Die 1873 von der Gemeinde übernommene Sparkasse wurde zu einer der wichtigsten Kreditinstitutionen in Krakau.[133]

Auch die 1850 auf die Initiative Wincenty Darowskis hin in Krakau geründete Wirtschafts-Agrarische Gesellschaft, die in ganz Westgalizien wirtschaftliches und agrarisches Wissen verbreitete, war eine rein adelige Institution.[134] Dank dieser

Gesellschaft wurde Krakau an der Jahrhundertwende erneut zu einem wichtigen Zentrum für den Handel mit landwirtschaftlichen Produkten. Eine wichtige Rolle spielte in dieser Frage auch das 1910 in Krakau gegründete Landwirtschaftssyndikat.[135]

Die antiindustrielle Einstellung des galizischen Adels traf auch auf die vorindustrielle Mentalität des Krakauer Bürgertums. Der Typus des Krakauer Hausbesitzers, der für hohen Zins die Wohnungen an die wohlgeborenen Ankömmlinge aus den Randgebieten vermietete, wurde aus der spezifischen Symbiose geboren, welche das Krakauer Bürgertum zusammen mit dem polnischen Adel in der Epoche der galizischen Autonomie einging. Die antiindustrielle Politik des Adels stärkte die Bedeutung der heimischen kaufmännischen und handwerklichen Tradition, die den Dienstleistungs- und nicht den Industriesektor für die Entwicklung der Stadt förderten.[136]

Der Quasi-Feudalismus, Antiindustrialismus, Traditionalismus und der Klerikalismus gestalteten das Bild Krakaus als ein kleines protoindustrielles Zentrum während der zweiten Hälfte des 19. Jahrhunderts. Diese Tatsache ging sowohl aus der allgemeinen Unterentwicklung Galiziens hervor, zu dem die Stadt erneut nach 1846 gehörte, als auch aus der Situation Krakaus selbst. Diese Situation beruhte auf der starken Vorherrschaft der Gutsbesitzer bei der Entwicklung der ehemaligen Hauptstadt Polens. Der Höhepunkt dieser Vorherrschaft fiel in Krakau in die siebziger und achtziger Jahre. Der spätere allmähliche Bedeutungsschwund des Adels im Leben der Stadt war mit der Entwicklung des Kapitalismus in Galizien sowie mit der Demokratisierung der gesellschaftlichen Verhältnisse in der österreichisch-ungarischen Monarchie verbunden. Erst während der Präsidentschaft von Juliusz Leo, kurz vor dem Ausbruch des Ersten Weltkriegs, wurde der Versuch unternommen, mit dem von den „Stańczyks“ gestalteten Entwicklungsmodell für Krakau zu brechen.

1. Eine synthetische Analyse der Situation Krakaus während der Autonomie: J. Purchla: Autonomia galicyjska a rozwój Krakowa na przełomie XIX i XX wieku (Die galizische Autonomie und die Entwicklung Krakaus an der Jahrhundertwende). Znak. S. 54–71, Jg. 36, Nr. 1 (350), 1984. Die dort gleichfalls enthaltene charakteristische Rolle des Gutsbesitzertums in der Entwicklung der Stadt ist Grundlage des vorliegenden Textes.
2. Vgl. Kap. 1, S. 35–37.
3. S. Estreicher: Znaczenie Krakowa dla życia narodowego polskiego w ciągu w. XIX. In: Kraków w XIX w. (Die Bedeutung Krakaus für das polnische nationale Leben im 19. Jahrhundert. In: Krakau im 19. Jahrhundert). Bd. 1, S. 10–11, Kraków 1932.
4. Ibidem, S. 11.
5. W. Wielogłowski: Kraków jako główne targowisko zbożowe i punkt handlowo-przemysłowy (Krakau als wichtigster Getreidemarkt und Handels- und Gewerbezentrum). S. 15/16, Kraków 1860.
6. K. Wyka: Teka Stańczyka na tle historii Galicji w latach 1849–1869 (Stańczyks Mappe vor dem Hintergrund der Geschichte Galiziens in den Jahren 1849–1869). S. 107, Wrocław 1951.
7. Gleichzeitig entwickelten sich die Kultur, das nationale Bewußtsein und das politische Leben anderer Nationen (z.B. auf dem Balkan), die überhaupt kein oder ein nur sehr schwach entwickeltes adeliges Gepräge besaßen, zu jener Zeit völlig anders. Letztens wies Jerzy Skowronek auf dieses Phänomen hin. J. Skowronek: Uwagi nad funkcją szlachetczyzny w polskim życiu polityczno-społecznym i ideologii w XIX wieku. In: Tradycje szlacheckie w kulturze polskiej (Bemerkungen über die Funktion des Adels und seiner Ideologie im politisch-gesellschaftlichen Leben Polens im 19. Jahrhundert. In: Adelige Traditionen in der polnischen Kultur). S. 184/185, Warszawa 1976.
8. Über die sozio-ökonomischen Verhältnisse in Kroatien im 19. Jahrhundert, vgl. vor allem: I. Karaman: Privreda i drustvo Hrvatske u 19. stoljecu. Zagreb 1972.
9. W. Czapliński: O kulturze szlacheckiej z innego punktu widzenia. In: Tradycje szlacheckie w kulturze polskiej (Über die adelige Kultur aus anderer Sicht. In: Adelige Traditionen in der polnischen Kultur). S. 155/156, Warszawa 1976.
10. Auf diese Tatsache wies Konstanty Grzybowski hin. Er erklärte die besondere Mentalität des galizischen Adels. K. Grzybowski: Ojczyzna, naród, państwo (Vaterland, Nation, Staat). S. 157/158, Warszawa 1970.
11. S. Tarnowski: Z doświadczeń i rozmyślań (Aus Erfahrungen und Betrachtungen). S. 303, Kraków 1891.
12. M. Jaskólski: Historia – Naród – Panstwo. Zarys syntezy myśli politycznej konserwatystów krakowskich w latach 1866–1934 (Geschichte Nation Staat. Abriß des politischen Gedankens der Krakauer Konservativen in den Jahren 1866–1934). S. 19–22 und 101–102, Kraków 1981; M. Król: Konserwatyści a niepodległość (Konservative und Unabhängigkeit). S. 207–225, Warszawa 1985.
13. M. Król: Stańczycy. Antologia myśli społecznej i politycznej konserwatystów krakowskich (Die „Stańczyks“. Eine Anthologie des sozialen und politischen Gedankens der Krakauer Konservativen). S. 20, Warszawa 1982; Szujski benutzte auch den Begriff „führende Schicht“. M. Jaskólski, op. cit., S. 102–104.
14. Vgl. 1. Kapitel, S. 36–37.
15. W. Zaleski: op. cit., S. 368–369; H. Wereszycki: Historia polityczna Polski 1864–1918 (Politische Geschichte Polens 1864–1918). S. 23–41 und 151–178, Paryż 1979.

16. S. Kieniewicz: Historia Polski 1795–1918 (Geschichte Polens 1795–1918). S. 305, Warszawa 1987.

17. H. Lisicki: Antoni Zygmunt Helcel, 1808–1870. Bd. 2, S. 134, Lwów 1882.

18. F. Bujak: Galicja. Bd. 1, S. 1883, Lwów-Warszawa 1908.

19. R. Grodecki/K. Lepszy/J. Feldman: Kraków i ziemia Krakowska (Krakau und das Krakauer Land). S. 234/235 und 247, Lwów 1934; J. Bieniarzówna/J.M. Małecki: Dzieje Krakowa (Geschichte Krakaus). Bd. 3, S. 248, Kraków 1979.

20. H. Lisicki: op. cit., S. 91 und 104; vgl. auch Kap. 1, S. 26.

21. J. Demel: Stosunki gospodarcze i społeczne Krakowa w latach 1853–1866 (Wirtschaftliche und gesellschaftliche Verhältnisse Krakaus in den Jahren 1853–1866). S. 113, Wrocław-Kraków 1958.

22. Ibidem, S. 537–538.

23. I. Homola: „Kwiat społeczeństwa . . ." Struktura społeczna i zarys położenia inteligencji krakowskiej w latach 1860–1914 („Die Blüte der Gesellschaft . . ." Die gesellschaftliche Struktur und Abriß der Lage der Krakauer Intelligenz in den Jahren 1860–1914). S. 377, Kraków-Wrocław 1984.

24. Ein Zeuge jener Zeiten erinnerte sich nach Jahren: „Die Stadt besaß kein munizipales Leben und keine Gemeindeorganisation, sie litt an Mangel, sogar an nur schwach politisch ausgebildeten Bürgern. Bei den Landtagswahlen, die seit 1861 stattfanden, war das Bürgertum gezwungen, zwar nur ungern, aber mehr gebildete Personen zu wählen, die zum Adelsstand oder zur höheren Intelligenz gehörten." H. Lisicki: op. cit., S. 200.

25. I. Homola-Dzikowska: Mikołaj Zyblikiewicz (1823–1887). S. 9–71, Wrocław-Warszawa-Kraków 1964.

26. I. Homola-Dzikowska: op. cit., S. 74–76.

27. I. Homola-Dzikowska: op. cit., S. 106/107. Dort befindet sich auch eine eingehende Charakteristik der Tätigkeit von Zyblikiewicz als Präsident von Krakau.

28. So porträtierte auch 1881 Juliusz Kossak Zyblikiewicz am Ende seiner Präsidentschaft. Vgl.: Krakau zur Zeit der Galizischen Autonomie (1866–1914). Ausstellungskatalog. S. 30, Nr. 33 und 35, Graz 1989.

29. J. Zdrada: Zmierzch Czartoryskich (Die Dämmerung der Czartoryskis). S. 97/98, Warszawa 1969. Vgl. J. Zdrada: Sprawa autonomii galicyjskiej w polityce Hotelu Lambert w latach 1859–1873. Studia Historyczne (Die Frage der galizischen Autonomie in der Politik des Hotel Lambert in den Jahren 1859–1873. Historische Studien). S. 43–72, Jg. 10, 1967.

30. J. Zdrada: Zmierzch Czartoryskich, S. 155–161. Ein Beispiel des vollen Bewußtseins für die Polen und die polnische Frage Galiziens war die von Władysław Czartoryski am 2. Mai 1868 in London gehaltene Rede. Er appellierte an die galizischen Autonomisten für die volle Ausnutzung der ihnen von Österreich erteilten Freiheiten und sprach auch von Galizien als einem Mittelpunkt und einer Achse, „um die herum sich andere Teile Polens konzentrieren werden". Zwei Jahre später unterstrich Czartoryski in einer am 3. Mai 1870 in Paris gehaltenen Rede, daß „Österreich, vor kurzem noch ein Schrecken für die Anhänger der Freiheit, heute schon zwischen dem despotischen Preußen und dem despotischen Moskau, als vorgeschobene Festung der wahren Freiheit steht (. . .). Wir dagegen, vor kurzem noch Opfer, wurden zu einem der Faktoren, die zur Bestimmung des Seins und der Stärke dieses Staates unbedingt benötigt werden. (. . .) Wir können uns in Österreich nicht mehr als eine besiegte Nation ansehen." J. Zdrada: Zmierzch Czartoryskich, S. 265 und 347.

31. Eine entscheidende Bedeutung hatten in dieser Frage „. . . Hoffnungen auf eine bedeutendere Rolle im österreichischen politischen Leben sowie Vermögensfragen. Der Unterhalt des Hotel Lambert auf dem Niveau einer hochherrschaftlichen Residenz, die den französischen Verschwägerungen des Władysław Czartoryski entsprach, war überaus kostspielig. In diesem Fall

war ein Aufenthalt in Krakau, Sieniawa oder Wien billiger." J. Zdrada: Zmierzch Czartoryskich, S. 427.

32. Das geschah nicht ohne Befürchtungen und Erschwerungen seitens der galizischen Autonomisten sowie der österreichischen Behörden, die eine zu starke Spannung in den politischen Beziehungen mit Rußland vermeiden wollten. J. Zdrada: Zmierzch Czartoryskich, S. 148/149, 392 und 419.

33. J. Demel: Stosunki gospodarcze i społeczne Krakowa w latach 1846–1853 (Wirtschaftliche und gesellschaftliche Verhältnisse Krakaus in den Jahren 1846–1853). S. 116, Kraków 1951.

34. J. Demel: Stosunki gospodarcze i społeczne Krakowa w latach 1853–1866 (Wirtschaftliche und gesellschaftliche Verhältnisse Krakaus in den Jahren 1853–1866). S. 530.

35. M. Wojciechowski: Struktura społeczna Krakowa w roku 1869. Przegląd Zachodni (Die gesellschaftliche Struktur Krakaus im Jahre 1869. Westliche Rundschau). S. 179 und 182, Bd. 1, Jg. 9, 1953.

36. Wojciech Zaleski kommentierte diese Erscheinung folgendermaßen: „. . . die Änderung der politischen Verhältnisse in Galizien bewirkte, daß sich die neuen Emigranten aus Kongreßpolen in Krakau oder Lemberg aufhielten und damit der entlegenen westlichen Emigration der weitere Zustrom entzogen wurde. (. . .) Sogar diejenigen, die zuerst nach Frankreich kamen, übersiedelten später nach Galizien, besonders nach der Niederlage Frankreichs im Kriege mit Preußen, die schon eine Voraussage einer französisch-russischen Annäherung war." W. Zaleski: Tysiąc lat naszej wspólnoty. Społeczne i gospodarcze dzieje narodu polskiego w zarysie (Tausend Jahre unserer Gemeinschaft. Gesellschaftliche und wirtschaftliche Geschichte der polnischen Nation im Abriß). S. 345, London 1961.

37. I. Homola: Struktura zawodowa inteligencji krakowskiej z końcem XIX stulecia. Studia Historyczne (Die Berufsstruktur der Krakauer Intellektuellen gegen Ende des 19. Jahrhunderts. Historische Studien). S. 391, Heft 3, Jg. 21, 1978.

38. 1890 wurden in Krakau 233 sogenannte selbständige Landbesitzer verzeichnet; vgl.: Statistik der Stadt Krakau, S. 91, Heft 4, Kraków 1894. 1900 dagegen 218; vgl.: Statistik der Stadt Krakau, S. 87, Heft 9, 2. Teil, Kraków 1907.

39. Słownik Geograficzny Królestwa Polskiego i innych krajów słowiańskich (Geographisches Wörterbuch des Königreichs Polen und anderer slawischer Länder). S. 597, Bd 4, Warszawa 1883.

40. S. Estreicher: op. cit., S. 17.

41. Z. Woźniewski: Krasiński Hubert. Polski Słownik Biograficzny (Polnisches Biographisches Wörterbuch). S. 175/176, Bd. 15, Wrocław-Warszawa-Kraków 1970.

42. M. Kocójowa: Pamiątkom ojczystym ocalonym z burzy dziejowej (Den vaterländischen Andeken gewidmet, die aus dem Sturm der Geschichte erhalten blieben). Kraków 1978, passim.

43. M. Czapska: Europa w rodzinie (Europa in der Familie). S. 136, Warszawa 1989.

44. P. Stępień: Pałac Puszetów. Rocznik Krakowski (Das Puszet-Palais. Krakauer Jahrbuch). S. 130–134, Bd. 49, 1978.

45. M. und L. Trzeciakowscy: W dziewiętnastowiecznym Poznaniu (Im Posen des 19. Jahrhunderts). S. 131, Poznań 1982.

46. K.M. Morawski: Kraków przed trzydziestu laty (Krakau vor dreißig Jahren). S. 16, Warszawa 1932.

47. K. Karolczak: Włściciele domów w Krakowie na przełomie XIX i XX wieku. Z badań nad dziejami Krakowa (Hausbesitzer in Krakau an der Jahrhundertwende. Aus Forschungen über die Geschichte Krakaus). S. 103, Kraków 1987.

48. J. Pietrzak: Raczyński Edward Aleksander. Polnisches Biographisches Wörterbuch. S. 632–634, Bd. 29, Wrocław-Warszawa-Kraków-Gdańsk-Łódź 1986.

49. M. Estreicherówna: Życie towarzyskie i obyczajowe Krakowa w latach 1848–1863 (Gesellschaftsleben und Sitten in Krakau in den Jahren 1848–1863). S. 57/58, Kraków 1868; W. Hordyński: Czartoryska Marcelina. Polnisches Biographisches Wörterbuch. S. 246–248, Bd. 4, Kraków 1938.

50. Ibidem; Z. Beiersdorf: op. cit., S. 170–172.

51. J. Zdrada: op. cit., S. 428; J. Lepiarczyk: Dzieje budowy Muzeum Czartoryskich w Krakowie. Rozprawy i Sprawozdania Muzeum Narodowego w Krakowie (Baugeschichte des Czartoryski-Museums in Krakau. Debatten und Berichterstattungen des Nationalmuseums in Krakau). S. 179–217, Bd. 3, 1957.

52. R. Taborski: Korzeniowski Apollo. Polski Słownik Biograficzny (Polnisches Biographisches Wörterbuch). S 167–169, Bd. 14, Wrocław-Warszawa-Kraków 1986.

53. S. Kieniewicz/P. Sikora: Kopernicki Izydor. Polski Słownik Biograficzny (Polnisches Biographisches Wörterbuch). S. 1–3, Bd. 14, Wrocław-Warszawa-Kraków 1968.

54. J. Hulewicz: Jerzmanowski Erazm. Polski Słownik Biograficzny (Polnisches Biographisches Wörterbuch). S. 178–180, Bd. 11, Wrocław-Warszawa-Kraków 1964–1965.

55. J. Puttkamer-Żółtowska: Inne czasy, inni ludzie (Andere Zeiten, andere Leute). S. 135, Londyn 1959.

56. W. Giełżyński: Budowanie niepodległej (Der Bau des unabhängigen Polen). S. 40, Paryż 1985.

57. S. Piołun-Noyszewski: Stefan Żeromski. Dom, dzieciństwo i młodość (Heim, Kindheit und Jugend). S. 228, Warszawa-Kraków 1928; ausführlicher schilderte letztens dieses Problem Jan M. Małecki. Vl.: J. Bieniarzówna/J.M. Małecki: Dzieje Krakowa (Geschichte Krakaus). S. 259–264, Bd. 3, Kraków 1979.

58. K. Karolczak: op. cit., S. 101.

59. Ibidem, S. 99–109.

60. J. Purchla: Jak powstał nowoczesny Kraków, S. 76.

61. Ibidem, S. 74.

62. J. Purchla: Formowanie się środowiska architektów krakowskich w drugiej połowie XIX wieku (Die architektonische Gestaltung Krakaus in der zweiten Hälfte des 19. Jahrhunderts. Krakauer Jahrbuch). S. 117–136, Bd. 54, 1988.

63. Ekielski fügte noch hinzu: „Die genaue Kenntnis der französischen Sprache mit einem Pariser Akzent war einer der wichtigsten Trümpfe seiner Erfolge, denn zu jener Zeit benutzte seine adelige Kundschaft gern diese Sprache unter sich, sogar im Alltagsleben, und schätzte dieses Franzosentum und den Pariser Akzent bei ihm.“ K. Estreicher: Wspomnienia dwóch krakowian (Erinnerungen zweier Krakauer. Krakauer Jahrgänge). S. 140–141, Bd. 46, 1975.

64. Z. Beiersdorf: Architekt Teodor M. Talowski. Charakterystyka twórczości. In: Sztuka 2 połowy XIX wieku (Der Architekt Teodor M. Talowski. Charakteristik der Schöpfungen. In: Die Kunst der 2. Hälfte des 19. Jahrhunderts). S. 199–214, Warszawa 1973; W. Bałus: Historyzm, analogiczność, malowniczość. Rozważania o centralnych kategoriach twórczości Teodora Talowskiego (1857–1910). (Historismus, Analogismus, das Malerische. Erwägungen über die zentralen Kategorien der Schöpfungen Teodor Talowskis (1857–1910)). „Folia Historiae Artium.“ S. 117–183, Bd. 24, 1988.

65. J. Purchla: Formowanie się środowiska architektów krakowskich (Die architektonische Gestaltung Krakaus). S. 133.

66. In den Jahren 1870–1900 erreichte Krakau die höchste Preissteigerung für Grundstücke in der ganzen Monarchie. Innerhalb der Planten betrug sie 1.000 Prozent, in den früher schwächer bevölkerten Stadtteilen Nowy Świat, Piasek und Wesoła (ein beliebter Wohnort der Gutsbesitzerfamilien) schwankte sie zwischen 800 und 10.000 Prozent. Vgl. J. Purchla: op. cit., S. 51–53, 177–179, 186–187 und 219–223.

67. J. Purchla: Jak powstał nowoczesny Kraków. S. 83–91.

68. T. Dobrowolski: Sztuka Krakowa (Krakauer Kunst). S. 442–444 und 456–469, Kraków 1971; P. Szubert: Pomnik Adama Mickiewicza w Krakowie idea i realizacja. In: Dzieła czy kicze (Werke oder Kitsch). S. 159–242, Warszawa 1981.

69. B. Miodońska: Guyski Marceli. Polski Słownik Biograficzny (Polnisches Biographisches Wörterbuch). S. 197, Bd. 9, Wrocław-Warszawa-Kraków 1960/61; J. Purchla: „Ecce Homo" von Marceli Guyski. Maschinenschrift; I. Homola führt folgende Meinung von Walery Eliasz Radzikowski an: „. . . für soviel Geld, wie er gewöhnlich für eine Büste nimmt, wird er dort nicht viele Liebhaber finden." I. Homola: op. cit., vgl. auch S. 336–372 und S. 334.

70. Über den Rakowicer Friedhof in Krakau und seine Rolle als nationale Nekropole vgl. K. Grodziska-Ożóg: Cmentarz Rakowicki w Krakowie (Der Rakowicer Friedhof in Krakau). Kraków 1987.

71. K. Wyka: op. cit., S. 160; über die „Stańczyk" als Mäzene der Matejkos schrieb letztens ausführlicher Henryk Słoczyński. Vgl. H. Słoczyński: Matejko i galicyjska mafia. Na marginesie IV wydania: Maria Szypowska, Jan Matejko wszystkim znany (Matejko und die galizische Mafia). Biuletyn Historii Sztuki, S. 395–399, Jg. 47, 1985.

72. Sprawozdnie Dyrekcji Towarzystwa Przyjaciół Sztuk Pięknych w Krakowie z czynności w roku 1854/1855 (Berichterstattung der Gesellschaft der Kunstfreunde in Krakau über ihre Tätigkeit im Jahre 1881/1882). S. 3–4, Krakau 1882.

73. Sprawozdanie Dyrekcji Towarzystwa Przyjaciół Sztuk Pięknych w Krakowie z czynności w roku 1854/1855. S. 14–27, Kraków 1855. Ausführlicher über die Tätigkeit der Gesellschaft, vgl. E. Swieykowski: Pamiętniki Tow. Przyjaciół Sztuk Pięknych w Krakowie 1854–1904 (Tagebücher der Gesellschaft der Kunstfreunde in Krakau 1854–1904). Kraków 1905.

74. J. Purchla: Jak powstał nowoczesny Kraków (Wie das moderne Krakau entstand). S. 131; D. Czapczyńska: Świeckie witraże w Krakowie. Uwagi o działalności krakowskich zakładów witrażowniczych od końca XIX wieku do roku 1939. Rocznik Krakowski (Weltliche Glasfenster in Krakau. Bemerkungen über die Tätigkeit der Krakauer Werkstätten für Glasmalerei vom Ende des 19. Jahrhunderts bis 1939. Krakauer Jahrbuch). S. 139–159, Bd. 53, 1987.

75. Vgl. Kapitel 3, S. 92–94.

76. Ibidem, S. 89–91.

77. S. Koźmian: Podróże i polityka (Reisen und Politik). S. 187/188, Kraków 1905.

78. K. Chłędowski: Pamiętniki. T. 1. Galicja 1843–1880 (Tagebücher. Bd. 1. Galizien 1843–1880). S. 144 Kraków 1957.

79. J. Purchla: Jan Zawiejski architekt przełomu XIX i XX wieku (Jan Zawiejski ein Architekt an der Jahrhundertwende). S. 33–48, Warszawa 1986.

80. Eustachy Sanguszko. S. 50, Kraków 1907.

81. Über das Stadttheater an der Jahrhundertwende, vgl. J. Michalik: Dzieje teatru w Krakowie w latach 1893–1915. Teatru Miejski (Geschichte des Stadttheaters in Krakau in den Jahren 1893–1915. Das Stadttheater). Kraków 1985.

82. M. Rausz: Wyścigi konne w Krakowie (Die Pferderennen in Krakau). Kraków 1989, Nr. 4, S. 50. Josef Czechs Krakauer Kalender für das Jahr 1897. Kraków 1897, S. 164.

83. M. Estreicherówna: Życie towarzyskie i obyczajowe Krakowa w Latach 1848–1863 (Gesellschaftsleben und Sitten in Krakau 1848–1863). Kraków 1968, S. 52–53. Auf S. 48–59 befindet sich eine ausführliche Beschreibung des Faschings in Krakau.

84. K.M. Morawski: op.cit., S. 65.

85. Dwór i okolice, rozmowa z Czesławem Miłoszem (Der Gutshof und die Umgebung, Gespräche mit Czesław Miłosz). Tygodnik Powszechny. Jg. 41: 1987, Nr. 43, S. 1 und 4.

86. J. Puttkamer-Żółtowska: Inne czasy, inni ludzie (Andere Zeiten, andere Leute). Londyn 1959, S. 203 und 205. Dort befinden sich auch ausgezeichnete Beschreibungen des Faschings in Krakau in den Jahren 1907 und 1909. Vgl. S. 143–149, 176, 202–211, 230–234.

87. „Die an den Bällen teilnehmenden Personen, deren Hauptwohnort die Gutshöfe waren, begnügten sich während ihres Aufenthaltes in der Stadt mit einem Nomadenleben in Hotels. Außerdem gab es auch einige an die Anreisenden vermietete Häuser, in denen gleicfalls die Stimmung von Einkehrhäusern herrschte. J. Puttkamer-Żółtowska: op.cit., S. 53 und 156–159.

88. M. Estreicherówna: op.cit., S. 53 und 156–159.

89. J. Purchla: Jak powstał nowoczesny Kraków, S. 113–115.

90. K. Jakubowski: Grand. Jg. 1987, Nr. 2, S. 43–46. Vgl. auch J. Puttkamer-Żółtowska: op.cit., S. 176 und 203–204.

91. „Rund um den Hauptmarkt, im Parterre der alten Palais, befanden sich die schönsten Geschäfte, Hawełka in der Szara Kamienica, Smidowiczowa an der Ecke der Sławkowska-Straße, gleich neben ihr die Konditorei Maurizio (die alten Namen der Konditoreien klangen immer italienisch), Fischer – ein Lager mit Papier, Wiener Nippsachen und Rahmen für Photographien, Praussowa an der entgegengesetzten Seite der Tuchhallen, unweit des Ausgangs der Grodzka-Straße – Magazine mit Stoffen und Damentoiletten – gehörte zu den lokalen Mächten". J. Puttkamer-Żółtowska: op.cit., S. 151.

92. Nach seiner Ankunft in Warschau schrieb Żeromski: „In Krakau ist das Leben teuer wahrscheinlich kosten die Verneigungen der Kellner bis zum Boden so viel." Nach seiner Ankunft in Wien fügte er hinzu: „Wenn man sich in Wien besser auskennt, so ist es hier billiger als in Krakau." S. Piołun-Noyszewski: op. cit., S. 192 und 196.

93. J. Purchla: In der Frage der städtischen Agglomerationen. In: Roczniki Dziejów Społecznych i Gospodarczych (Jahrbücher der Gesellschaftlichen und Wirtschaftlichen Geschichte). S. 285, Bd. 41, 1980.

94. J. Koziński: Fotografia krakowska w latach 1840–1914 (Die Krakauer Photographie in den Jahren 1840–1914). S. 55, Kraków 1978.

95. W. Mossakowska: Walery Rzewuski 1837–1888 fotograf. Studium warsztatu i twórczości (Der Photograph Walery Rzewuski, 1837–1888. Ein Studium seiner Werkstatt und seines Schaffens). Wrocław-Warszawa-Kraków-Gdańsk-Łódź 1981.

96. Die Verbindungen Krakaus und seiner Präsidenten mit Kurorten in den Karpaten ist noch nicht erforscht. Vgl. z.B. L. Korczyński: Dietl jako balneolog (Dietl als Balneologe). In: Józef Dietl. Der erste Präsident der Stadt Krakau. Ein hervorragender Arzt. Professor und Rektor der Jagellonischen Universität. Ein polnischer Patriot. Zum 50. Todestag. S. 92–110, Kraków 1928; ebd.: W. Szumowski, Dietl a Szczawnica, S. 150–159.

97. K. Karolczak: op. cit., S. 15.

98. J. Buszko: Uroczystości Kazimierzowskie na Wawelu w roku 1896 (Die König-Kasimir-Feierlichkeiten auf dem Wawel im Jahre 1896). Kraków 1970.

99. W. Bieńkowski: Rok 1883 w Krakowie. Uroczystość 200-lecia odsieczy Wiednia. Rocznik Krakowski (Das Jahr 1883 in Krakau. Feierlichkeiten zum 200. Jahrestag des Entsatzes von Wien. Krakauer Jahrbuch). S. 97–118, Bd. 51, 1987; J. Buszko: Politische Aspekte der Feierlichkeiten zum 200. und 250. Jahrestag des Wiener Entsatzes in Polen. Zeszyty Naukowe Uniwersytetu Jagiellońskiego. Nr. 672: Prace Historyczne. Heft 75. Studia Austro-Polonica. Bd. 3: 1983, S. 441–456. J. Bieniarzówa, J. M. Małecki: op.cit., S. 264–271.

100. Ibidem, S. 267–268.

101. Ein genauer und kritischer Überblick der ersten Ausstellung polnischer Kunst wurde von einigen Malern und Bildhauern unter der Redaktion von Stanisław Tomkowicz verfaßt: Katalog der ersten großen Ausstellung Polnischer Kunst in Krakau im September 1887. Kraków 1887.

102. J. Bieniarzówna/J.M. Małecki: op. cit., S. 264–267.

103. J. Puttkamer-Żółtowska: op. cit., S. 135; J. Purchla: Jak powstał nowoczesny Kraków, S. 181.

104. H. Lisicki: op. cit., S. 202.

105. U. Perkowska: Kształtowanie się zespołu naukowego w Uniwersytecie Jagiellońskim 1860–1920 (Die Gestaltung einer wissenschaftlichen Gemeinschaft an der Jagellonischen Universität 1860–1920). S. 81, Wrocław-Warszawa-Kraków-Gdańsk 1975.
106. 130 J. Bieniarzówna/J.M. Małecki: op. cit., S. 296.
107. Vgl. Kapitel 3, S. 88.
108. J. Kras: Wyższe Kursy dla Kobiet im. A. Baranieckiego w Krakowie 1868–1924 (Die Höheren Lehrgänge von A. Baraniecki für Frauen in Krakau 1868–1924). passim. Kraków 1972.
109. H. Trąpczyńska: Kaplińska Helena. Polski Słownik Biograficzny (Polnisches Biographisches Wörterbuch). S. 632/633, Bd. 11, Wrocław-Warszawa-Kraków 1964/65.
110. Erinnerungen vom 8. Mai 1909 aus dem Kloster der Ursulinerinnen in Krakau, Krakau 1910; S. Dobrzanowski: Restauracja diecezji krakowskiej w latach osiemdziesiątych XIX wieku (Die Restauration der Krakauer Diözese in den achtziger Jahren des 19. Jahrhunderts). S. 211/212, Warszawa 1977.
111. Ausführlicher über dieses Thema: Kapitel 3, S. 92–94.
112. H. Lisicki: op. cit., S. 202.
113. S. Dobrzanowski: op. cit., S. 57/58, 61/62, 217 und 233.
114. Vgl. Kapitel 3, S. 92–94.
115. J. Bieniarzówna/J.M. Małecki: op. cit., S. 266/267; A. Świderska: Trwa, choć przeminęło. Kraków przed pierwszą wojną. In: Kopiec wspomnień (Es dauert, obwohl es vergangen ist. Krakau vor dem ersten Krieg. In: Hügel der Erinnerungen). S. 319, Kraków 1964; J. Puttkamer-Żółtowska: op. cit., S. 149 und 200.
116. I. Homola: op. cit., S. 199/200.
117. Ibidem, S. 232.
118. J. Purchla: Jak powstał nowoczesny Kraków. S. 117.
119. I. Homola: op. cit., S. 229.
120. J. Demel: Stosunki gospodarcze i społeczne Krakowa w latach 1853–1866 (Wirtschaftliche und gesellschaftliche Verhältnisse Krakaus in den Jahren 1853–1866). S. 530/531, Kraków-Wrocław 1958.
121. „Czas". S. 2, Nr. 103, Jg. 1887.
122. Vgl. Kapitel 1, S. 33.
123. W.H. Hubbard: Der Wachstumsprozeß in den österreichischen Großstädten 1869–1910. Eine historisch-demographische Untersuchung. Kölner Zeitschrift für Soziologie und Sozialpsychologie. S. 406, Sonderheft 16: 1975. Statistik der Stadt Krakau. S. 79/80 und 88/89, Heft 9, 2. Teil, Kraków 1907.
124. J. Purchla: O architekturze krakowskiej połowy XIX wieku. Rocznik Krakowski (Über die Krakauer Architektur in der Mitte des 19. Jahrhunderts. Krakauer Jahrbuch). S. 98, Bd. 53, 1987.
125. S. Kieniewicz: Kurtz Aleksander. Polski Słownik Biograficzny (Polnisches Biographisches Wörterbuch). S. 283–285, Bd. 16, Wrocław-Warszawa-Kraków-Gdańsk 1971; Protokół czynności piątego zwyczajnego ogólnego zgromadzenia akcjonariuszów Banku Galicyjskiego dla Handlu i Przemysłu (Protokoll über die Tätigkeit der fünften ordentlichen Generalversammlung der Aktionäre der Galizischen Handels- und Gewerbebank). S. 4–6, Kraków 1874.
126. J. Purchla: Jak powstał nowoczesny Kraków. S. 38–40.
127. R. L. Rudolph: Banking and Industrialization in Austria-Hungary. The role of banks in the industrialization of the Czech Crownlands, 1873–1914. S. 68–72, Cambridge-London-New York-Melbourne 1976.
128. J. Purchla: Jak powstał nowoczesny Kraków. S. 38, Kraków 1976; R. L. Rudolph: op. cit., S. 144–150.
129. Diese Bemerkung bezieht sich auch auf das gesamte Zisleithanien. Forscher der Wirtschaftsgeschichte der Österreichisch-Ungarischen Monarchie weisen einmütig auf die entscheidende Rolle der Banken bei der Industrialisierung der Monarchie an der Jahrhundertwende hin

(besonders in Zisleithanien). Die sich mit Hilfe der Banken entwickelnde österreichische Industrie befand sich dabei unter einer bedeutend größeren Kontrolle des Finanzkapitals als die deutsche Industrie. Vgl.: R. L. Rudolph, op. cit., S. 2–3; E. März/K. Socher: Währung und Banken in Zisleithanien. In: Die Habsburgermonarchie 1848–1918. S. 348, Bd. 1, Wien 1973; I. T. Berend/G. Ránki: Economic Development in East Central Europe in the 19th and 20th Centuries. S. 62, New York 1974; W. Saryusz-Zaleski: Dzieje przemysłu w b. Galicji 1804–1929 (Geschichte der Industrie im ehem. Galizien 1804–1929). Kraków 1930.

130. Chłędowski schrieb: „. . . weil sich bisher in Polen und Österreich die Tradition bewahrt hat, daß der Vorsitzende jeder größeren finanziellen Gesellschaft, jeder größeren Institution, ein Graf oder ein Fürst sein muß, obwohl dieser Graf oder Fürst den größten Teil seines Lebens nur tanzte, Schulden machte und ein verständiger Gedanke sich nur selten in seinen Kopf verirrte.“ K. Chłędowski: op. cit., S. 162.

131. W. Saryusz-Zaleski: op. cit., S. 118–119.

132. J. Demel: op. cit., S. 113; S. Kieniewicz: Potocki Adam. Polski Słownik Biograficzny (Polnisches Biographisches Wörterbuch). S. 752, Bd. 27, Wrocław-Warszawa-Kraków-Gdańsk-Łódź 1983.

133. A. Doerman: Towarzystwo Wzajemnych Ubezpieczeń w Krakowie 1861–1911. Księga pamiątkowa półwiekowej działalności (Die Gesellschaft für Wechselseitige Versicherung in Krakau 1861–1911. Gedenkbuch zur 50jährigen Tätigkeit). Kraków 1911; J. Mrazek: Monografia Towarzystwa Wzajemnych Ubezpieczeń w Krakowie (Monographie der Gesellschaft für Wechselseitige Versicherung in Krakau). Kraków 1886.

134. M. Marassé: Gospodarcze stosunki w Galicji (Wirtschaftliche Verhältnisse in Galizien). S. 47. Warszawa 1874.

135. F. Bujak: Rozwój gospodarczy Galicji 1772–1914 (Die wirtschaftliche Entwicklung Galiziens 1772–1914). S. 43 und 56, Lwów 1917.

136. Obwohl die beschriebene Erscheinung in Krakau in einer außergewöhnlich gesteigerten und dabei verspäteter Form auftrat, so war dies nicht etwas gänzlich Außergewöhnliches. Damit befaßten sich auch Schumpeter und Gerschenkron. Im Vergleich zu Rußland lenkt Gerschenkron die Aufmerksamkeit auf das negative Verhältnis zum kapitalistischen Unternehmungsgeist und der Industrialisierung sowie dem damit verbundenen neuen Wertsystem. Das verspätete nicht nur den Prozeß der Industrialisierung, sondern beeinflußte auch deren Charakter. Am Beispiel Frankreichs illustriert Gerschenkron auch die Erscheinung des niedrigen Gesellschaftlichen Status des Geschäftsmannes. Das wird als Folge der noch bestehenden Stärke des ancien régime im Bewußtsein der Gesellschaft interpretiert. A. Gerschenkron: Economic Backwardness in Historical Perspective. A Book of Essays. S. 62–64, Cambridge, Mass. 1966.

3. Die Epoche der Stiftungsgründungen

3.1. Karitative Stiftungen

Unter den zahlreichen Stiftungen, die in der zweiten Hälfte des 19. Jahrhunderts in Krakau entstanden, waren die für jene Zeiten riesigen Legate der Anna Helcel und des Fürsten Aleksander Lubomirski die bedeutendsten. Die 1880 verstorbene Anna Helcel, geb. Treutler, Witwe des Krakauer Bankiers Ludwik Helcel, überwies dem Galizischen Landesausschuß testamentarisch über 1 Mio. fl. mit der Bestimmung, eine Rehabilitationsklinik zu errichten, die auch unheilbare Kranke aufnehmen sollte.[1] Das Ergebnis dieser freigiebigen Stiftung war ein in den Jahren 1886–1890 nach dem Entwurf des hervorragenden Architekten Tomasz Pryliński errichteter monumentaler Gebäudekomplex am nördlichen Rand der damaligen Stadt. Der Bau und die Einrichtung des ganzen Komplexes verschlangen über 365.000 fl.[2] Vergleichsweise fügen wir hinzu, daß diese Summe dem gesamten jährlichen Haushalt der Stadt Krakau im Jahre 1887 gleichkam.[3] Das Krakauer „Armenhaus der Stiftung von Ludwik und Anna Helcel“ war nicht nur eine kühn erdachte Institution, sie sicherte auch ihren Schützlingen geradezu luxuriöse Bedingungen zu. In Übereinstimmung mit dem Willen der Stifterin wurden in die Anstalt mittellose Körperbehinderte und unheilbar Kranke aufgenommen. Diesen Personen wurde lebenslang kostenlose Unterkunft, Verpflegung, ärztliche Pflege usw. zugesichert. Außerdem wurden gleichzeitig auch bedürftige Kranke zur Rekonvaleszenz aufgenommen. Ein Wunsch der Stifterin war es auch, die Qualität und Quantität der Verpflegung besser als in anderen Häusern dieser Art zu gestalten. Den Schützlingen wurde also eine reichliche Auswahl an Speisen und Getränken angeboten (z.B. Bier zu den Mittags- und Abendmahlzeiten und auf ärztliche Verordnung auch Wein, Liköre und Kognak). In der Anstalt befanden sich 70 unheilbar Kranke und 20 Genesende. Da das riesige Gebäude jedoch ungefähr 300 Kranke aufnehmen konnte, wohnten dort auch Pensionäre, die für ihren Aufenthalt bezahlten.[4]

Das „Armenhaus“ war die größte, aber nicht die einzige wohltätige Einrichtung von Ludwik und Anna Helcel.[5] In den Jahren 1861–1862 wurde auf dem Rakowicer Friedhof eine stattliche Kapelle aus der Stiftung der Ehegatten errichtet. Diese Kapelle übte nicht nur die Funktion einer Friedhofskirche aus, sondern war gleichzeitig die Grabkapelle der Familie Helcel. Hier muß hinzugefügt werden, daß Ludwik Helcel, der zahlreiche öffentliche Ämter bekleidete, nicht nur die Kapelle stiftete, er besorgte auch bei den Wiener Behörden die Baugenehmigung für die militärische Zone, die mit einem Bauverbot belegt war.[6] Nach dem Tod Ludwik Helcels spielte seine Frau 1872 eine entscheidende Rolle in der Geschichte des Krakauer Kinderkrankenhauses. 1873 hinterlegte sie in der in Krakau neu gegründeten Gesellschaft des Krankenhausschutzes für Kinder die Summe von 20.000 fl., um sie anonym dem Bau des Kinderkrankenhauses zukommen zu lassen. Diese Summe ermöglichte der Gesellschaft den Bau des Krankenhauses an der Kreuzung der heutigen Kopernika- und Strzeleckastraße. Nach dem Willen der anonymen Stifterin erhielt es den Namen des Hl. Ludwig, des Schutzheiligen ihres verstorbenen Gatten. Das 1876 eröffnete Krankenhaus zählte 72 Betten und kostete fast 50.000 fl. Die Baukosten sowie der 1881/82 vollzogene weitere Ausbau wurden vor allem durch private Spenden gedeckt. Stifter dieser verdienten Anstalt waren auch Aleksander und Marcelina Czartoryski, Zygmunt Pusłowski sowie der hervorragende Kinderarzt, Schöpfer und langjährige Direktor des Krankenhauses, Maciej Leon Jakubowski. Anna Helcel selbst vermachte dem Hl.-Ludwig-Krankenhaus 10.000 fl.[7] Unter anderen Institutionen, die in ihrem Testament bedacht wurden, befand sich auch die Krakauer Erzbruderschaft der Barmherzigkeit. Ihr wurde das Haus am Hauptmarkt 36 (Ecke Sławkowskastraße) überschrieben, das lange Zeit hindurch die einträglichste Liegenschaft im Besitz der Erzbruderschaft war und noch nach dem 1. Weltkrieg die Grundlage für einen Almosenfonds bildete.[8] Bedeutende Summen von 30–40.000 fl. erhielten auch: das Hl.-Josef-Asyl für vernachlässigte Knaben, die Wohltätigkeitsgesellschaft, die Barmherzigen Brüder, Arme, die sich unter der Obhut der Krakauer Barmherzigen Schwestern befanden, Kinderheime und Volksschulen.[9]

Ein anderer großer Stifter war der ständig in Paris lebende Fürst Aleksander Lubomirski. 1885 überwies er 2 Mio. Francs für die Errichtung einer Erziehungsanstalt für vernachlässigte Knaben.[10] Das Ergebnis dieser Stiftung ist der monumentale Gebäudekomplex „Fürstlich Lubormirski'sche Stiftung" in der Rakowickastraße, der in den Jahren 1891–1893 von den Architekten Tadeusz Stryjeński und Władysław Ekielski für fast 250.000 fl errichtet wurde. Diese Anstalt war sehr modern ausgestattet; sie besaß das erste überdachte Schwimmbad in Krakau. Finanzielle Grundlage war ein eiserner Fonds, der aus Aktien bestand. Er entstand aus einem Teil des Stiftungskapitals, das nach der Errichtung und Ausstattung der Anstalt übrig blieb. Die Zinsen aus dem eisernen Fonds genügten, um die Unterhaltskosten des Asyls zu decken und den Zöglingen einen kostenlosen Lebensunterhalt auf einem verhältnismäßig hohen Niveau zu ermöglichen. Die Anstalt war für 120 Knaben bestimmt, doch es wurden immer mehr, und zu Beginn des 20. Jahrhunderts stieg diese Zahl auf 160 Zöglinge. In der Anstalt, die sich unter der Aufsicht der Lemberger Statthalterschaft befand, wurden die modernsten Erziehungsmethoden angewandt. Ihren Sitz im Kuratorium der Stiftung hatten auch hervorragende Ärzte, Professoren der Jagellonischen Universität, wie Henryk Jordan und Stanisław Ponikło.[11]

1888 errichtete Aleksander Lubomirski eine ähnliche Stiftung, indem er für 1 Mio. Francs eine Unterkunft für vernachlässigte und verlassene Mädchen in Krakau gründete. Auf diese Weise entstand in den Jahren 1890–1893 nach einem Entwurf des Architekten Karol Zaremba das „Heim für vernachlässigte Mädchen der Fürstlich Aleksander Lubomirski'schen Stiftung in Józefów in Łagiewniki" (in der heutigen Wroniastraße). Vom Beginn ihres Bestehens an wurde dieses Haus vom Orden der Muttergottes der Barmherzigkeit geleitet, der dank der Stiftung in Łagiewniki auch ein Kloster samt einer geräumigen Kapelle erhielt. Der Fonds ermöglichte die Unterbringung von 80 Mädchen im Heim. Ähnlich wie im Asyl in der Rakowickastraße beherbergte das „Heim in Józefów" bis zum 1. Weltkrieg schon ungefähr 140 Mädchen.[12] Aleksander Lubomirski, der sein ganzes Leben fern von Krakau verbrachte, verdankte die Stadt zwei große Erziehungsheime.

Erwähnenswert ist noch die Hl.-Josef-Anstalt für Waisenknaben, die 1848 von Piotr Michałowski gestiftet wurde. Michałowski bestimmte für den Unterhalt der Anstalt sein gesamtes Gehalt aus der Ausübung seines Amtes als Präsident des Verwaltungsrates (10.000 polnische Gulden jährlich). Nach dem Tode des Stifters setzte seine Frau, Julia Michałowska, sein Werk fort. Auch andere freigiebige Wohltäter unterstützten die Anstalt. Seit 1858 befand sich die sogenannte Józefiten-Anstalt in dem Haus in der Karmelickastraße, in dem sich zunächst 40 bis 50 und Anfang des 20. Jahrhunderts 70 bis 80 Knaben aufhielten.[13]

Dank der Energie Józef Oettingers, eines Arztes und Professors der Jagellonischen Universität, und dank des von Salomon Deiches gestifteten Fonds (23.000 Kronen) wurde in der Skawinskastraße in den Jahren 1863–1866 ein völlig neues Gebäude des Jüdischen Krankenhauses mit 100 Betten errichtet. Dieses Krankenhaus hatte eine besondere gynäkologische Abteilung, die 1894 eröffnet wurde. Der Stifter war auch Arzt, Dr. Maximilian Kohn.[14]

1904 bestätigte die Statthalterschaft endgültig den Stiftungsakt, der für das „Asyl für Arme Alte Frauen in Blich" bestimmt war und die Stiftung der 1856 verstorbenen Gräfin Anastazja Sołtykowa wurde realisiert. Das Gründungskapital wurde des öfteren von privaten Stiftungen verstärkt.

Einige Stiftungen unterstützten schon bestehende Institutionen. Die Stiftung der Familie Wencel, Legate von Teresa Weissenwolf, Anna Helcel, Jonatan Warschauer und einer Reihe anderer Personen gingen an bedürftige Genesende und Patienten aus dem St. Lazarus-Krankenhaus.[15] Die Erhaltung der Erziehungsanstalt für Knaben von des Priesters Siemaszko, der Bau eines neuen Krankenhauses der Barmherzigen Brüder und viele andere Unternehmen verdankten freigiebigen Stiftern ihr Bestehen.[16] Viele Stiftungen wurden den zwei größten und meistverdienten karitativen Institutionen anvertraut: der Erzbruderschaft der Barmherzigkeit und der Wohltätigkeitsgesellschaft, die beide ihre Tätigkeit auf öffentliche Hilfsbereitschaft stützten.

Die Wohltätigkeitsgesellschaft verfügte auch über den Tomasz Kitowski-Fonds eines Krakauer Arztes, der 1877 25.000 fl. für die Erziehung von Findelkindern bereitstellte. Dieser Fonds wurde 1885 zusätzlich mit einem Legat von Franciszek Popiel um 4.000 fl. vergrößert. Die größte Errungenschaft der Gesellschaft war die Errichtung ihrer modernen und geräumigen Niederlassung in der Koletekstraße. Den Anfang dieses Unternehmens bildete das Legat von Ignacy Rotarski, der der Gesellschaft das Grundstück in der Koletekstraße vermachte. Seit der Mitte der fünfziger Jahre war die Anstalt in den renovierten Gebäuden eines ehemaligen Klosters untergebracht. Zwischen 1881 und 1882 errichtete der Architekt Karol Zaremba das bis heute bestehende Gebäude, das in der Zwischenkriegszeit noch ausgebaut wurde.[17]

Auf die Initiative von Henryk Jordan hin entstand in Krakau 1897 die „Gesellschaft zum Bau billiger Wohnungen für Katholische Arbeiter".

Neben Zuwendungen seitens öffentlicher Institutionen verdankt diese Gesellschaft ihre Entwicklung vor allem privaten Stiftern. Sie erwarb ein Grundstück in der Modrzejówka genannten Gegend, wo eine Kolonie von Wohnhäusern für einige Hundert Personen entstand.[18]

Besonderer Erwähnung bedürfen Stiftungen, die der unmittelbaren Verwaltung durch die Stadt anvertraut wurden. 1900 gab es schon über 30.[19] Ihr Gesamtwert wurde damals auf 1,1 Mio. Kronen in Bargeld und Wertpapieren geschätzt.[20] Hierzu gehört eine Stiftung von Dyzma Chromy für Volksbildung,[21] die Stipendienstiftung von Antoni Marfiewicz,[22] die Stiftung für Arme von Salomon Wechsler,[23] die Stipendienstiftung von Kasper Zubowski[24] und die Stipendienstiftung von Ludwik Michalski für die Ausbildung von Handwerkern.[25] Interessant sind auch die von der Stadt verwalteten Stiftungen von Aleksander Kremer „zum Anpflanzen und Pflegen von Rosen in den Grünanlagen" sowie von Florian Straszewski „zur Erhaltung und Verschönerung der Grünanlagen rund um die Stadt Krakau.[26] 1886 deckten diese beiden Stiftungen ungefähr 20 Prozent der städtischen Ausgaben für die Erhaltung der Planten.[27]

1900 übernahm die Stadt offiziell eine große Stiftung von Michał Zieleniewski: „Unterstützung für die Wasserleitungen der Stadt Krakau, gestiftet von den Ehegatten Michał und Anna Zieleniewski und ihrem Sohn Stanisław, Doktor der Rechte, zur Versorgung der Armen und Kranken mit Wasser aus der Krakauer Wasserleitung". Der 1896 verstorbene Zieleniewski opferte der Stadt zu diesem Zweck 100.000 fl. Mit den Zinsen aus dem Stammkapital sollte die Gemeinde die Kosten der Wasserversorgung aus der städtischen Wasserleitung von „öffentlichen wissenschaftlichen Anstalten, Wohltätigkeitsanstalten und Krankenhäusern decken, die von der Stadt Krakau unterhalten wurden, ferner von privaten wissenschaftlichen und Wohltätigkeitsanstalten" sowie auch der städtischen Schulen, Kindergärten, des jüdischen und des Hl.-Ludwig-Krankenhauses, des Krankenhauses der Barmherzigen Brüder, der Józefiten-Anstalt sowie der Klöster der Bettelorden.[28] Dieses Vermächtnis ergänzten noch zwei Stipendienstiftungen mit der Bestimmung, Enkelkinder der Familien Zieleniewski und Kluger auszubilden.[29]

3.2. Stiftungen für Wissenschaft und Bildung

Dank des Liberalismus, dessen sich Galizien seit den sechziger Jahren des 19. Jahrhunderts erfreute, wurde Krakau zu einem Zentrum des polnischen nationalen Lebens, ein führendes wissenschaftliches und kulturelles Zentrum. Die hier ansässigen Institutionen der Wissenschaft und Bildung übten für alle Teilungszonen eine wichtige Rolle aus. Daher auch wurde ihre Tätigkeit von zahlreichen freigiebigen Stiftungen unterstützt, die aus allen Teilungszonen und aus der Emigration flossen.

Das beste Beispiel dafür bietet die Geschichte der Krakauer Akademie der Wissenschaften. Von der Großzügigkeit der Stifter profitierte schon die Krakauer Wissenschaftliche Gesellschaft. Der Besitz der Gesellschaft (später der Akademie) in der Sławkowskastraße entstand dank privater Stifter, vor allem dank des aus Wolhynien stammenden Piotr Moszyński, der aus eigenen Mitteln das Grundstück erwarb und auch beträchtliche Summen für die Bauarbeiten auslegte. Einen bedeutenden finanziellen Beitrag leistete auch der Präsident der Gesellschaft, Franciszek Wężyk.[30] Als man Ende 1872 die Gesellschaft in die Akademie der Wissenschaften umgestaltete, wurde die Frage der Finanzierung der neu entstandenen Institutionen zu einem der wichtigsten Probleme. Die Zuwendungen, die von der Wiener Regierung und dem Landesausschuß in Lemberg zuerkannt wurden, waren im Verhältnis zu den wachsenden finanziellen Bedürfnissen der Akademie sehr bescheiden. Die Entwicklung der regen wissenschaftlichen Arbeit und Verlagstätigkeit durch die Akademie wurde vor allem durch eine bisher nicht gekannte Großzügigkeit der Gesellschaft ermöglicht. Die Akademie lebte von den Vermächtnissen und Stiftungen aller polnischen Länder und der Emigranten. Die Spender rekrutierten sich vor allem aus dem mittleren begüterten Grundbesitzertum, seltener aus Kreisen der Intelligenz. Es fanden sich jedoch auch solche Spender wie der Schneidermeister Józef Curzydło aus Brünn in Mähren, der der Akademie 40.000 fl. vermachte. Die Mehrheit der Spender stammte aus dem russischen Annexionsgebiet und aus Rußland. Warschau, Litauen und die Ukraine waren meistens die Wohnsitze der Geber. Doch gab es auch Spender aus weiter entfernten Gegenden, wie aus dem Kaukasus oder aus Lima, woher eine Spende von Władysław Kluger kam. Aus Paris stammte die 1877 auf die Initiative von Seweryn Gałęzowski hin errichtete Śniadecki-Stiftung sowie die große Osławski-Stiftung, die von der Akademie der Wissenschaften übernommen wurden.[31] Ein verhältnismäßig kleiner Teil der Vermächtnisse stammte aus Galizien und aus Krakau selbst. Unter den vergleichsweise geringen Summen aus der Krakauer Bürgerschaft können kleine Spenden von Anna Helcel, Leon Walter, Michał Zieleniewski und schließlich das Vermächtnis des Professors der Jagellonischen Universität, Karol Olszewski, von 1908 erwähnt werden.[32] Der aus der Emigration zurückkehrende Erazm Jerzmanowski, der seinen Lebensabend in Krakau verbrachte, hinterließ der Akademie der Wissenschaften testamentarisch 1,2 Mio. Kronen, eine für die damalige Zeit ungewöhnlich hohe Summe, mit der Bestimmung, einen Preis für hervorragende Errungenschaften auf dem Felde der Literatur, Wissenschaft oder der Humanität zu schaffen – den sogenannten „polnischen Nobelpreis“.[33] Andere Stiftungen waren zur Finanzierung wissenschaftlicher Forschungen, für Apparate, Sammlungen, für die Finanzierung der Verlagstätigkeit und schließlich für zahlreiche wissenschaftliche Stipendien bestimmt.[34] 1913 deckten die staatlichen und die Landeszuschüsse nur die Hälfte des Haushaltes der Akademie. Fast 50 Prozent der Haushaltsausgaben wurden durch die öffentliche Spendenfreudigkeit gedeckt sowie auch die Ausgaben für zahlreiche Stipendien und Preise.[35] Stanisław Kutrzeba schätzte das bis zum 1. Weltkrieg entstandene Vermögen der Akademie auf acht Millionen Kronen.[36]

Auch die Jagellonische Universität wurde von Stiftern großzügig unterstützt. Die beträchtlichen finanziellen Defizite, die auf das Konto der diskriminierenden Politik der Wiener Regierung gingen, wurden durch die Stärkung der bescheidenen Kasse der Universität mit Hilfe privater Stiftungen schon vor der galizischen Autonomie von Rektor Józef Dietl behoben. Ein 1861 von ihm an die Öffentlichkeit gerichteter Aufruf brachte unerwartete Ergebnisse: Aus verschiedenen Teilen der polnischen Länder sowie aus Europa flossen zahlreiche Legate. Besonders große Hilfen brachten Emigranten sowie Polen, die sich unter russischer Annexion befanden.[37]

Aleksander Nowolecki schrieb nach Jahren: „Materiell unterstützte das Land den Rektor und die Universität auf diese Weise, daß nach seiner Wahl sich die Taschen der polnischen Bürger für Schenkungen für die Landesschulen und für Stipendien öffneten. Unter den zahlreichen Stiftungen jener Zeit zählen wir nur die bedeutenderen auf: August Cieszkowski stiftete ein dreijähriges Stipendium zu 400 fl., Alfred Milieski ein Stipendium von 150 fl. jährlich für einen Schüler der polnischen Geschichte und Literatur, Włodzimierz Dzieduszycki zwei Stipendien zu je 600 fl. jährlich für einen Kandidaten des Lehrstuhls für Tierheilkunde und pathologische Anatomie, Wit Żeleński ein Stipendium von 600 fl. für einen Zögling der Universität, Kajetan Lewicki spendete 17.000 fl. für Stipendien, Prof. Radziwosńki für denselben Zweck 20.000 fl., Jan Mieroszewski 12.000 fl. und sogar ungenannt A.Z. und A. je 450 fl. für ein dreijähriges Stipendium und 360 fl. zur Verteilung unter die bedürftige Jugend usw. Das alles war ein Verdienst Dietls, der mit seinem Vorgehen die Herzen edler Wohltäter erwecken konnte."[38]

So entstanden während der Autonomie auch neue Lehrstühle an der Universität. Die schon bestehenden Anstalten erhielten Zuschüsse und wurden mit modernen Apparaten ausgestattet, wissenschaftliche Forschungen wurden finanziert. Gelder kamen auch durch die patriotischen Feierlichkeiten. So stifteten anläßlich der Tannenberg-Feierlichkeiten am 14. Juli 1910 Władysław und Stanisław Lubomirski im Namen ihres Vaters Eugeniusz 40.000 Kronen für die Kasse der Akademie der Wissenschaften, als Stammkapital für besondere Vorlesungen an der Philosophischen Fakultät der Jagellonischen Universität zu Sprache, Literatur, Geschichte und Geographie Litauens. Ein ähnliches Legat der Brüder Władysław und August Iwański in Höhe von 120.000 Kronen ermöglichte 1915 besondere Vorlesungen über die Geschichte Rutheniens.[39]

Eine ungemein große Bedeutung hatten Stiftungen für Stipendien, die es der Jugend aus allen Annexionsgebieten ermöglichten, in Krakau zu studieren und Forschungen durchzuführen. Allein in den Jahren 1904–1917 umfaßten die Stipendien aus den von der Jagellonischen Universität verwalteten Stiftungen eine Summe von fast 634.000 Kronen.[40]

Dank dieser öffentlichen Spendenbereitschaft erlebte die Universität an der Wende des 19. zum 20. Jahrhundert ihre Blütezeit.[41] 1910 studierten an der Universität schon fast 3.000 Studenten. Den Unterricht hielten über 100 Professoren.[42] Zu dieser Zeit entstanden in Krakau neue Studentenheime. Konstanty Wołodkowicz spendete ein großes Grundstück für ein geräumiges Studentenheim in der Jabłonowskistraße.[43] Von dem Vermächtnis von Kazimierz Ratułd erwarb die Universität ein Haus in der Garbarskastraße, in dem eine Burse errichtet wurde.[44]

Sogar die Stadt bemühte sich intensiv um neue Stipendien. Mikołaj Zyblikiewicz, der Nachfolger Józef Dietls im Amt des Präsidenten von Krakau, erhob die kulturelle Entwicklung Krakaus zum wichtigsten Punkt seines politischen Programms. Er spielte auch eine wichtige Rolle bei der Erschaffung und Entwicklung des sogenannten Polnischen Schulvereins, der eine Institution zur Erweiterung der Volksbildung in Galizien sein sollte. Dieser entstand 1879 zur Zeit des Jubiläums von Józef Ignacy Kraszewski dank der persönlichen Initiative des Schriftstellers. Der Gründungsakt des Schulvereins wurde 1882 von den Landesbehörden in Lemberg bestätigt. Der Bitte Kraszewskis zufolge übernahm Zyblikiewicz, der damals Marschall des Landtages in Lemberg war, die Pflichten eines Vermögensverwalters der Stiftung.[45]

Auch andere Institutionen der Wissenschaft und Bildung in Krakau verdankten ihre Entwicklung freigiebigen Stiftern. Das 1906 eröffnete Gebäude der Handelsakademie in der Straszewskistraße entstand auch dank der Hilfe der Krakauer Handels- und Gewerbekammer, die zu diesem Zweck 60.000 Kronen überwies.[46]

Unter den Beispielen des Mäzenatentums für Wissenschaft und Bildung ist die Tätigkeit von Adrian Baraniecki und Walery Rzewuski herausragend. Adrian Baraniecki, ein aus Podolien stammender Arzt und seit 1864 Emigrant, ließ sich nach längerem Auftenthalt in England 1869 in Krakau nieder, wo er sich gesellschaftlich engagierte. Er übertrug der Stadt seine großen Sammlungen und schuf auf diese Weise das Museum für Technik und Gewerbe. Die nächsten zwanzig Jahre hindurch übte er unentgeltlich die Funktion eines Kustos dieser Institution aus und widmete sein ganzes Vermögen der Vergrößerung und Ordnung der Sammlungen.[47] Ein weiteres, größeres Werk Baranieckis waren die von ihm 1886 gegründeten sogenannten Höheren Lehrgänge für Frauen. Diese Lehrgänge, die vom Gründer als eine Art Universität gedacht waren, die den Frauen eine höhere Bildung im Bereich der Geistes- oder Naturwissenschaften ermöglichen sollten, entwickelten sich zu einer tatkräftigen und auf einem hohen Niveau geführten Institution, die zu Beginn des 20. Jahrhunderts fast 300 Hörerinnen zählte. Vorlesungen hielten hervorragende Wissenschaftler, die größtenteils von der Jagellonischen Universität kamen. Viele Hörerinnen kamen aus den Randgebieten und aus Kongreßpolen.[48] Die Lehrgänge Adrian Baranieckis wurden zu einem überwiegenden Teil aus dem Fonds des Stifters selbst unterhalten und nur teilweise von den Kollegiengeldern der Hörerinnen. Die Gelder des Gründers und ein Legat der Falencka aus dem Jahre 1893 sicherten die Zukunft der Lehrgänge.[49]

Ein weiteres Beispiel eines Krakauer Positivisten war – neben Baraniecki – Walery Rzewuski. In Krakau geboren, widmete er sein ganzes Leben seiner Heimatstadt. Rzewuski war Photograph. Er leitete das bekannte Fotoatelier in der heutigen Westerplattestraße.[50] Gleichzeitig war er im gesellschaftlichen Leben Krakaus aktiv. In seiner Eigenschaft als Stadtrat schrieb er sich in die Geschichte Krakaus als Initiator für die

Zuschüttung des alten Weichselbettes ein sowie als Antragsteller für den Bau eines städtischen Theaters.[51] Als er 1888 im Alter von 51 Jahren starb, vermachte er der Stadt sein schönes Haus in der Westerplattestraße mit der Bestimmung, eine Schule für Photographie einzurichten, und zwar nach dem Vorbild einer ähnlichen Institution, die einige Jahre früher in Berlin errichtet wurde. Die Einkünfte aus dem zweiten Haus Rzewuskis in der Florianskastraße, das er gleichfalls der Stadt vermachte, waren der Führung der Schule bestimmt. Die Stadt nahm zwar bereitwillig das Vermächtnis des Stifters an, doch zögerte sie mit der Ausführung seines letzten Willens.

Erst 1901 diskutierte der Stadtrat die Eröffnung „einer Berufsschule für das Reproduktionsgewerbe", die den Namen Walery Rzewuskis führen sollte, aber das schon fertige Statut wurde aus nicht näher bezeichneten Gründen verworfen. So wurde anstatt der Schule für Photographie die „Józefa Szyszkowska-Rzewuska-Gewerbeschule für Frauen" nach dem Vorbild der Plater-Schule in Warschau eröffnet.[52]

3.3. Das kulturelle Mäzenatentum

Krakau war ebenso das Zentrum für die Förderung polnischer Kultur. Auch in diesem Bereich gab es viele private Spender, die bedeutende Summen für verschiedenartige kulturelle Zwecke opferten. Eine Illustration dieser Erscheinung ist die Geschichte vieler Krakauer Denkmäler. Henryk Jordan war der Stifter der Denkmäler von Lilla Weneda und Grażyna in den Planten, die 1884 aufgestellt wurden. Das war zwar eine patriotische Geste, aber auch eine Förderung des Künstlers Alfred Daun, den Schöpfer der Skulpturen. Zwei Jahre später übersandte Graf Ostrowski aus Rom das Denkmal von Jadwiga und Jagiełło, ein Werk von Oskar Sosnowski. Konstanty Wołodkowicz stiftete ebenfalls für die Planten das Denkmal des Harfenspielers Bojan zu Ehren Bohdan Zaleskis, ein Werk von Pius Welonski, sowie das Denkmal Aleksander Fredros, eine Schöpfung von Cyprian Godebski, die die Grünanlagen vor dem städtischen Theater schmückt. Ein anonymer Stifter aus Litauen spendete 1889 das Denkmal von Tadeusz Rejtan.[53] Die berühmteste Stiftung dieser Art ist zweifellos das Tannenberg-Denkmal von Antoni Wiwulski, das 1910 von Ignacy Paderewski Krakau zum Geschenk gemacht wurde.[54]

Zu einer kulturellen Institution, die zahlreiche Spendenfreudige und Stifter anzog, wurde das 1879 gegründete und offiziell seit 1883 tätige Krakauer Nationalmuseum. Schon die Umstände, die mit dem Entstehen des Museums verbunden waren, illustrieren den allgemeinnationalen Charakter dieses Vorhabens. Die noch im Januar 1871 gestartete Initiative Józef Dietls zur Gründung eines Nationalmuseums in Krakau nahm im Verlauf der Jubiläumsfeierlichkeiten für Kraszewski im Jahre 1879 neue Gestalt an, die mit der Eröffnung der von Tomasz Pryliński restaurierten Tuchhallen verbunden war. Die im Laufe der Feierlichkeiten am 5. Oktober erfolgte Überreichung des Gemäldes „Die Fackeln Neros" von dessen Schöpfer Henryk Siemiradzki als Gabe für die Stadt rief anderntags eine spontane Geste vieler an den Feierlichkeiten teilnehmenden polnischen Künstler hervor, die ihre Arbeiten dem künftigen Nationalmuseum spendeten.[55]

Das von der Stadt verwaltete und unterhaltene Museum verdankte von Anfang an den aus allen Richtungen fließenden Gaben und Vermächtnissen seinen Bestand.[56] Als 1900 der erste Direktor starb, besaß es schon über 10.000 Exponate, größtenteils Spenden. Die meisten Zugänge kamen jedoch zu Beginn des 20. Jahrhunderts. Damals erhielt das Museum viele sehr wertvolle Sammlungen. 1905 waren es weit über 100 italienische und holländische Gemälde der Łoziński-Galerie sowie ungewöhnlich große Kunstgewerbesammlungen von Helena Dąbczańska-Budzynowska, die von der Stifterin in den folgenden Jahren ergänzt wurden. 1906 spendete beispielsweise Adam Wolański seine „sarmatische" Sammlung und die Bibliothek aus Rudki. Ein Jahr später vermachte Stanisław Zarewicz aus Lemberg dem Museum seine Sammlung orthodoxer Kirchenkunst. 1908 übernahm das Museum eine große Sammlung von Stanisław Ursyn Rusiecki aus Warschau, darunter Gemälde holländischer, flämischer, deutscher, italienischer und französischer Meister sowie Waffen, Möbel und Stoffe. Im folgenden Jahr ging die Bronisław-Starzeński-Sammlung (Gemälde, Stoffe, Krummsäbel, ethnographische und numismatische Sammlungen) sowie die Pariser Sammlung von Eduard Goldstein an das Museum.[57] In den Jahren 1908–1909 hatte das Museum schon ca. 180.000 Exponate. Ein wichtiges Ereignis war die 1904 erfolgte Übernahme der Stiftung von Włodzimiera und Adam Szołayski, die dem Museum ein großes zweistöckiges Gebäude am Szczepański-Platz vermachten.[58]

Krakau zog auch private Sammlungen an. Die Fürsten Czartoryski überließen der „geistigen Hauptstadt" ihre Sammlungen mitsamt einem dafür errichteten Museumsbau und machten all dies der Öffentlichkeit zugänglich.[59]

Eine andere Kollektion dieser Art waren die aus Stańków in Weißrußland stammenden Sammlungen von Emeryk Hutten-Czapski, die zusammen mit einem Ausstellungspavillon der Stadt als Emeryk Hutten-Czapski Museum gespendet wurden.[60] Auch andere Krakauer Museen entstanden und entwickelten sich aus privaten Stiftungen. So verdankte das Kunstmuseum der Jagellonischen Universität sein Entstehen den Vermächtnissen von Aleksander Przeździecki, Karol Rogawski, Edward Rastawiecki und Karol Lanckoroński.[61]

Dagegen verlor Krakau in den neunziger Jahren die große Chance, in den Besitz der Gemäldesammlung von Ignacy Korwin-Milewski zu gelangen. Korwin-Milewski, ein kosmopolitischer Aristokrat, Besitzer großer Landgüter in Litauen, erwarb sich große Verdienste als Mäzen vieler polnischer Künstler und als Sammler ihrer Werke. In den Jahren 1880–1895 sammelte er über 200 Gemälde der hervorragendsten polnischen Maler (u.a. von Jan Matejko, Aleksander Gierymski, Witold Pruszkowski und Józef Pankiewicz). Korwin-Milewski beabsichtigte, die ganze Gemäldegalerie der Nation zu hinterlassen. Er wollte zu diesem Zweck auf eigene Kosten in Lemberg oder Krakau ein Gebäude errichten und das materielle Bestehen dieser Institution sichern. Es kam jedoch in der Frage eines entsprechenden Grundstücks zu keinem Einverständnis mit den Krakauer städtischen Behörden, und die Stiftung kam nicht zustande.[62]

Eine zweite Krakauer kulturelle Institution von herausragender Bedeutung war neben dem Nationalmuseum das Krakauer Stadttheater, auf dessen Bühne die Premieren der größten polnischen Nationaldramen stattfanden. Die Errichtung eines neuen, monumentalen Theatergebäudes in den Jahren 1891–1893 war die größte Investition der Stadt (neben dem Bau moderner Wasserleitungen) an der Wende des 19. Jahrhunderts. Zwar wurden die ungeheuren Baukosten des neuen Theaters vor allem mittels einer Amortisationsanleihe durch Krakau 1892 bei der Böhmischen Sparkasse in Prag finanziert, eine bahnbrechende Rolle in der Geschichte der Errichtung der neuen Bühne spielte jedoch das Vermächtnis des polnischen Schriftstellers und Gutsbesitzers Karol Kruzer aus Podolien. Kruzer, bezaubert von einer Vorstellung im Krakauer Theater, stiftete 1886 anonym 46.000 Rubel für den Bau eines neuen Stadttheaters in Krakau. Bei seinem Tode 1889 vermachte er dem Krakauer Theater zusätzlich eine aus dem Verkauf von Kunstwerken stammende Geldsumme. Insgesamt brachte die Stiftung Kruzers der Stadt Krakau ca. 100.000 fl.[63] In Anbetracht der vorher veranschlagten Baukosten des Theaters in der Höhe von 400.000 fl. war das eine riesige Summe und trug auf entscheidende Weise zur Aufnahme dieses großen Vorhabens durch die Stadt bei.[64]

Eine überaus wichtige Bedeutung hatte die Spendenbereitschaft der Gesellschaft für die Renovierung der Krakauer Denkmäler. An der Jahrhundertwende wurden in Krakau fast alle Objekte von monumentalem Charakter sowie auch kleinere Andenken an die Vergangenheit einer Renovierung unterzogen. Diese Arbeiten wurden größtenteils aus Legaten, Vermächtnissen und Spenden finanziert, die aus verschiedenen Teilen Polens nach Krakau flossen. Besondere Bedeutung hatten die Restaurierungsarbeiten an der Kathedrale und später an der Königsburg auf dem Wawel. Karol Lanckoroński aus Wien spendete den Sarkophag der Königin Hedwig für die Kathedrale, ein Werk des Bildhauers Antoni Madeyski.[65]

Auch andere Krakauer Kirchen wurden zu jener Zeit zu einem Ort von Stiftungen symbolischer Grabdenkmäler. Viele von ihnen waren Personen gewidmet, die nicht mit der Geschichte der Stadt verbunden waren, aber beispielsweise unter der russischen Annexion verfolgt wurden. So war auch der schon erwähnte Antoni Madeyski der Schöpfer des Denkmals von Maurycy Drużbacki in der St.-Peter-und-Paul-Kirche.[66] Drużbacki war ein Aufständischer, der 1863 von den Russen in der Festung Kijew hingerichtet wurde.[67]

Zu einem besonderen Mäzen im Bereich der Denkmalpflege wurde die Städtische Sparkasse. Bedeutende Einkünfte der Bank waren ausschließlich für diesen Zweck bestimmt. Einige hunderttausend fl. flossen langjährig in die gründliche Restauration der Marienkirche, der Hl.-Kreuz-Kirche, der St. Peter und Paul-Kirche, der Kathedrale, Sigismund-Kapelle auf dem Wawel und der Alten Synagoge in Kazimierz, um nur die wichtigsten zu nennen. 800.000 Kronen entrichtete die Kasse für die Auslösung des Wawel aus den Händen des österreichischen Militärs und 300.000 Kronen zur Unterstützung des Baues de Museums für Technik und Gewerbe.[68]

Krakau war an der Jahrhundertwende auch Mittelpunkt des religiösen Lebens der Polen, denn das ganze 19. Jahrhundert hindurch war man der Überzeugung, „daß gerade die Kirche eine der wichtigsten Säulen des Polentums ist, die von den Okkupanten angegriffen oder mit Vorbedacht vernichtet wird."[69]

Die seit der Niederlage des Januaraufstandes und der Geburt der galizischen Autonomie ständig wachsende integrierende Rolle Krakaus in bezug auf alle polnischen Länder mußte gleichfalls die Bedeutung der ehemaligen Hauptstadt als Zentrum des religiösen Lebens begünstigen. Während sich dabei die katholische Religion und die Aktivitäten der katholischen Kirche in der österreichischen Monarchie in der zweiten Hälfte des 19. Jahrhunderts einer bedeutenden Unterstützung des Staates erfreuten, so war die Lage des Krakauer Bistums zu Beginn der galizischen Autonomie kritisch. Die Teilungen und die später vom Wiener Kongreß vorgenommenen neuen Einteilungen der polnischen Länder reduzierten praktisch den ehemals riesigen Bereich des Krakauer Bistums auf das Territorium des kleinen Freistaates. Zwar bestätigte die Bulle „Ex imposita Nobis" vom 30. Juni 1818 formell die Zugehörigkeit von 239 Pfarrbezirken in Kongreßpolen zur Krakauer Diözese, aber praktisch – besonders nach den Ereignissen von 1863 – verblieb der sogenannte „Kielcer Teil" außerhalb der Grenze und bildete eine besondere Kirchenprovinz. Das winzige Territorium, die provisorische Verwaltungsstruktur, der Verfall vieler Institutionen der Diözesen und vor allem die Konflikte eines Teils der Geistlichkeit mit dem apostolischen Vikar, Bischof Antoni Gałecki, bewirkten, daß bis zum Ende der siebziger Jahre des 19. Jahrhunderts die Krakauer Diözese nicht die ihr zukommende Rolle spielte.[70]

Zu einem bahnbrechenden Ereignis in der Geschichte der Krakauer Kirche wurde die 1879 erfolgte Berufung von Albin Dunajewski auf den Bischofssitz.

Er war seit 44 Jahren der erste Krakauer Diözesanbischof. Der Kandidat wurde entgegen dem Standpunkt der Wiener Behörden vom Lager der „Stańczyks" unterstützt. Die Krakauer Konservativen, die die ehemalige Hauptstadt Polens als wichtigstes Zentrum ihrer politischen Bewegung betrachteten, wünschten, ihre eigene Ideologie unter der Vermittlung der katholischen Kirche und ihrer Hierarchie zu verwirklichen. Schon 1880 kam es zu einer Erneuerung und Erweiterung der Krakauer Diözese, die „zwecks Steigerung ihres Glanzes und ihrer Würde" – als einzige in der Monarchie – aus dem Rahmen der Landeskirchenorganisation ausgesondert und unmittelbar dem Heiligen Stuhl unterstellt wurde. 1889 erlangten die Krakauer Bischöfe erneut das Recht, den Fürstentitel zu benutzen, und ein Jahr später wurde Albin Dunajewski die Kardinalswürde verliehen. Der Kardinalshut für den Krakauer Bischof war nicht nur ein Beweis der Anerkennung für die persönlichen Verdienste Dunajewskis für die gründlichen Reformen seiner Diözese, sondern auch ein Symbol der Wiedergeburt der Rolle und der Bedeutung Krakaus als Zentrum des religiösen Lebens.[71]

Zu einer äußeren, materiellen Bestätigung der Entwicklung „Klein-Roms" wurde die verstärkte Investitionstätigkeit der katholischen Kirche. Die Geistlichkeit bildete in Krakau eine außergewöhnlich zahlreiche gesellschaftliche Gruppe. Zu Beginn der siebziger Jahre des 19. Jahrhunderts bildeten die Geistlichen ungefähr sechs Prozent der gesamten männlichen Bevölkerung der Stadt.[72] Vor allem an der Jahrhundertwende lenkte das rasche Wachstum der Ordensgeistlichkeit die Aufmerksamkeit auf sich. Am Vorabend des 1. Weltkriegs gab es in Krakau bereits 530 Mönche und 820 Nonnen.[73] Die zahlreichen geistlichen Orden, die sich zu jener Zeit in Krakau und seiner Umgebung niederließen, errichteten nicht selten stattliche Gebäude, wobei sie vor allem auf die Opferwilligkeit der Stifter zählten.[74]

Das Wiederaufleben der Ordenstätigkeit in Krakau war nicht nur die Folge des wohlwollenden neuen Diözesanbischofs für diese Form der Religiosität, sondern auch in einem hohen Grad das Ergebnis politischer Faktoren. Einerseits nämlich vermied Krakau, das bis 1795 zu Polen gehörte, im Unterschied zu den anderen galizischen Städten, die Aufhebung seiner Klöster in der josefinischen Epoche. Andererseits wich es den Repressalien aus, die die Klöster im russischen Annexionsgebiet noch 1863 erlitten.[75]

Dabei enstanden – neben den zahlreichen schon existierenden – neue Klosterorden in Krakau. Aus Warschau kamen 1864 die von den russischen Behörden verfolgten Felizianerinnen. Aus dem Posener Gebiet übersiedelten 1876 die im Rahmen des Kulturkampfes unterdrückten Ursulinerinnen und die unbeschuhten Karmeliterinnen.[76] Eben deshalb kamen ungewöhnlich viele Investitionen religiösen Charakters unter bedeutender Anteilnahme der öffentlichen Spendenbereitschaft zustande.

Eine der frühesten Gründungen dieser Art war der an der Wende der fünfziger und sechziger Jahre des 19. Jahrhunderts entstandene und später ausgebaute Klosterkomplex der Barmherzigen Schwestern in der Warszawskastraße. Der Stifter des Klosters und des Neuaufbaues der Kirche des Hl. Simon und Juda war Bischof Ludwik Łętowski, der gemeinsam mit seinem Freund Wiktor Ożarowski in der Zeit des wirtschaftlichen Zusammenbruchs Krakaus eine bedeutende Summe hierfür zur Verfügung stellte.[77] „Woher sie das Geld nahmen, weiß niemand, genug, daß das eine prächtige und nützliche Stiftung ist . . .“, so schrieb der zeitgenössische Chronist Kazimierz Girtler über die Stiftung Łętowskis und Ożarowskis.[78]

Längere Zeit hindurch bemühte sich der Auferstehungsorden, der seinen Sitz in Rom hatte, um eine Niederlassung in Krakau. Trotz der Unterstützung Dunajewskis war das jedoch aufgrund mangelnder finanzieller Mittel nicht möglich. Erst die Gunst freigiebiger Spender, hauptsächlich aus den Kreisen der galizischen Aristokratie, ermöglichten den Auferstehungsmönchen 1884 den Kauf eines Grundstücks und der ehemaligen St. Peterskirche in Garbary. In den darauffolgenden Jahren errichteten sie dort ihr Kloster und eine geräumige Kapelle.[79]

Der vom späteren Bischof Józef Pelczar gegründete Orden der Herz-Jesu-Schwestern verdankte seine Entwicklung ebenfalls verschiedenen Stiftungen. Zuerst schenkte die Fürstin Wanda Jabłonowska den Herz-Jesu-Schwestern ein Grundstück in der Garncaskastraße, wo eine bescheidene Kapelle und ein kleines Kloster entstanden, später spendete Zofia Wołodkowicz 50.000 fl. für den zusätzlichen Ankauf von Grund für den Bau einer Kirche und neuer Klostergebäude.[80] Zofia Wołodkowicz versprach dem Orden gleichfalls 116.000 fl. aus dem Verkauf ihres Palais in der Lubiczstraße, um die Kosten des ganzen Unternehmens zu decken. Dank der Großzügigkeit der Stifterin errichtete der Architekt Władysław Kaczmarski in der Garncarskastraße einen Klosterkomplex und eine Kirche für die Herz-Jesu-Schwestern.[81]

Durch eine Stiftung Albrechts von Habsburg aus Saybusch kam der deutsche Orden der Töchter der Liebe Gottes nach Galizien, der 1868 von Franziska Lechner in Wien gegründet wurde. 1885 eröffneten sie ihr Ordenshaus in Biała und kamen ein Jahr später dank der Protektion von Albin Dunajewski nach Krakau, wo sie in Pędzichów eine Elementarschule für die Kinder der Besatzung der Krakauer Garnison und für Mädchen deutscher Nationalität führten.[82]

Auch aus Warschau und dem Posener Gebiet vertriebene geistliche Orden gründeten in Krakau rasch ihre stattlichen Niederlassungen. So kauften die Ursulinerinnen dank der Hilfe des Präsidenten Mikołaj Zyblikiewicz und der Fürsorge der einflußreichen Familie Popiel ein großes Terrain in der Starowiślnastraße, wo sie bis 1894 einen großen Klosterkomplex samt einer Kapelle errichteten.[83] Die unbeschuhten Karmeliterinnen ließen sich in den weiten Gärten des Grafen Stanisław Grocholski in der Łobzowskastraße nieder. In den Jahren 1903–1905, nach dem Ankauf des Terrains aus den Händen des Besitzers, errichteten sie dort ein Kloster mit einer Kapelle nach dem Entwurf des Architekten Franciszek Mączyński. Unter anderen größeren Klosterinvestitionen waren vor allem neue Kirchen und Ordenssitze der Felizianerinnen, der Jesuiten und der unbeschuhten Karmeliter wichtig.[84]

Die aus Warschau vertriebenen Felizianerinnen ließen sich in der Smoleńskstraße nieder, wo sie ein Kloster und eine Kirche nach dem Entwurf des Architekten Feliks Księżarski bauen ließen.[85] Die Jesuiten, die 1867 erneut nach Krakau kamen, kauften einen ausgedehnten Besitz in der Kopernikstraße. In den siebziger Jahren des vergangenen Jahrhunderts entstand dort eine bescheidene Kapelle mit einem Kloster. Das entsprach jedoch nicht dem Ehrgeiz und den Bedürfnissen für die so rege Tätigkeit des Ordens. Daher wurde 1909 mit dem Bau einer monumentalen Kirche und eines neuen Flügels des Klosters begonnen. Das war eine der größten Investitionen im Baugewerbe, die in Krakau am Vorabend des 1. Weltkriegs unternommen wurden.[86] Einen ähnlich großen Klosterkomplex begannen zu jener Zeit die unbeschuhten Karmeliter in der Rakowickastraße zu errichten. Beide von Franciszek Mączyński entworfenen Kirchen und Klöster wurden schon in der Zwischenkriegszeit beendet.[87]

Es besteht kein Zweifel, daß die von den geistlichen Orden getätigten zahlreichen Investitionen zu einer bedeutenden Belebung des Bauwesens in Krakau beitrugen, und dabei der Stadt viele interessante künstlerische Gebäude schenkten.[88] Die Investitionstätigkeit der geistlichen Orden wurde an der Jahrhundertwende mit Rücksicht auf ihr Ausmaß und ihren Charakter zu einem wichtigen Faktor, der die ökonomische Entwicklung der Stadt bestimmte.

3.5. Andere Formen der Stiftungstätigkeit

Neben vielen karitativen, wissenschaftlichen und erzieherischen Institutionen waren um die Jahrhundertwende in Krakau völlig untypische Formen des privaten Mäzenatentums anzutreffen. Auch dadurch wurde auf verschiedene Weise auf die Entwicklung der Stadt Einfluß genommen. Zu ihnen gehörten auch die schon erwähnten Stiftungen von Aleksander Kremer und Florian Straszewski.[89] Ein interessantes Beispiel hierfür bietet die Geschichte der Entstehung des Krakauer Jordan-Parkes.

Henryk Jordan, ein hervorragender Arzt und Professor der Jagellonischen Universität, war damals eine der interessantesten Persönlichkeiten Krakaus. Er war Initiator vieler Unternehmungen, Stifter von Denkmälern in den Planten und Gründer und Initiator vieler wohltätiger Institutionen.[90] Zu seinem Lebenswerk wurde jedoch die auf eigene Kosten vorgenommene Anlage eines städtischen Parkes und sein Engagement für körperliche Ertüchtigung. 1888 begann Jordan mit der Einrichtung der Parkanlage auf dem ehemaligen Ausstellungsgelände, dem Stadtanger Błonia. Zu diesem Zweck reiste er nach Schweden, Deutschland und in die Schweiz, um sich mit den neuesten Einrichtungen und Turngeräten bekanntzumachen und die benötigten Ausrüstungen zu kaufen. 1889 wurde der „Dr. Henryk Jordan-Stadtpark" eröffnet. In diesem Park fanden sportliche Übungen unter der Leitung von Ausbildern, ein persönlich von Dr. Jordan geführter patriotischer Unterricht statt. Hierzu führte Alfred Daun auf Bestellung des Stifters 44 Büsten hervorragender Polen aus, die auf Postamenten in den Alleen des Parkes aufgestellt wurden. Jordan organisierte im Park auch Mahlzeiten für Kinder.[91] Der Jordan-Park war ein völlig neuartiges Unternehmen. Er spielte nicht nur in Krakau eine wichtige Rolle, sondern wurde gleichfalls zum Vorbild vieler „Jordan-Gärten" in anderen Teilen der polnischen Länder und auch im Ausland.[92]

Ein anderes Beispiel der öffentlichen Sorge um die Entwicklung körperlicher Kultur ist das Gebäude des Turnvereins „Sokól" („Falke"), das Ende der achtziger Jahre in der damaligen Wolskastraße errichtet wurde. Dank zweier Mitglieder des Vereins – Stanisław Rogowski und Franciszek Śmieszkiewicz –, die gemeinsam über 82.000 fl. spendeten, konnte der Verein die Baukosten von 88.000 fl. fast völlig decken.[93]

1. M. Gajda: Akt fundacyjny Domu Ubogich fundacji imienia Ludwika i Anny Helclów (Die Gründungsurkunde des Armenheimes der Stiftung von Ludwik und Anna Helcel). Krakauer Jahrbuch, S. 93–102, Bd. 52, 1986.
2. S. Ponikło: Das Helcel'sche Asyl für Unheilbare und Rekonvaleszenten in Krakau. Sonderdruck zu: „Das österreichische Sanitätswesen". S. 1/2, Nr. 33, Jg. 1895.
3. Verordnungsblatt der Stadt Krakau für das Jahr 1887. S. 37–49.
4. S. Ponikło: op. cit., S. 2–8; M. Gajda: op. cit., S. 97.
5. W. Kolak/S. Ponikło: Helcel Sternstein (Sztersztyn) Ludwik Edward. Polski Słownik Biograficzny (Polnisches Biographisches Wörterbuch). S. 357/358, Bd. 9, Wrocław-Warszawa-Kraków 1960–1961.
6. J. Dębski: Dziewiętnastowieczna kaplica na cmentarzu Rakowickim w Krakowie. Teka Komisji Urbanistyki i Architektury (Die aus dem 19. Jahrhundert stammende Kapelle auf dem Rakowicer Friedhof in Krakau. Mappe der Kommission für Urbanistik und Architektur). S. 239–250, Bd. 18, 1984.
7. M. L. Jakubowski: Kronika Szpitala św. Ludwika dla Dzieci w Krakowie. Okres 25 lat, od r. 1876 do r. 1900 (Chronik des Hl.-Ludwig-Krankenhauses für Kinder in Krakau. 25 Jahre, von 1876 bis 1900). S. 19–23 und 27–29, Kraków 1901; ders.: Szpital św. Ludwika dla dzieci w Krakowie, jego powstanie, rozwój i działalność dziesięcioletnia od 1876–1885 roku (Das Hl.-Ludwig-Krankenhaus für Kinder in Krakau, Entstehung, Entwicklung und zehnjährige Tätigkeit von 1876 bis 1885). S. 8, Kraków 1886.
8. K. Jelonek-Litewka: Arcybractwo Miłosierdzia i Banku Pobożnego w Krakowie. Nasza Przeszłość (Die Erzbruderschaft der Barmherzigkeit und der Frommen Bank in Krakau. Unsere Vergangenheit). S. 80, Jg. 61, 1984.
9. M. Gajda, op. cit., S. 94–95.
10. Vgl. J. Purchla: Schronisko fundacji księcia Aleksandra Lubomirskiego przy ulicy Rakowickiej w Krakowie (Das Asyl der Stiftung des Fürsten Alexander Lubomirski in der Rakowikkastraße in Krakau) Folia Historiae Artium, S. 135–152, Bd. 19, 1983; ebenfalls J. Purchla: Autonomia galicyjska a rozwój Krakowa na przełomie XIX. i XX. w. (Die galizische Autonomie und die Entwicklung Krakaus an der Jahrhundertwende). Znak. S. 68, Nr. 1 (350), Jg. 36, 1984.
11. Ibidem; S. Ponikło: Das Fürstlich Lubomirski'sche Asyl für vernachlässigte Knaben in Krakau. Sonderdruck aus: Zeitschrift für das Österreichische Volksschulwesen, Jg. 7, passim., Wien und Prag 1896.
12. J. R. Bar: Zgromadzenie Matki Bożej Miłosierdzia. Prawo Kanoniczne (Der Orden Mutter Gottes von der Barmherzigkeit. Kanonisches Recht). S. 69–71, Nr. 3–4, Jg. 9, 1966.
13. J. T. Głębocki: Zakłady ku ulżeniu cierpieniom bliźnich obecnie w Krakowie istniejące z krótką wzmianką o dawniejszych a dziś nie istniejących instytucjach tego rodzaju (Gegenwärtig in Krakau bestehende Anstalten zur Milderung des Leidens der Nächsten, mit einer kurzen Erwähnung der ehemaligen, heute nicht mehr bestehenden Institutionen dieser Art). S. 224/225, Kraków 1852; Z. A. Krzyżanowska: Dobroczynność (Wohltätigkeit). In: Kraków w XIX. w. (Krakau im 19. Jahrhundert). S. 195/196, Bd. 1, Kraków 1932; J. Demel: Stosunki gospodarcze i społeczne Krakowa w latach 1853–1866 (Wirtschaftliche und gesellschaftliche Verhältnisse Krakaus in den Jahren 1853–1866). S. 670, Wrocław-Kraków 1958.
14. J. Demel: op.cit., S.659; M. Bałaban: Przewodnik po żydowskich zabytkach Krakowa (Führer durch die jüdischen Denkmäler Krakaus). S. 105, 111–112; Kalendarz Krakowski Józefa Czecha na rok 1902 (Krakauer Kalender des Josef Czech für das Jahr 1902). S. 80; J. Purchla: O architekture krakowskiej połowy XIX wieku (Über die Krakauer Architektur der Mitte des 19. Jahrhunderts). Rocznik Krakowski. S. 102–105 und 134. Jg. 53, 1987.

15. L. Wachholz: Szpitale Krakowskie 1820–1920 (Krakauer Krankenhäuser 1820–1920). S. 61, 2. Teil, Kraków 1924.

16. Chłopiec-sierota. W opiece zakładu wychowawczego im. ks. Siemaszki w Krakowie (Der Waisenknabe. In der Obhut der Siemaszko-Erziehungsanstalt in Krakau). Kraków; L. Wachholz: op. cit., S. 10–12.

17. K. Jelonek-Litewka: op. cit., S. 74–77; J. Bąk: Opieka społeczna nad sierotami w Krakowskim Towarzystwie Dobroczynności w latach 1816–1916. Rocznik Krakowski (Die öffentliche Versorgung der Waisen in der Krakauer Wohltätigkeitsgesellschaft in den Jahren 1816–1916. Krakauer Jahrbuch). S. 107–111, Bd. 46, 1975; K. Hoszowski: Mowa przy uroczystym poświęceniu nowo wybudowanego Domu Schronienia dla Ubogich Starców i Kalek Krakowskiego Tow. Dobroczynności miana w Koletkach d. 30 października 1882 (Eröffnungsrede bei der feierlichen Einweihung des neu erbauten Asyls für Arme, Alte und Krüppel der Krakauer Wohltätigkeitsgesellschaft in Koletki am 30. Oktober 1882). S. 3, Kraków 1883.

18. J. Purchla: Jak powstał nowoczesny Kraków (Wie das moderne Krakau entstanden ist). S. 54–56, Kraków 1979.

19. Vgl. Verordnungsblatt für die Stadt Krakau für das Jahr 1900, S. 79–90.

20. R. Sikorski: Rozszerzenie granic stoł. król. m. Krakowa w latach 1909–1914 (Erweiterung der Grenzen der königl. Hauptstadt Krakau in den Jahren 1909–1914). In: Rozszerzenie granic 1909–1915 (Erweiterung der Grenzen 1909–1915). Hrsg. v. K. Rolle, S. 172, Kraków 1931.

21. Verordnungsblatt für die Stadt Krakau für das Jahr 1886, S. 141–143.

22. Ibidem, S. 148.

23. Ibidem, S. 149/150.

24. Ibidem, S. 150/151; außer Stipendien für arme Schüler in Höhe von je 150 fl. bestimmte Zubowski auch 100 fl. jährlich für die Krakauer Freiwillige Feuerwehr. Vgl. J. Demel: Kasper Zubowski (1797–1873). S. 25, Kraków 1952.

25. Ibidem, für das Jahr 1897, S. 41/42.

26. Ibidem, für das Jahr 1886, S. 147 und 234–239.

27. Ibidem, S. 237.

28. Ibidem, für das Jahr 1900, S. 79–82.

29. Ibidem, s. 82–90.

30. B. Łopuszański: Moszyński Piotr. Polski Słownik Biograficzny (Polnisches Biographisches Wörterbuch). S. 129–132, Bd. 22, Wrocław-Warszawa-Kraków-Gdańsk 1977; K. Stachowska: Dzieje budowy domu Towarzystwa Naukowego Krakowskiego w latach 1857–1866. Rocznik Biblioteki Polskiej Akademii Nauk w Krakowie (Die Baugeschichte des Hauses der Krakauer Wissenschaftlichen Gesellschaft in den Jahren 1857–1866. Jahrbuch der Bibliothek der Polnischen Akademie der Wissenschaften in Krakau). S. 77, Jg. 12, 1966.

31. J. Hulewicz: Akademia Umiejętności w Krakowie 1873–1918. Zarys dziejów (Die Akademie der Wissenschaften in Krakau 1873–1918. Abriß der Geschichte). S. 46–106, Wrocław-Warszawa 1958; vgl.: J. Dybiec: Mecenat naukowy i oświatowy w Galicji 1860–1918 (Das Mäzenatentum für Wissenschaft und Bildung in Galizien 1860–1918). Wrocław-Warszawa-Kraków-Gdańsk-Łódź 1981, passim.

32. J. Hulewicz: op. cit., s. 53, 62/63, 83 und 89.

33. Ibidem, S. 91–93; ders.: Jerzmanowski Erazm. Polski Słownik Biograficzny (Polnisches Biographisches Wörterbuch). S. 178–180, Wrocław-Warszawa-Kraków 1964–1965.

34. Ibidem, S. 46–106; J. Dybiec: Finansowanie nauki i oświaty w Galicji 1860–1918 (Finanzierung von Wissenschaft und Bildung in Galizien 1860–1918). S. 51–56; ders.: Mecenat naukowy i artystyczny w Galicji 1860–1918 (Das Mäzenatentum für Wissenschaft und Kunst in Galizien 1860–1918). S. 53–58, und 99–112.

35. J. Dybiec: op. cit., S. 55/56.
36. J. Hulewicz: op. cit., S. 106.
37. U. Perkowska: Kształtowanie się zespołu naukowego w Uniwersytecie Jagellońskim 1860–1920 (Die Gestaltung einer wissenschaftlichen Gruppe an der Jagellonischen Universität 1860–1920). S. 79, Wrocław-Warszawa-Kraków-Gdańsk 1975.
38. A. Nowolecki/Z. Kolumna: Ostatnie 20 lat Krakowa i trzej jego Burmistrze (Die letzten 20 Jahre Krakaus und seine drei Bürgermeister). S. 21/22, Kraków 1882.
39. U. Perkowska: op. cit., S. 65.
40. J. Dybiec: Mecenat naukowy i oświatowy w Galicji 1860–1918 (Das Mäzenatentum für Wissenschaft und Bildung in Galizien 1860–1918). S. 62/63.
41. Zu diesem Thema, vgl. u.a. H. Barycz: Uniwersytet Jagielloński w życiu narodu polskiego (Die Jagellonische Universität im Leben der polnischen Nation). S. 99–113, Wrocław-Warszawa-Kraków 1964.
42. J. Bieniarzówna/J. M. Małecki: Kraków w latach 1796–1918. In: Dzieje Krakowa (Krakau in den Jahren 1796–1918. In: Geschichte Krakaus). S. 290 und 296, Bd. 3, Kraków 1979.
43. J. Purchla: Jak powstał nowoczesny Kraków (Wie das moderne Krakau entstanden ist). S. 96.
44. J. Dybiec: op. cit., S. 44.
45. I. Homola-Dzikowska: Mikołaj Zyblikiewicz (1823–1887). S. 160–162, Warszawa-Kraków 1964.
46. Verordnungsblatt der Stadt Krakau für das Jahr 1904, S. 54; J. Dybiec, op. cit., S. 44.
47. I. Bojarska: Baraniecki Adrian. Polski Słownik Biograficzny (Polnisches Biographisches Wörterbuch). S. 270/271, Bd. 1, Kraków 1935; S. Till: Powstanie Muzeum Techniczno-Przemysłowego (Die Entstehung des Museums für Technik und Gewerbe). Kraków 1914, passim.
48. J. Kras: Wyższe Kursy dla Kobiet im. A. Baranieckiego w Krakowie 1868–1924 (Höhere Lehrgänge für Frauen in Krakau 1868–1924). Kraków 1972, passim.
49. Ibidem, S. 35/36 und 46.
50. Vgl. W. Mossakowska: Walery Rzewuski 1837–1888. Fotograf. Studium warsztatu i twórczości (Walery Rzewuski, 1837–1888. Photograph. Studien über Werkstatt und Schöpfung). Wrocław-Warszawa-Kraków-Gdańsk-Łódź 1981, passim.
51. Über die gesellschaftliche Tätigkeit Walery Rzewuskis vgl. Walery Rzewuski: Szkic biograficzny (Walery Rzewuski. Biographische Skizze). Kraków 1893; A. Kleczkowski: Walery Rzewuski obywatel m. Krakowa, radca miejski. Rys jego życia i działalności publicznej na podstawie dokumentów i zebranych materiałów (Der Bürger und Stadtrat der Stadt Krakau Walery Rzewuski. Ein Abriß seines Lebens und seiner öffentlichen Tätigkeit auf der Grundlage von Dokumenten und gesammelten Materialien). Kraków 1895.
52. Verordnungsblatt der Stadt Krakau für das Jahr 1901, S. 82–88 (dort befindet sich ein Auszug aus dem Testament). Vgl. L. Rzewuski: Wynik legatu śp. Walerego Rzewuskiego, radcy miasta, zmarłego dn. 18.XI.1888 roku w Krakowie (Das Ergebnis des Legats von Walery Rzewuski, Stadtrat, gestorben am 18.11.1888 in Krakau). Kraków 1912, passim.
53. F. Klein: Planty krakowskie (Die Krakauer Planten). S. 44/45, Kraków 1914.
54. Der hervorragende Klavierkünstler gab für diesen Zweck 300.000 Francs. Vgl. A. Urbańczyk: Pomnik Grunwaldzki w Krakowie (Das Tannenberg-Denkmal in Krakau). S. 27, Kraków 1974.
55. T. Dobrowolski: Zarys historii Muzeum Narodowego w Krakowie. Sprawozdania i Rozprawy Muzeum Narodowego w Krakowie (Abriß der Geschichte des Nationalmuseums in Krakau. Berichterstattungen und Abhandlungen über das Nationalmuseum in Krakau). S. 13, Jg. 1, 1951.
56. Tadeusz Dobrowolski schrieb über dieses Thema: „Das Entstehen des Nationalmuseums in

Krakau ist das Ergebnis einer langwährenden gesellschaftlichen Aktion, die ihre Perioden der Steigerung und des Stillstandes hatte; es ist auch ein Ergebnis der Initiative von Individuen, die es verstanden, die Gedanken weiterer gesellschaftlicher Kreise zu bewegen und sie am Problem des Museums zu interessieren. Eine wesentliche Frage ist gleichfalls die Tatsache, daß das Museum während der politischen Unfreiheit entstand, auf der hauptsächlichen Grundlage von Spenden, denn Kredite, Subventionen und überhaupt alle für das Museum in Bewegung gesetzten Geldmittel waren immer überaus bescheiden." T. Dobrowolski, op. cit., S. 12.

57. Ibidem, S. 17 und 25/26.

58. A. Kopff: Muzeum Narodowe w Krakowie. Historia i zbiory (Das Nationalmuseum in Krakau. Geschichte und Sammlungen). S. 7–35, Kraków 1962; Verordnungsblatt der Stadt Krakau für das Jahr 1904, S. 103.

59. Z. Żygulski jun.: Zarys historii zbiorów Czartoryskich. In: Zbiory Czartoryskich (Abriß der Geschichte der Czartoryski-Sammlungen. In: Die Czartoryski-Sammlungen). S. 5–42, Warszawa 1987.

60. M. Kocójowa: Pamiątkom ojczystym ocalonym z burzy dziejowej (Den vaterländischen Andenken gewidmet, die aus dem Sturm der Geschichte erhalten blieben). Kraków 1978, passim.

61. K. Estreicher: Kraków. Przewodnik dla zwiedzających miasto i jego okolice (Krakau. Ein Führer für die Besucher der Stadt und ihrer Umgebung). S. 144, Kraków 1938.

62. A. Ryszkiewicz: Milewski (Korwin-Milewski) Ignacy Karol. Polski Słownik biograficzny (Polnisches Biographisches Wörterbuch). S. 208–210, Bd. 21, Wrocław-Warszawa-Kraków-Gdańsk 1976.

63. I. Homola: Kruzer Karol. Polski Słownik Biograficzny (Polnisches Biographisches Wörterbuch). S. 447/448, Bd. 15, Wrocław-Warszawa-Kraków 1970; K. Nowacki: Architektura krakowskich teatrów (Die Architektur der Krakauer Theater). S. 137, Kraków 1982; Dokumente der Stiftung, vgl. Staatsarchiv in Krakau, Sign. TW12, fasc. 41.

64. K. Nowacki: op. cit., S. 137 und 210.

65. R. Taborski: Lanckoroński Karol. Polski Słownik Biograficzny. S. 442/443. Bd. 16, Warszawa 1971.

66. K. Estreicher: op. cit., S. 159.

67. W. Borkowska: Drużbacki Maurycy: Polski Słownik Biograficzny (Polnisches Biographisches Wörterbuch). S. 402/403, Bd. 5, Kraków 1939–1946.

68. K. Bąkowski: Rozwój gospodarczy Krakowa w ostatnich stu latach. In: Kraków w XIX. wieku (Die wirtschaftliche Entwicklung Krakaus in den letzten hundert Jahren. In: Krakau im 19. Jahrhundert). S. 173, Bd. 1, Kraków 1932.

69. W. M. Bartel: Czy Kraków na przełomie XIX. i XX. wieku był „polskim Rzymem"? In: Kraków na przełomie XIX. i XX. wieku (War Krakau an der Jahrhundertwende das „polnische Rom"? In: Krakau an der Jahrhundertwende). Hrsg. v. J. M. Małecki, S. 78, Kraków 1983.

70. S. Dobrzanowski: Restauracja diecezji krakowskiej w latach osiemdziesiątych XIX wieku (Die Restauration der Krakauer Diözese in den achtziger Jahren des 19. Jahrhunderts). S. 23–53, Warszawa 1977.

71. Ibidem, S. 85–155; vgl. W. M. Bartel: op. cit., S. 80–83.

72. W. Rapacki: Ludność Galicji (Die Bevölkerung Galiziens). S. 12, Lwów 1874.

73. J. Bieniarzówna/J. M. Małecki: op. cit., s. 251.

74. An der Jahrhundertwende entstanden in Krakau weit über zehn große Klöster, neue Kirchen und andere Bauten wie das Gebäude des Krakauer geistlichen Seminars. S. Estreicher: Znaczenie Krakowa dla życia narodu polskiego w ciągu w. XIX. In: Kraków w XIX w. (Die

Bedeutung Krakaus für das nationale Leben des polnischen Volkes im Laufe des 19. Jahrhunderts. In: Krakau im 19. Jahrhundert). S. 25–29, Bd. 1, Kraków 1932; J. Purchla: Jak powstał nowoczesny Kraków (Wie das moderne Krakau entstanden ist). S. 78–83.

75. J. M. Małecki: Lemberg und Krakau zwei Hauptstädte Galiziens. In: Festschrift Othmar Pickl zum 60. Geburtstag). Hrsg. v. H. Ebner u.a., S. 411, Graz-Wien 1987.

76. W. M. Bartel: op. cit., S. 79/80; W. Eljasz-Radzikowski: Kraków. S. 298, Warszawa-Kraków-Lublin-Łódź-Poznań-Wilno-Zakopane.

77. Z. J. Białkiewicz: Architektura wczesnego historyzmu w twórczości sakralnej Filipa Pokutyńskiego 1869–1877. Teka Komisji Urbanistyki i Architektury (Die Architektur des frühen Historismus in den sakralen Schöpfungen Filip Pokutyńskis 1869–1877. Mappe der Kommission für Urbanistik und Architektur). S. 37/38, Bd. 16, 1982.

78. J. Staszel: Kraków przed stu laty w „Dzienniku" Kazimierza Girtlera (Krakau vor hundert Jahren im „Tagebuch" von Kazimierz Girtler. Jahrbuch der Bibliothek der Polnischen Akademie der Wissenschaften in Krakau). S. 151, Jg. 17, 1971.

79. D. Dobrzanowski: op. cit., S. 214/215.

80. J. Purchla: op. cit., S. 80–82.

81. Ibidem; J. R. Bar: Autobiografia Józefa Sebastiana Pelczara. Prawo Kanoniczne (Autobiographie des Józef Sebastian Pelczar. Kanonisches Recht). S. 309, Jg. 9, 1966.

82. S. Dobrzanowski. op.cit., S. 216.

83. Wspomnienie 8 maja 1909 r z klasztoru PP. Urszulanek w Krakowie (Erinnerungen vom 8. Mai 1909 aus dem Kloster der Ursulinerinnen in Krakau). S. 22–26, Kraków 1910.

84. W. Eljasz-Radzikowski: op.cit., S.298; Kalendarz Krakowski Józefa na rok 1900 (Krakauer Kalender des Józef Czech für das Jahr 1900). S. 234; Das Kloster der unbeschuhten Karmeliterinnen in Łobzów in Krakau. Erbaut in den Jahren 1903–1905 von den Architekten Tadeusz Stryjeński und Franciszek Mączyński. Der Bau des Klosters brachte dem die architektonischen Arbeiten leitenden Stryjeński beträchtliche Einnahmen. Vgl. K. Estreicher: Wspomnienia dwóch Krakowian (Erinnerungen zweier Krakauer). Krakauer Jahrbuch, Bd. 46, 1975. S. 141.

85. K. Górski: Architektura XIX. w. Rocznik Krakowski. S. 145–156, Bd. 6; P. Krakowski: Styl arkadowy w architekturze dziewiętnastowiecznego Krakowa (Der Arkadenstil in der Architektur Krakaus im 19. Jahrhundert. In: Symbolae historiąe artium). S. 464, Warszawa 1986.

86. W. Eljasz-Radzikowski: op. cit., S. 293/294; L. Kontkowski: Jezuicki kościół Serca Jezusa w Krakowie. Nasza Przeszłość (Die Herz-Jesu-Kirche der Jesuiten in Krakau. Unsere Vergangenheit). S. 113–165, Bd. 64, 195; S. Dobrzanowski: op. cit., S. 201–207.

87. T. Z. Bednarski: Mączyński Franciszek (1874–1947). Polski Słownik Biograficzny (Polnisches Biographisches Wörterbuch). S. 335, Bd. 20, 1975.

88. J. Purchla: op. cit., S. 82.

89. Vgl. 3. Kapitel, S. 85.

90. S. Ciechanowski: Jordan Henryk. Polski Słownik Biograficzny (Polnisches Biographisches Wörterbuch). S. 273–276, Bd. 11, Wrocław-Warszawa-Kraków 1964–1965; vgl. H. Smarzyński: Dr. Henryk Jordan, ein Bahnbrecher der modernen körperlichen Erziehung in Polen. Kraków 1958.

91. Ibidem, S. 274–275; E. Duda: Dr. Henryk Jordan (1842–1907) W 150-lecie Zieleni Miejskiej w Krakowie (Dr. Henryk Jordan 1847–1907. 150 Jahre der Grünanlagen in Krakau). Kraków.

92. Z. A. Krzyżanowska: op. cit, S. 220/221.

93. W. Eljasz-Radzikowski: op.cit., S.536.

4. Die Festung Krakau

Der militärische Faktor in der Entwicklung Krakaus während der Autonomie

Für die Entwicklung der Stadt während der Autonomie war die an sie herangetragene Funktion als österreichische Grenzfestung und Armeelager weithin bestimmend. Die Liquidierung der Freien Stadt und die Annexion Krakaus durch Österreich brachten 1846 eine Verletzung der Neutralität dieses Gebietes und den Beginn der Errichtung der sogenannten „Festung Krakau“ mit sich.[1] Die Wiener Strategen sahen in Krakau die Basis für Operationslinien einer österreichischen Offensive in Kongreßpolen sowie das erste Ziel eines möglichen Angriffs seitens Rußlands.[2] Die seit dem Ende der vierziger Jahre von der Wiener Regierung in Krakau durchgeführten Befestigungsarbeiten sollten – im ersten Zeitabschnitt – nicht nur die Befestigung des neu eingenommenen Brückenkopfes nach außen hin erreichen, sondern hatten auch die Absicht, die Kontrolle über die Stadt zu sichern. Der repressive Charakter der militärischen Investitionen war im Krakau dieser Zeit besonders sichtbar.[3]

Der Krimkrieg entschied über die weiteren Befestigungen der Stadt. Als Ergebnis der in den Jahren 1856–1866 intensiv geführten Arbeiten war Krakau zu Beginn der Autonomie schon gänzlich in eine österreichische Festung und ein Armeelager umgestaltet.[4]

4.1. Debatten über den Nutzen einer Befestigung Krakaus

Schon 1868 wurde die Befestigung Krakaus zweimal zum Anlaß stürmischer Debatten während der 1. Sitzung beider Delegationen im österreichisch-ungarischen Reichsrat. Anlaß war die Forderung des Kriegsministeriums, eine Summe von 400.000 fl. für eine weitere Befestigung Krakaus bereitzustellen.[5] Diese Summe sollte eine nächste Phase des Ausbaus einleiten, auch zur Verstärkung der Linie des Außenforts. Eine besondere Kommission, die 1867 Krakau besuchte, schätzte die Gesamtkosten einer Modernisierung der Krakauer Festung auf 10 bis 15 Mio. fl.[6]

Ein weiterer Ausbau der Befestigungen rund um Krakau traf jedoch auf entschiedenen Widerstand der polnischen Abgeordneten. Einer von ihnen, Leon Chrzanowski, verfaßte sogar eine besondere Denkschrift, die allen Mitgliedern der österreichischen und der ungarischen Delegation im Parlament ausgehändigt wurde.[7] Der Autor bemühte sich zu beweisen, daß eine Umgestaltung Krakaus in eine Festung nicht nur für die Stadt und ihre Entwicklung schädlich sei, sondern – abgesehen von den hohen Kosten – auch nutzlos für den österreichischen Staat.[8] Chrzanowski war davon überzeugt, daß weder in einem Krieg mit Preußen, noch in einem Krieg mit Rußland die Festung Krakau eine größere operative Bedeutung sowohl in offensiven als auch in defensiven Handlungen besitzen würde.[9]

Noch vor der entscheidenden parlamentarischen Debatte wurde die Frage der Befestigung Krakaus zu einem Gegenstand öffentlicher Diskussion in der Presse. Die Lemberger „Gazeta Naródowa" (National-Zeitung" schrieb dazu: „. . . die aufgeworfene Frage berührt uns natürlich sehr lebhaft, da es uns darum geht, daß das Heiligtum nationaler Denkmäler nicht ruiniert wird und einer der wackersten Herde des nationalen Lebens in der gegenwärtigen Zeit nicht unterdrückt wird. Ein solches Opfer zu bringen, wären wir nur in dem Falle gezwungen, falls es wirkungsvoll unsere nationale Entwicklung in Österreich sichern würde oder falls es zur Schaffung einer neuen Zukunft für sie dienen würde."[10] Und obwohl in den Spalten dieser Zeitung einige Tage später ein anonymer Artikel erschien, der die österreichische Regierung zur Befestigung Krakaus in Galizien aufrief,[11] so war doch die polnische öffentliche Meinung einer Umwandlung der „geistigen Hauptstadt der Nation" in eine österreichische Festung abgeneigt. Wiederholt schilderte Chrzanowski nicht nur die negativen Folgen für die Entwicklung der Stadt selbst, er rückte gleichzeitig die Grundlosigkeit der Errichtung einer Festung in diesem Teil Galiziens ins Licht.[12] Er betonte dabei die prinzipielle strategische Bedeutung der zwischen dem oberen Lauf des Bug und dem San gelegenen Gebiete für einen künftigen Krieg mit Rußland und die daraus hervorgehende Notwendigkeit einer Befestigung von Przemyśl.[13] Nach einem halben Jahrhundert zeigte der Verlauf der Kriegshandlungen in den Jahren 1914–1915 in Galizien die Richtigkeit der Bemerkungen des polnischen Politikers.[14]

Im Verlauf der Parlamentsdebatte war die Mehrheit der Delegierten Zisleithaniens gegen die Bestrebungen Österreichs. Sogar die österreichischen Abgeordneten beanstandeten den strategischen Nutzen, der aus der Befestigung des Krakauer Brückenkopfes hervorgehen sollte.[15] Zu einer entscheidenden Diskussion kam es während der Sitzung der Delegation am 7. März 1868. Der überzeugteste Befürworter einer weiteren Befestigung Krakaus war der Kriegsminister Baron von Kuhn.[16] Seine Argumente gewannen jedoch die Delegation nicht. Einen der grundsätzlichsten Zweifel brachte der Führer der Partei der Autonomisten, Karl Rechbauer, zum Ausdruck: „Man hat Krakau zu befestigen begonnen und 8,8 Mio. fl. dafür ausgegeben. Um diese Befestigung nach der Anschauung der Kriegsverwaltung zu vollenden, braucht man noch 10 bis 15 Millionen, im Ganzen daher 23 Millionen; ich will nicht von der Höhe dieses außerordentlichen Erfordernisses sprechen, aber der letzte Krieg hat den Beweis geliefert, daß Krakau als Festung bis jetzt durchaus nicht geeignet war, den Feind aufzuhalten. Wie ich vernommen, ist Krakau auch derart von Bergen umgeben, daß, wie von fachkundigen Männern hervorgehoben wurde, wenn Krakau eine bedeutende Festung werden sollte, auch alle Berge der Umgebung befestigt werden müßten; nun ist aber gerade die Hügelreihe, welche die ganze Umgebung beherrscht, nicht auf österreichischem, sondern auf russischem Boden, und würde daher nicht befestigt werden können, wie es nach den Aussagen der Sachverständigen notwendig wäre."[17]

Nach einer langen Diskussion einigte man sich auf den Kompromißvorschlag des Freiherr Pratobevera, der von der geforderten Summe von 400.000 fl. nur 50.000 fl. (hauptsächlich zur Abzahlung der den Einwohnern zustehenden Summen aus früheren Enteignungen) veranschlagte. Gleichzeitig wurden die vom Kriegsministerium aufgestellten Summen für die Befestigungen der Städte Komarn, Olmütz und Pola in voller Höhe bestätigt.[18]

Das Problem der Befestigung Krakaus kehrte erneut vor dem Forum der Parlamentsberatungen im Laufe der Herbstsitzung des Jahres 1868 wieder, als die Regierung unter außerordentlichen Ausgaben für die Streitkräfte 200.000 fl. unterbrachte, die „für den weiteren Ausbau des Hauptwalles sowie für Enteignungen in Krakau" bestimmt waren.[19] Im Verlaufe einer in Pest stattfindenden Debatte wiesen die polnischen Abgeordneten Kazimierz Grocholski und Leon Chrzanowski auf die Nutzlosigkeit einer Befestigung Krakaus im Falle eines Krieges mit Rußland hin, wobei Chrzanowski, unterstützt von den ungarischen Abgeordneten, für Befestigungsarbeiten in Przemyśl plädierte. Trotz des Druckes des Kriegsministers Kuhn wurden die von der Regierung vorgeschlagenen Ausgaben für eine Befestigung Krakaus weder von der österreichischen noch von der ungarischen Delegation akzeptiert.[20] Während der entscheidenden Debatte in der 18. Sitzung der Delegation Zisleithaniens am 3. Dezember 1868 wies Mikołaj Zyblikiewicz im Namen der polnischen Abgeordneten die Argumente des Ministers Kuhn zurück: „Ich will mit dem Herrn Kriegsminister nicht streiten, ob der Punkt strategisch und für militärische Operationen wichtig ist oder nicht, aber das steht fest – und Seine Excellenz, der Herr Kriegsminister wird mir dieses zugestehen müssen – soll Krakau als Festung bei den künftigen Operationen diesen Dienst erweisen, welchen Seine Excellenz davon erwartet, so müssen jene Anhöhen, von denen er gesprochen hat, befestigt werden. Würde der Herr Kriegsminister Geld für die Befestigung derselben verlangen, dann entstünde die Frage, ob dieses Geld zu bewilligen sei oder nicht. In diesem Fall würde allerdings eine Enquete oder eine Kommission zusammentreten, welche ihr Gutachten darüber abgeben würde, ob jene Anhöhen befestigt werden können. Meiner Ansicht nach dürfen sie nicht befestigt werden, und alles Geld, welches dafür ausgegeben würde, wäre hinausgeworfen, weil – wie schon der Herr Delegierte Dr. Demel angeführt hat – das zweite Stockwerk auf neutralem Gebiet liegt und nicht befestigt werden darf, und selbst wenn dieses der Fall wäre, keinen Nutzen hat, weil das dominierende dritte Stockwerk in der Hand Rußlands ist, von welchem aus Krakau in einen Schutthaufen verwandelt werden kann, denn Krakau ist nicht zwei Stunden, sondern eine Stunde von der russischen Grenze entfernt, und diese Festung wurde zu einer Zeit begonnen, wo man von weittragenden Geschützen keine Ahnung hatte. Die gezogenen Geschütze haben die Verhältnisse wesentlich geändert, und es steht daher in Frage, ob noch aus Krakau etwas werden kann. Handelt es sich also um die Befestigung von Krakau, so werde ich gegen jeden Kreuzer stimmen, weil ich der festen Überzeugung bin, daß jeder dazu bewilligte Betrag nur ein hinausgeworfenes Geld wäre. Dies ist denn auch das Motiv, warum die polnischen Abgeordneten sich so sehr gegen die Befestigung von Krakau sträuben."[21]

Trotz der auseinandergehenden Beschlüsse, die von den österreichischen und den ungarischen Abgeordneten gefaßt wurden, entschlossen sich beide Delegationen gemeinsam, die Befestigung von Krakau als „nutzlos" zu betrachten. Der Ausbau der Krakauer Festung wurde 1869 abgelehnt.[22]

Nach dieser symptomatischen Niederlage gab sich die österreichische Regierung jedoch nicht geschlagen. In den Haushaltsentwürfen des Kriegsministeriums für die Jahre 1870 und 1871 taucht wieder die Summe von 100.000 fl. auf, „für den Beginn des Baues eines detachierten Werkes am Łysa-Berge bei Krakau im provisorischen Stile".[23] Die Gesamtkosten hierfür wurden auf 500.000 fl. geschätzt. Die Notwendigkeit einer raschen Aufnahme der Arbeiten wurde mit der strategischen Lage des die Stadt von Norden dominierenden Berges begründet, was dem Gegner von diesem Ort aus den Beschuß von Krakau ermöglichen könnte.[24] Trotz dieser wichtigen Argumente fand sich das geplante Unternehmen nicht in der endgültigen Fassung des Haushalts des Kriegsministeriums für die Jahre 1870 und 1871, der vom Reichsrat bestätigt wurde.[25]

4.2. Der Bau der Befestigungen

Der Widerstand der polnischen Abgeordneten wurde erst im Sommer des Jahres 1871 gebrochen, als der Kriegshaushalt für das Jahr 1872 400.000 fl. für weitere Befestigungsarbeiten in Krakau aufwies.[26] Diese grundsätzliche Änderung des Standpunktes der polnischen Abgeordneten erklärte Julian Klaczko während einer Debatte auf der Sitzung der Delegation Zisleithaniens.[27] Auf diese Entscheidung hatten ohne Zweifel Erfahrungen aus dem preußisch-französischen Krieg Einfluß, der die schnelle Entwicklung der Kriegstechnik sichtbar machte.[28]

Die in Wien vorbereiteten neuen Fortifikationspläne beruhten auf einer Verlegung der Hauptverteidigungslinie von Krakau auf die Anhöhen. Das sollte im Falle eines Krieges die Gefahr, die Krakau drohte, verringern.[29]

In seinen 1871 gefaßten Beschlüssen sah der Reichsrat für das Jahr 1871 einen zusätzlichen Kredit in der Höhe von über 16 Mio fl. für die Bedürfnisse der Armee vor.[30] Im Rahmen dieses Kredits wurden zum ersten Mal beträchtliche Mittel (1 Mio. fl.) für den Bau einer neuen Festung in Galizien vorgesehen.[31] In einer Debatte am 14. Juli 1871, während der der Reichsrat über eine weitere Befestigung Krakaus entschied, wurde gleichfalls die Angelegenheit einer zweiten galizischen Festung endgültig beschlossen. Aufgrund des Gutachtens einer besonderen Kommission, die das Problem der Befestigung der San-Linie untersuchte, änderte der Reichsrat seine bisherige Entscheidung und verzichtete auf die schon bestätigten Fortifikationspläne von Jaroslau zugunsten einer Fortifikation von Przemyśl.[32] Dabei unterstrich der Kriegsminister Kuhn die Wechselbeziehung zwischen dem Bau der Festung Przemyśl und einer weiteren Befestigung von Krakau. Er erklärte, daß „ohne eine Befestigung von Krakau die San-Linie keine strategische Bedeutung haben würde".[33]

Die im Haushalt des Kriegsministeriums für das Jahr 1872 vorgesehene Summe von 400.000 fl. wurde für den Bau zweier großer Werke für die Artillerie an den nördlichen Linien der Festung Krakau bestimmt: das schon früher geplante Werk Nr. 47 auf dem Berge Łysa Góra an der Warschauer Chaussee und das Werk Nr. 43 in Pasternik.[34] Die Bauarbeiten gingen jedoch sehr langsam voran. Im Haushaltsjahr 1872 wurden nur 16.611 fl. verbraucht, also weniger als fünf Prozent der für diesen Zeitabschnitt vorgesehenen Finanzmittel.[35] 1873 wurden die dafür bereitgestellten Kredite überhaupt nicht ausgenutzt. Die Verzögerung wurde mit einer vielfachen Änderung der Baupläne folgendermaßen erklärt: Anpassung der projektierten Bauten an die neuesten Anforderungen der Kriegsführung sowie die Einführung des metrischen Dezimalsystems, was in Österreich erst 1876 erfolgen sollte![36] Die Arbeiten kamen erst 1874 in Gang und dauerten bis 1878, als der Bau des größeren, sechs Batterien zählenden Werks auf der Łysa Góra beendet wurde. Die Realisierung beider Werke verschlang 900.000 fl.[37]

Mit den Bauten in Pasternik und dem Łysa Góra endete der Ausbau der Krakauer Festung in den siebziger Jahren.[38] Denn mittlerweile war Przemyśl das hauptsächlichste Tätigkeitsfeld der österreichischen Fortifikateure in Galizien. Ab 1873 verschlangen weitere Arbeiten am Bau über 1,5 Mio fl.[39] Bereits 1881 wurden die Befestigungsarbeiten rund um Przemyśl erneut aufgenommen und in den achtziger Jahren fortgesetzt. Diese Arbeiten wurden von einem besonders zu diesem Zweck zuerkannten Kredit des Staates in der Höhe von 5,5 Mio. fl. finanziert.[40] Durch diese beträchtlichen Finanzmittel konnte Przemyśl bis 1890 in eine moderne Gürtelfestung umgestaltet werden.[41]

Die achtziger Jahre sollten auch die Verwirklichung des in Pasternik und dem Łysa Góra begonnenen dritten Gürtels der Krakauer Festung mit sich bringen. Mit intensiven Arbeiten wurde schon 1881 begonnen. Ähnlich wie im Falle von Przemyśl war die Zuerkennung besonderer Kredite zu diesem Zweck die Folge wachsender Spannungen der internationalen Lage nach dem Berliner Kongreß und des Abschlusses eines Schutzbündnisses Österreich-Ungarns mit Deutschland gegen Rußland im Oktober 1879.[42] Bis Ende 1884 wurden aus dem Haushalt des Kriegsministeriums 3 Mio. fl. für den Bau neuer Befestigungen rund um Krakau ausgegeben.[43] Der beträchtliche Kredit hierfür wurde im November 1884 vom Reichsrat zusätzlich um 1 Mio. fl. erhöht.[44] Diese Summe war 1885 fast völlig verbraucht, was für die rasche Geschwindigkeit der Arbeiten spricht.[45] Das Ergebnis war ein neuer Befestigungsgürtel rund um die Stadt, der sich auf eine Gruppe von befestigten Artilleriewerken stützte, die in der Entfernung von einigen Kilometern auf den in der Umgebung dominierenden Anhöhen aufgebaut waren.[46] Auf diese Art wurde Krakau in den Jahren 1881–1886 für 4 Mio. fl. in eine moderne Gürtelfestung umgestaltet.

Die Verschärfung der österreichisch-russischen Beziehungen Ende der achtziger Jahre beeinflußte das Fortschreiten der Arbeiten an der Befestigung von Krakau und Przemyśl erneut.[47] Die vom Kriegsministerium für die Jahre 1892 und 1893 bereitgestellten Millionenkredite unter der Bezeichnung „Maßnahmen zur Hebung der Widerstandsfähigkeit der beiden galizischen Festungen" waren bis Ende 1893 völlig ausgeschöpft.[48] In Krakau entstanden die Befestigung des Festungskerns und weitere Werke des Außengürtels.[49] Die Artilleriewerke Nr. 52 1/2 N und 52 1/2 S waren in Skotniki mit sehr modernen Panzertürmen aus den Škoda-Werken in Pilsen ausgerüstet.[50] Dies zeigt die raschen Änderungen in diesem Bereich, vor allem in der Anwendung von neuen, widerstandsfähigeren Materialien wie Stahlbeton und Stahlpanzern. Weitere Arbeiten in den Jahren 1896–1899 und 1902–1903 zielten auf eine Befestigung des schon früher gestalteten Außengürtels mit weiteren, modernen Werken. Auf diese Weise entstanden auf den die Stadt umgebenden Anhöhen acht stark befestigte Gruppen.[51]

Nach einer kurzen Entspannung der österreichisch-russischen Beziehungen durch den Besuch des Zaren in Wien begann die letzte Bauphase der Festung Krakau, bis in die letzten Jahre unmittelbar vor dem Ausbruch des 1. Weltkriegs. Sie traf zeitlich mit energischen Bemühungen der städtischen Behörden um eine bedeutende Erweiterung der administrativen Grenzen von Krakau zusammen. Denn der Festungskern hemmte die wirtschaftliche und räumliche Entwicklung der Stadt. Aufgrund der Forderungen der Stadt entschlossen sich 1906 die militärischen Behörden zu einer Verlegung des westlichen Noyau (zwischen der Weichsel und der oberschlesischen Eisenbahn) auf die Linie Kościuszko-Hügel und Zwierzyniec-Łobzów (heute Piastowskastraße) und zum Verkauf des nach den Befestigungen verbliebenen Geländes.[52] Im Juni 1907 kaufte Krakau von den Militärbehörden für 1 Mio. Kronen 100 Morgen Grund, der sich längs der westlichen Stadtgrenze von der Dębnicki-Brücke bis zur Straße des 29. Novembers zog.[53] Im Zuge dieser Transaktion trat man an die Schaffung einer neuen Westlinie des Festungskerns heran, wofür man die dort schon seit einem halben Jahrhundert bestehenden Fortifikationen adaptierte. Die Modernisierung dieses Befestigungsstreifens wurde 1910 beendet.[54] Unmittelbar vor dem Kriegsausbruch wurden einige Werke des Außengürtels verstärkt. Es entstand auch ein neues Fort in Bielany.[55] Der Bereich der zu jener Zeit rund um die Festung Krakau geführten Befestigungsarbeiten war jedoch relativ klein.

Die Zugeständnisse der Wiener Militärbehörden gegenüber Krakau und ihr Verzicht auf wichtige Befestigungsarbeiten waren mit einer prinzipiellen Änderung des Konzeptes der Kriegsführung in Galizien verknüpft. Auf dem Posten des österreichischen Generalstabchefs saß seit 1906 Feldmarschalleutnant Conrad, der, anders als sein Vorgänger, gegen ein offensives Auftreten gegen Rußland war. Daher verwarf Conrad die schon vorbereiteten Pläne einer gründlichen Modernisierung der Gürtelfestungen rund um Krakau und Przemyśl.[56] Über den geringen Wert beider galizischen Festungen sprach sich auch der Generalgenieinspekteur der Armee, Feldmarschalleutnant Leithner, aus. Im Verlauf einer lebhaften Diskussion über die strategische Rolle Galiziens, die 1908 nach der Annexion Bosniens und Herzegowinas geführt wurde, brachte Leithner deutlich zum Ausdruck, daß weitere Befestigungsanlagen für Krakau und Przemyśl keinen Zweck hätten: „Galizien ist jedoch im Laufe der letzten Dezennien, infolge der bedeutenden Entwicklung seines Kommunikationsnetzes, ein Manövrierland geworden, in welchem Festungen, wenn sie nicht an gewaltigen Strombarrieren liegen, relativ wenig Wert haben (. . .) weder Weichsel, San noch Dniestr bilden solche (. . .) Darum ist Galizien nicht der richtige Boden für große Gürtelfestungen (. . .)“[57]

4.3. Die Errichtung von Etappen der Festung

Die ständige Entwicklung und Modernisierung der rund um Krakau errichteten Festungsanlagen wurde von der Errichtung von Etappen begleitet und bestand im Bau von Kommunikations- und Verbindungssystemen – darunter ein Netz von strategisch wichtigen Straßen – Kasernen, Lazaretten, Reitschulen, Werkstätten, Lagern etc. Diese Werke entstanden sowohl im Verwaltungsgebiet der Stadt als auch außerhalb in den umliegenden Dorfgemeinden und in dem am anderen Weichselufer gelegenen Podgórze.

Während der Autonomie waren auf dem Gebiet von Krakau ständig ungefähr 6.000 Soldaten stationiert.[58] Die aus den fünfziger und sechziger Jahren stammenden Kasernen auf dem Wawel und die Kaiser-Franz-Josef I.-Kaserne in der Rajskastraße konnten also den Bedürfnissen nicht gerecht werden.[59] Im Zusammenhang damit begann man 1871 mit dem Bau einer großen Infanteriekaserne in der Warszawskastraße.[60] Diese Arbeiten, die von dem Krakauer Architekten Antoni Łuszczkiewicz geleitet wurden, zogen sich bis in das Jahr 1877. Diese neue Kaserne – sie erhielt den Namen Erzherzog Rudolf-Kaserne – kostete fast 823.000 fl. und wurde zum größten Komplex dieser Art in der Stadt.[61] Finanziert wurde diese Investition ausschließlich vom Kriegsministerium, das in den Jahren 1871–1876 jährlich 100–200.000 fl. hierfür bestimmte.[62]

Von 1892 bis 1893 errichtete der Stadtbaumeister Janusz Niedziałkowski die Landwehr-Kaserne in der Siemiradzkistraße. Ihr Bau wurde von der Stadt finanziert, die 1890 dafür vom Landesausschuß eine Anleihe in der Höhe von 60.000 fl. aufnahm.[63] In der Zwierzynieckastraße befand sich auch eine kleinere Kaserne der Eisenbahn-Division sowie die Militärschule für den Hufbeschlag von Pferden, die mit dem Gebäude der Reitschule verbunden war. Eine zweite, große Militärreitschule befand sich in der Lubiczstraße.[64]

Zu einem deutlichen Zeichen der Garnisonsstadt wurde das Offizierskasino in der Zyblikiewiczstraße, das 1889/1890 vom Architekten Tomasz Pryliński im Stil der Neorenaissance auf einem von der Stadt geschenkten Terrain errichtet wurde.[65]

Ein bedeutender Teil der Besatzung bezog sein Quartier auf dem Gebiet der umliegenden Vorstadtgemeinden. In den Jahren 1887/1888, während der erneuten Spannung der Beziehungen zu Rußland, entstanden dort einige provisorische Kasernenbaracken. Bis 1914 bekam Galizien für diese Zwecke insgesamt über 7 Mio. fl.[66] Solche Kasernen befanden sich auch in Podgórze, in Zakrzówek, in Zwierzyniec, in Półwsie Zwierzynieckie, in Łobzów, in Prądnik Czerwony, in Rakowice, in Dąbie[67] und in Kobierzyn.[68] Auch die Kaserne der Pioniere, die noch im Stadtbereich lag, war anfangs eine Baracke. Sie wurde später ausgebaut.[69]

Erst 1903 beendete der Landesausschuß in Galizien die über zwanzig Jahre lang dauernden Verhandlungen mit den Wiener Behörden über den Rückzug der österreichischen Truppen vom Wawel. Der allmähliche Abzug des Militärs begann 1905 und dauerte bis 1911.[70] Die sogenannte „Evakuierung des Wawel" und die Übernahme der sich auf diesem Hügel befindlichen Objekte durch die galizischen Landesbehörden verschlangen über 3,5 Mio. Kronen. Der galizische Landesausschuß war nämlich gezwungen, die Kosten für die Errichtung weiterer Kasernen, eines neuen Militärspitals und anderer militärischer Einrichtungen zu tragen.[71] Das Ergebnis dieser Transaktion waren Artilleriekasernen, die in der Rakowickastraße zwischen 1903 und 1905 errichtet wurden. Dagegen zogen sich die 1907 begonnenen Arbeiten für ein großes, neues Garnisonsspital in der Wrocławskastraße bis 1914 hin.[72] Diese Investition wurde sowohl aus den von den Landesbehörden überwiesenen Mitteln als auch von einem 1906 vom Reichsrat zur Verfügung gestellten Kredit in Höhe von 860.000 Kronen finanziert.[73] Der Bau des Garnisonsspitals verschlang bis zum Kriegsausbruch insgesamt fast 3,5 Mio. Kronen, deutlich mehr als die ursprünglich veranschlagten Kosten.[74]

Gleichzeitig wurde in der Wrocławskastraße ein großer Komplex neuer Landwehrkasernen gebaut. Auf diese Weise entstand an den nördlichen Stadtgrenzen ein weitläufiges Areal militärischer Objekte, das sich von Łobzów und Krowodrza (Kadettenschule, Artilleriekaserne, neue Landwehrkaserne, neues Garnisonsspital) bis zur Rakowickastraße zog (neue Artilleriekaserne). Der Festungsbau an den nördlichen Stadtgrenzen begann noch in den siebziger Jahren mit dem Bau der Erzherzog-Rudolf-Kaserne in der Warszawskastraße. Die Wahl des Standpunktes war durch die strategische Lage in Richtung russischer Grenze sowie durch die Nähe des Bahnhofes bedingt. Daher entstanden dort außer den Kasernen und dem Garnisonsspital auch andere militärische Bauten der Etappe.

Auf einem weitläufigen Terrain nördlich des Hauptbahnhofs, zwischen der Bahnlinie und der Rakowickastraße, wurde ein großer Komplex von Militärmagazinen gebaut. Dafür hatte das Kriegsministerium Mittel bereitgestellt, die für den Bau eines sogenannten „Verpflegs-Etablissements" in Krakau bestimmt waren.[75] Dieses wurde 1884–1887 errichtet und in der Folge allmählich ausgebaut.[76] Zwischen 1903 und 1905 kam ein sogenanntes „Fruchtdepot" samt Zufahrtsstraße dazu[77], 1912 entstand dort eine moderne Mühle, die mit einer Dampfmaschine beziehungsweise einem elektrischen Motor betrieben wurde.[78] Die Magazine in der Rakowickastraße speicherten hauptsächlich Getreide, Mehl, Grütze, Reis, Gemüse, Futter, Kartoffeln, Konserven, Zucker, Wein und Rum, Gewürze und Treibstoffe. Der Komplex besaß eine Militärbäckerei, eine Fleischkonservenfabrik mit Kühl- und Gefrieranlagen sowie eine Marmeladefabrik. Außer den Lebensmitteln wurde hier auch die militärische Ausrüstung für einige tausend Soldaten aufbewahrt.[79]

Zu Beginn des Krieges zählte das Krakauer „Verpflegungs-Etablissement" zu den größten Einrichtungen dieser Art in der Monarchie. Seine Rolle wuchs noch beträchtlich angesichts der Ereignisse in den Jahren 1914–1915, als es sich im unmittelbaren Hinterland befand. Damals wurde es bedeutend ausgebaut. Die zu Kriegsbeginn modernisierte Bäckerei produzierte 1915 täglich 80.000 Rationen Brot, und die benachbarte Konservenfabrik beschäftigte einige hundert Arbeiter.[80] Auch in Plaszów wurden zusätzlich Gebäude dieser Art errichtet, in Dąbie gab es eine Geflügelzuchtanlage, eine Seifenfabrik und eine Kartoffelflockenfabrik sowie eine Flockenmühle.[81] Der Militärversorgungskomplex in Płaszów und Zabłocie hatte eine wesentliche Bedeutung für die sich dort in der Zwischenkriegszeit entwickelnde Industrie.

Zusätzlich entstanden in der Rakowickastraße Artilleriewerkstätten – das sogenannte Arsenal. Sein Bau, der 1889–1892 durchgeführt wurde, verschlang 400.000 fl.[82] Diese Investitionen hatten großen Einfluß auf den lokalen Arbeitsmarkt. In der neueröffneten Fabrik sollten 1.500 Arbeiter eine Beschäftigung finden.[83] Später wurde das Arsenal um eine neue, große Fabrikhalle erweitert.[84] Bedeutend früher, weil schon in den sechziger Jahren, entstand in Podgórze ein sogenanntes Artillerie-Laboratorium.[85] Die Festung Krakau besaß auch einige Büchsenmacherwerkstätten.[86] Eine andere Einrichtung war die Fabrik für Schießpulver. Die Fabrik ist schon auf dem von Konarzewski 1878 verfertigten Plan zu sehen[87] und wurde 1894 ausgebaut.[88] In der Nachbarschaft befanden sich auch große Pulverlager, vor allem am rechten Weichselufer in Krzemionki, wegen der günstigen Beschaffenheit des Terrains.[89] Die ersten Lager entstanden dort schon Ende der sechziger Jahre.[90] Allmählich breiteten sie sich auf der ganzen Anhöhe über der Wola Duchacka aus. Kleinere Pulverlager waren über die ganze Festung verstreut.[91] Während der Autonomie wurden aus dem Haushalt des Kriegsministeriums für den Bau von verschiedenen Munitions- und Pulverlagern, die auf dem Gebiet der Festung gelegen waren, ca. 350.000 fl. augegeben.[92]

Die großen Sprengstofflager in der unmittelbaren Nähe von Krakau (Grzegórzki und Podgórze/Wola Duchacka) bildeten eine sehr große Gefahr für beide Städte, jedoch ignorierten die Militärbehörden die zahlreichen Proteste.[93] Überdeutlich wurde die bestehende Gefahr bei der Explosion des Munitionslagers Nr. 5 in Wola Duchacka am 5. Juni 1909. Die Katastrophe wurde von einem Blitzschlag verursacht. Die starke Explosion von 12 Tonnen Schießpulver rief einen Brand hervor, der sich auf die unteren Teile des Lagers erstreckte, in dem Artilleriegeschosse gelagert waren.[94] Diese explodierten reihenweise während einiger Stunden und setzten ein Gebiet von einigen Kilometern unter Beschuß.[95] Zum Glück kam es zu keiner Explosion in den benachbarten Lagern.[96] Dort befand sich, in höchstens 1,5 km vom Marktplatz in Podgórze entfernt, eine bedeutende Menge der damals stärksten Sprengstoffe wie Dynamit, Ekrasit und Melinit.[97]

Trotzdem waren die Folgen der Explosion sehr ernst. Verletzt wurden ungefähr 300 Personen, darunter 114 schwer. Die Explosion vernichtete oder beschädigte 77 Wohnhäuser, hauptsächlich in Wola Duchacka, aber auch in Prokocim und Podgórze. Die entstandenen Schäden schätzte man auf ca. 50.000 Kronen. Bedeutenden Schaden erlitt auch die Eisenbahn. Am schwersten beschädigt wurde der Bahnhof in Płaszów, dort gab es 80 Verletzte. In Mitleidenschaft gezogen wurden auch Einrichtungen in Bahnhöfen und an Haltestellen in Swoszowice, Bonarka, Podgórze, Bieżanów und Dąbie-Piaski. Als zusätzliche Folge der Explosion gingen Fensterscheiben in mehreren hundert Häusern zu Bruch.[98]

Dieser Vorfall hatte Konsequenzen, schon am 9. Juni wurden im Wiener Parlament drei Interpellationen eingereicht. Beantwortet wurden sie vom damaligen Minister für Landesverteidigung.[99] Krakau und Podgórze brachten in Wien scharfe Proteste vor und brandmarkten „die verbrecherische Leichtfertigkeit der Militärbehörden, die Munitionslager in der unmittelbaren Nähe von Städten lokalisierten".[100] Die Bürgermeister beider Städte und die Vorsitzenden von zwei Kreisräten begaben sich nach Wien, wo sie von Kaiser Franz Joseph I., dem österreichischen Ministerpräsidenten sowie von den Kriegsministern, dem Finanz- und dem Minister für Landesverteidigung empfangen wurden. In den Gesprächen wurden Fragen der Entschädigung, der Verlegung „zahlreicher Pulvermagazine und Laboratorien" und auch einer Erweiterung der befestigten Rayons diskutiert.[101] Die Militärbehörden gaben jedoch den Forderungen der öffentlichen Meinung nicht nach und verlegten die Munitionsmagazine nicht. Was die Frage der Entschädigungen betrifft, so mußte Ignacy Daszyński noch 1910 im Wiener Parlament eine Wiedergutmachung der von der Bevölkerung erlittenen Schäden einmahnen.[102]

4.4. Investitionsaufwände zur Errichtung der Festung Krakau

Die jährlichen finanziellen Aufwände für militärische Investitionen verschiedener Art, die auf dem Gebiet der Krakauer Festung unternommen wurden, betrugen während der Autonomie zwischen 15.000 zu einer Million fl. Der größte Arbeitsaufwand trat bei der Errichtung des dritten Gürtels der Festung in den Jahren 1881–1885 auf, als das österreichische Kriegsministerium für die auf dem Gebiet der Festung Krakau geführten Bauarbeiten jährlich bis zu über 1 Mio. fl. ausgab. Während sich die in den fünfziger und in der ersten Hälfte der sechziger Jahre von den österreichischen Behörden getätigten Investitionen im militärischen Bereich auf die Stadt selbst und ihre nächste Umgebung konzentrierten, wurde schon in den siebziger Jahren die Mehrheit der militärischen Bauarbeiten – besonders an den Befestigungen – außerhalb des Verwaltungsgebietes von Krakau durchgeführt, manchmal in einer beträchtlichen Entfernung von der Stadt. Den größten Aufwand erforderte der Bau eines neuen, äußeren Befestigungsgürtels. Allein in den Jahren 1872–1893 beliefen sich die Kosten dieser Arbeiten auf 6 Mio. fl. In den Jahren 1870–1914 wurden vom österreichischen Kriegsministerium für die neue Etappe der Befestigungsanlagen mindestens 4 Mio. fl. bezahlt. Vor der Autonomie, bis 1868, lagen die Ausgaben der Wiener Regierung für die Befestigung von Krakau bei 8,8 Mio. fl, dann verringerte sich jedoch die Intensität dieser Arbeiten, und ihr hauptsächlichstes Gewicht in Galizien wurde nach Przemyśl verlegt.[103]

Ohne Zweifel hatte das vom Haushalt des Kriegsministeriums finanzierte große Investitionsprogramm für die Verstärkung und den Ausbau der Festung Krakau auf die wirtschaftliche Belebung der Stadt deutlichen Einfluß. Die mit großer Dynamik durchgeführten Befestigungsarbeiten boten sowohl bei den Bauarbeiten als auch bei der Materialproduktion (Zementfabriken, Ziegelbrennereien) Beschäftigung. Das hatte eine besondere Bedeutung für die wirtschaftliche Belebung der Stadt, besonders in der ersten Phase der Befestigung von Krakau, kurz nach seiner Annexion durch Österreich. Das damals entstandene Material- und Leistungspotential wurde später auch für das zivile Bauwesen verwertet.[104] Von dem auf diese Weise geschaffenen Arbeitsmarkt profitierte hauptsächlich die Bevölkerung der Krakau umgebenden Dörfer. Einige von ihnen, wie Krowodrza und Zwierzyniec, lieferten traditionellerweise Fachleute für die Bauindustrie, die den wichtigsten Zweig der städtischen Wirtschaft bildete.

Es muß jedoch hervorgehoben werden, daß die ökonomischen Interessen der Stadt von der österreichischen Armee nur sehr beschränkt befriedigt wurden. Abgesehen vom militärischen Charakter dieser Investitionen zeigten sich die negativen Folgen der diskriminierenden Politik der Militärbehörden auf dem lokalen Arbeitsmarkt. Ein Ausdruck dieser ungünstigen Situation war beispielsweise die Bevorzugung österreichischer und tschechischer Firmen bei der Verteilung der Bauarbeiten auf dem Gebiet Galiziens. Mit diesem Problem befaßte sich mehrfach der Landtag in Lemberg. Während einer Debatte am 20. Dezember 1887, die sich mit dem fast hoffungslosen Kampf Galiziens um staatliche Aufträge beschäftigte, verkündete der Abgeordnete E. Uderski: „. . . was die Arbeiten betrifft, die im Auftrag des Kriegsministeriums ausgeführt werden, wurden wir nicht völlig ausgeschlossen. (. . .) Der Großteil von ihnen wurde jedoch von Fremden ausgeführt."[105] 1903 faßte der galizische Landtag auf Antrag einer Gruppe von Krakauer Abgeordneten einen Beschluß mit der Forderung „einer weitgehendsten Berücksichtigung von Landesunternehmen, darunter auch Erzeugnisse des Kleingewerbes, bei allen Lieferungen, Arbeiten und finanziellen Investitionen aus dem Staatshaushalt". Die Ergebnisse dieser Handlungen waren jedoch ungemein gering. Erst 1909 regelten die Wiener Behörden die Richtlinien für Regierungsbestellungen. Das betraf jedoch nicht militärische Aufträge, bei denen stets die österreichische Industrie unterstützt wurde.[106] Ein Beispiel dieser Politik bildet der Bau neuer Einrichtungen für die vom Wawel evakuierten Einheiten und militärischen Institutionen.

Tabelle 1

Investitionen des Kriegsministeriums für die Festung Krakau in den Jahren 1866–1914

Datum der Entstehung	Name des Objekts	Investitionsaufwände in fl	
		geplant	realisiert
1871–1877	Erzherzog Rudolf-Infanteriekaserne	830.000	822.905
1872–1878	Werke der Artillerie Nr. 43 u. 47	900.000	900.000
1879	Provisorische Fortifikationen	100.000	100.000
1881–1886	III. Festungsgürtel	4,0000.000	4,000.000
1884–1885	Pulvermühle	80.000	79.941
1884–1887	Lebensmittelmagazine	300.000	300.000
1889–1892	Arsenal	400.000	401.955
1891	Munitionsmagazine	66.000	65.968
1892–1893	Verstärkung der Befestigungsanlagen von Krakau und Przemyśl[a]	2,000.000	2,000.169
1896–1898	Munitions- u.Pulvermagazine	84.000	87.635
1903–1905	Fruchtdepot	135.000	126.720
1907–1914	Garnisonsspital[b]	430.000	721.339

a) Die angeführte Summe betrifft Aufwände für beide Festungen.
b) Die angeführte Summe betrifft nur Ausgaben des Kriegsministeriums.
Quelle: Schlußrechnung . . . 1870–1914. Eigene Berechnungen.

Tabelle 2

Investitionsaufwände für den Ausbau der Festung Krakau in den Jahren 1870–1905

Jahr	Geplante Ausgaben in fl.	Realisierte Ausgaben in fl.
1870	81.000	26.833
1871	111.000	81.274
1872	600.000	168.685
1873	343.476	243.028
1874	709.065	500.289
1875	400.000	400.000
1876	192.000	172.543
1877	118.033	110.938
1878	132.500	132.500
1879	23.000	26.071
1880	112.000	112.000
1881	706.000	703.799
1882	725.700	725.680
1883	700.000	700.000
1884	1,005.000	1,003.640

1885	1,120.000	1,087.084
1886	217.857	217.460
1887	20.000	19.686
1888	–	–
1889	100.000	100.000
1890	100.000	100.000
1891	166.000	165.968
1892	600.000a)	601.974a)
1893	500.000a)	500.066a)
1894	12.000	10.487
1895	50.000	46.291
1896	20.000	16.053
1897	43.946	37.790
1898	40.156	40.125
1899	–	–
1900	27.000	23.744
1901	30.000	34.999
1902	12.000	11.866
1903	62.500	13.249
1904	124.109	72.988
1905	86.121	79.010

a) die Hälfte der zusammen für Krakau und Przemyśl bestimmten Ausgaben
Quelle: Schlußrechnung . . . 1870–1914. Eigene Berechnungen.

Im Jahre 1901 wandte sich der Stadtrat – angesichts einer tiefen wirtschaftlichen Krise und Stagnation im Bauwesen – an das Kriegsministerium, um einen unverzüglichen Beginn der Bauvorhaben zu erreichen, weil man so die drückende Arbeitslosigkeit zu mildern hoffte, die in Krakau herrschte.[107] Die österreichische Bürokratie beeilte sich jedoch nicht mit dem Beginn der Bauarbeiten. Noch im März des Jahres 1903 interpellierte Ignacy Daszyński in einer Sitzung des Stadtrates in derselben Frage.[108] Als wenig später die Militärbehörden an die Verwirklichung des unterzeichneten Vertrages herantraten, erwies es sich, daß eine Reihe von Arbeiten, noch vor dem Ausschreiben eines Wettbewerbs für die Bauunternehmen, an fremde Firmen übertragen worden war.[109] Das Paradoxon der Lage beruhte nicht nur auf der permanent anhaltenden Stagnation im Krakauer Bauwesen, sondern vor allem auf der Tatsache, daß der Bau der Kasernen in der Rackowickastraße von Krakauer und galizischen Fonds finanziert wurde. Eine energische Intervention der städtischen Behörden sowie der Krakauer Handels- und Gewerbekammer brachte einigen Erfolg. Seit 1904 verpflichtete sich die Abteilung für militärisches Bauwesen des I. Armeekorps in Krakau, galizische Bauunternehmen zur Teilnahme an Wettbewerben für sogenannte „Sonderarbeiten" einzuladen, die Beton- und Stahlkonstruktionen betrafen.[110] Die Abteilung für militärisches Bauwesen verpflichtete sich gleichfalls, die Krakauer Maurer-, Zimmermann- und Brunnenbaumeister von der Verteilung von Bauaufträgen zu verständigen.[111] Diese Tatsachen bestätigen nicht die Meinung, die Bewohner von Krakau hätten aus den in der Stadt und ihrer Umgebung geführten österreichischen militärischen Investitionen großen finanziellen Vorteil geschöpft.[112]

4.5. Die städtebauliche Rolle der militärischen Garnison in Krakau [113]

In der Mitte der sechziger Jahre setzte sich die Besatzung der Festung aus 10 Bataillonen, 7 Kompanien, 5 Schwadronen und 2 beweglichen Batterien zusammen. Am Vorabend des Kriegsausbruches schätzte man die Besatzung auf 25 Bataillone, von denen 4 das Noyau, 14 wiederum den äußeren Befestigungsgürtel besetzen sollten. Insgesamt wurden zur Verteidigung der Festung 39.000 Soldaten vorgesehen darunter 650 Offiziere. Außer der sogenannten „Sicherungsbesatzung" wurden für die Besetzung des Zwischenfeldes bis zu 90.000 Mann eingeplant.[114] Die in Krakau stationierte permanente Garnison war bedeutend kleiner und hielt sich auf dem Stand von 6.000 Soldaten, die in der Stadt ihr Quartier hatten. 1900 ermittelte eine Volkszählung 6.049 aktiv dienende Soldaten auf dem Gebiet von Krakau sowie 4.674 in 16 der Vorstädte – Podgórze eingeschlossen.[115] Zehn Jahre später befanden sich in den Grenzen von Groß-Krakau – damals noch ohne Podgórze – 9.374 Soldaten, was einen Zuwachs von 634 Mann im Vergleich zu 1900 bedeutete.[116] Der prozentuelle Anteil des Militärs an der Gesamtbevölkerung verringerte sich jedoch in den Jahren 1900–1910 von 7,17% auf 6,17% in der Stadt selbst und von 9,67% auf 8,42% in den Vorstadtgemeinden – ohne Podgórze.[117]

Dabei muß unterstrichen werden, daß die Donaumonarchie bedeutend weniger als andere europäische Mächte für Kriegszwecke ausgab. So schloß beispielsweise im Juli 1911 der Haushalt des Kriegsministeriums mit der Summe von 420 Mio. Kronen ab, während der Kriegshaushalt Deutschlands 1,788 Mio., Rußlands 1,630 Mio., Großbritanniens 1,514 Mio. und Italiens 528 Mio. Kronen betrug.[118]

Die Lebenshaltungskosten der Besatzung der Krakauer Festung zählten zu den niedrigsten in Österreich. Das ging vor allem auf den niedrigen Stand der wirtschaftlichen Entwicklung Galiziens zurück.

Tabelle 3

Die durchschnittlichen täglichen Lebenshaltungskosten in den größeren österreichischen Städten in den Jahren 1863–1910 (in Hellern)

Jahre			Städte		
	Wien	Graz	Prag	Lemberg	Krakau
1863–1865	24,75	22,07	24,00	14,47	14,47
1866–1870	26,67	21,44	26,27	16,82	17,46
1871–1875	31,06	26,04	31,07	22,26	22,70
1876–1880	32,24	27,20	31,48	24,17	23,83
1881–1885	33,39	29,38	30,56	25,47	24,97
1886–1890	32,97	28,79	30,03	25,24	25,59
1891–1895	34,04	30,56	31,69	32,67	30,17
1896–1900	34,14	31,21	32,43	31,93	30,63
1901–1905	34,45	32,57	33,50	31,55	31,86
1906–1910	38,61	36,63	38,14	34,75	35,41

Quellen: Statistische Rückblicke aus Österreich. S. 76. Wien 1913.

Die deutlich niedrigeren Lebenshaltungskosten der Krakauer Garnison erhielten sich bis in die neunziger Jahre des 19. Jahrhunderts. Nur Hermannstadt in Siebenbürgen hatte ähnliche Lebenshaltungskosten wie die galizischen Garnisonen in Krakau und Lemberg. Tabelle 4 beschreibt die durchschnittlichen Lebenshaltungskosten der Soldaten in allen Bezirksintendanzen der österreichisch-ungarischen Armee in den Jahren 1870 und 1880.

Tabelle 4

Durchschnittliche jährliche Lebenshaltungskosten eines Soldaten der österreichisch-ungarischen Armee in den Jahren 1870 und 1880 in den einzelnen militärischen Bezirken

(in fl.)

Sitz der Bezirksintendanz	Lebenshaltungskosten 1870	1880
Wien (samt Linz und Salzburg)	81,8	94,9
Brünn	73,7	90,8
Graz	70,7	83,3
Triest	84,2	88,8
Innsbruck	90,9	99,1
Prag	83,1	96,3
Lemberg	52,8	68,1
Krakau	*53,2*	*72,5*
Zara	70,2	90,8
Budapest	68,4	81,5
Preßburg	68,8	85,5
Kaschau	67,0	76,5
Josefstadt (Temesvàr)	62,5	76,2
Hermannstadt	52,4	70,3
Zagreb	68,4	81,4

Quellen: Voranschlag des gemeinsamen Staatshaushaltes der österreichisch-ungarischen Monarchie für das Verwaltungsjahr 1870. S. 42. Wien 1869; Vorlage des gemeinsamen Ministeriums an die Delegation des Reichsrates, womit der Voranschlag für den gemeinsamen Staatshaushalt der österreichisch-ungarischen Monarchie für das Jahr 1880 zur verfassungsmäßigen Behandlung eingebracht wird. S. 28. Wien 1879.

Die Lebenshaltungskosten für 6.846 Soldaten, was ungefähr der Größe der in Krakau stationierten Besatzung entspricht, belief sich 1890 auf 1,6 Mio. fl.[119] Die Summe setzte sich aus folgenden Angaben zusammen:

Gage für das Offizierskorps	269.940 fl.
Sold	314.426 fl.
Naturalien-Verpflegung	228.672 fl.
Menagegeld	349.488 fl.

4.6. Galizien und die österreichische Auftragspolitik für militärische Lieferungen

Das System der Lieferungen für die österreichisch-ungarische Armee war stark zentralisiert. Das betraf alle militärischen Bestellungen, Lebensmittel miteingeschlossen. Das Kriegsministerium verteidigte hartnäckig dieses System und bevorzugte die österreichische und die tschechische Industrie. Diese Begünstigungen betrafen auch die Lieferungen von Bekleidung, Wäsche und Schuhen, die von österreichischen Fabriken, vor allem vom Wiener „Gewerbe" erzeugt wurden. Eine Änderung dieses Systems wurde in Galizien rasch zu einem Politikum. Schon im September 1867 nahm die Krakauer Handels- und Gewerbekammer in dieser Frage einen klaren Standpunkt ein und faßte den Beschluß, „. . . daß Galizien bei Lieferungen von Uniformen für das Militär ein so gleicher Anteil erteilt werden sollte, wie es Rekruten für den gesamten Armeebestand des Reiches stellte, daß es, wenn es Soldaten lieferte, in demselben Verhältnis ein Recht auf Erwerb haben sollte, den sich heute hauptsächlich andere Provinzen des Reiches teilen."[120] In den achtziger Jahren trat das Problem der Lieferungen vor dem Forum des galizischen Landtages auf. Seit der Sitzungsperiode 1883–1889 unterstützten besonders die aus Städten stammenden Abgeordneten mit großem Nachdruck diese Forderung.[121]

Zu einem wichtigen und dabei symptomatischen Problem wurde der Kampf um Lieferungen von Schuhen für die Armee. Außer den Nahrungsmitteln war dies das einzige Produkt, das Galizien für die Bedürfnisse der Armee in großen Mengen herstellen konnte. Die österreichische Armee bestellte damals ca. 240.000 Paar Schuhe jährlich. Seit 1891 wurden dafür auch Handwerker zugelassen, die in Gesellschaften organisiert waren. Sie erhielten ungefähr 25% der jährlichen Bestellungen. Der übrige Teil wurde in Fabriken des österreichischen Schuhmacherkonsortiums auf der Basis langjähriger Aufträge produziert.[122]

Seit 1908 wurde das Kontingent der Schuhlieferungen durch das Handwerk um bis zu 35% erhöht.[123] Der ökonomische Nutzen hieraus war jedoch gering. Von der Krakauer Kammer vorgenommene Untersuchungen ergaben, daß Regierungsbestellungen in vielen Fällen sogar Einbußen verursachten. In einer Analyse des Jahres 1900 lesen wir: „Das Ergebnis der Lieferungen entsprach keinesfalls den Erwartungen der Parteien, die ständig aus der Presse und den Aussprachen der Abgeordneten in den Sitzungen ein Lob der Lieferungen für die Armee als ein Wundermittel für das Kleingewerbe singen hörten und tatsächlich erwarteten, daß sie mittels der Lieferungen eine einträgliche und vor allem bedeutende Arbeit erhalten könnten. Indessen verlief die Verteilung der Aufträge, wie das übrigens aus der Natur der Sache hervorgeht, überaus schlecht. (. . .) Bei einer Untersuchung der Lieferungen erwies es sich, daß nur das niedrige Intelligenzniveau und der Mangel an jeglicher kaufmännischer Ausbildung unserer Schuhmachermeister die Ursache ist, daß sie Arbeiten für das Militär übernehmen, die ihnen größtenteils anstelle von Nutzen nur Schaden bringen."[124]

Tabelle 5

Anteil der Schuhmachergesellschaften der Krakauer Handels- und Gewerbekammer an militärischen Lieferungen

Jahr	Zahl der Gesellsch.	Zahl der Meister	Paar Schuhe
1901	20	1.318	4.728
1902	15	900	5.259
1903	17	1.352	5.529
1904	23	1.861	5.580
1905	30	2.290	6.410
1906	22	1.968	5.875
1907	24	2.319	5.103
1908	28	1.832	7.728

Quelle: Bericht über die Tätigkeit und die Öffentlichen Sitzungen der Krakauer Handels- und Gewerbekammer. S. 20, Jg. 15, 1908.

Die von der Kammer unternommenen Versuche, die Effektivität der Lieferungen zu erhöhen, brachten jedoch keine wesentliche Besserung. Ein folgender Bericht stellt fest, daß 1903 „. . . der ökonomische Wert der Lieferungen ungeheuer überschätzt wird". Der maximale Profit bei einem Paar Schuhe war nicht mehr als zwei Kronen.[125] Bei den kleinen Aufträgen, die meist nur vergeben wurden, und der bürokratischen, administrativen Prozedur, der man sich dafür zu unterziehen hatte, brachte das letztlich nur Schaden.[126]

Lieferungen für das Militär spielten bis zum Ende des Bestehens der Monarchie also keine wesentliche Rolle in der wirtschaftlichen Belebung der Stadt. Auch das System zur Versorgung, Verarbeitung und Lagerung von Lebensmitteln für die Krakauer Garnison berührte Krakau kaum.[127] Dies zeigt folgendes Beispiel: Eine Gruppe von Krakauer Metzgern reichte 1903 an die Handels- und Gewerbekammer ein Gesuch ein, um beim Korpskommando eine Änderung der Lieferbedingungen von Fett für die Krakauer Garnison zu erhalten. Das Korpskommando berücksichtigte nämlich nur Angebote, die aus Ungarn stammten, und schlossen die lokalen Produkte vollständig aus.[128]

Die einzige Art der von den Militärbehörden nicht kontrollierten Dienstleistungen zugunsten der Krakauer Garnison war die Prostitution. Ignacy Daszyński, der die Situation in Krakau am Ende des 19. Jahrhunderts beschrieb, charakterisierte Krakau nicht zufällig als „eine Stadt von Priestern, Soldaten und Prostituierten."[129] Und obwohl dieses Problem heute nur schwer zu erfassen ist, so kann man die Prostitution keinesfalls als postitiven Faktor der Stadtentwicklung ansehen. Sie war eher ein krasses Symbol für die kranke sozio-ökonomische Struktur von Krakau.

1910 besaßen 556 Angehörige des Militärs eigene Stadtwohnungen; und die ökonomische Stärke dieser Gruppe war beträchtlich. Fast die Hälfte der Offizierswohnungen hatte drei und mehr Zimmer,[130] so schufen die Offiziere immerhin einen gewissen Markt für Dienstleistungen in der Stadt.

4.7. *Stadt und Festung*

Eine erschöpfende Beurteilung der Rolle, die die „Festung Krakau" in der Entwicklung der Stadt spielte, ist nicht leicht. Die Festung Krakau repräsentierte nämlich an der Weichsel vor allem die Interessen einer fremden Macht. Von Anfang an wurde der Charakter der damals aufgenommenen Befestigungsarbeiten als repressiv empfunden.[131] Gegen die Umgestaltung der Stadt in eine Festung sprach vor allem die Bedrohung Krakaus als Schatzkammer nationaler Denkmäler. Während einer der Debatten des Reichsrats im Juli 1871 meinte der Abgeordnete Klaczko: „Was uns früher bei einer Abstimmung geleitet hat, war das Gefühl der Pietät für die Wiege des alten polnischen Staates, für die Denkmäler, die sie enthält, für die Gräber unserer Könige, und da war es doch selbstverständlich, oder wenigstens kann man es sich leicht denken, daß wir einige Bedenken hatten, diese letzte Königsstadt, bei den Verheerungen und Vernichtungen, die in Polen an allen geschichtlichen Denkmälern und allen Denkmälern früherer Macht und Größe geschahen, einem Bombardement auszusetzen. Aber Not bricht Eisen und bricht auch das Gefühl der Pietät. Die letzten Erfahrungen, die wir an Straßburg und anderen berühmten Festungen gemacht haben, lassen uns auch über diese Pietät gegen unsere alte Königsstadt hinweggehen, und wie wir überhaupt manches Gefühl und manches Sonderinteresse dem Gesamtinteresse des österreichischen Staates zu opfern wissen, so tun wir es hier, wenn auch mit leidendem Herzen."[132]

Die Gefahr, die Krakau durch die Umgestaltung in eine Grenzfestung drohte, war nicht nur die Wahrscheinlichkeit eines Kriegsausbruches selbst, denn die Krakauer Denkmäler waren gleichfalls vom Vorgehen des österreichischen Militärs gefährdet, das auf die Interessen der Stadt und die polnische Staatsräson keine Rücksicht nahm. Das bewiesen sowohl die barbarischen Handlungen der Militäringenieure in den fünfziger und sechziger Jahren wie auch die Explosion des Munitionsmagazins am Vorabend des 1. Weltkriegs.[133] Eine Bedrohung für die Krakauer Architekturdenkmäler war die territoriale Begrenzung der Stadt. Sie beeinträchtigte ihre urbane Entwicklung und trug gleichfalls zur Zerstörung vieler historischer Bauten bei.

Das auf einem beengten Gebiet innerhalb des Festungswalles zusammengedrängte Krakau hatte bis 1909 keinen Einfluß auf die unplanmäßige, chaotische und mit der Entwicklung und den Interessen der Stadt nicht koordinierte Bebauung der Vorstädte. Diese schufen billige Schlafräume und schöpften diesen beträchtlichen wirtschaftlichen Nutzen auf Kosten ihres größeren Nachbarn aus. Gleichzeitig brachte die Eingrenzung von Krakau auf knappe 6 km^2 eine Reihe ungünstiger Erscheinungen für die Stadt mit sich. Krakau wurde überbevölkert. Die Spekulationen mit Grundstücken und Immobilien erreichten Ausmaße wie in keiner anderen europäischen Stadt und führten zu einer in ihren Folgen gefährlichen Krise im Bauwesen. Die Stadt verlor die Möglichkeit zu einer vernünftigen ökonomischen Entwicklung.[134]

Der Mangel an Grundstücken machte auch ein modernes städtisches Zentrum außerhalb der historischen Bebauung unmöglich.[135] Die österreichischen Militärbehörden erschwerten noch kurz vor dem Ausbruch des 1. Weltkriegs die Verwirklichung von für Krakau lebenswichtigen Entwicklungsplänen.

Ein prinzipieller Widerspruch, der schließlich zu einer Krise des sozio-ökonomischen Systems von Krakau führte, war die Tatsache, daß der militärische Faktor in einer grundsätzlichen Opposition zur Entwicklung der Stadt stand.

Der Widerspruch zwischen der Funktion der geistigen Hauptstadt der Nation und der fremden Festung setzte sich fort im Widerspruch zwischen der in ihrer Entwicklung gehemmten, noch weitgehend feudalistisch geprägten Stadt und den Erfordernissen einer modernen, dynamischen Entwicklung einer zukünftigen Industriestadt. Deshalb auch war der von Juliusz Leo an der Schwelle des Jahrhunderts aufgenommene Kampf um ein Groß-Krakau ein Kampf mit der Festung.

1. Vgl. Kap. 1, S. 28–29.
2. Ibidem, S. 28–29.
3. Ibidem. Eine ähnliche militärisch-polizeiliche Rolle übte auch die in den Jahren 1852–1854 errichtete Lemberger Zitadelle aus. Vgl. E. Małachowicz: Obóz i obszar warowny Lwów (Das Lager und befestigte Gebiet Lemberg). Mappe der Kommission für Urbanistik und Architektur, S. 246, Bd. 22, 1988.
4. Vgl. Kap. 1, S. 28–29; J. Bogdanowski: Warownie i zieleń twierdzy Kraków (Befestigungen und Grünanlagen der Festung Krakau). S. 82–144, Kraków 1979. J. Demel: Stosunki gospodarcze i społeczne Krakowa w latach 1853–1866 (Wirtschaftliche und gesellschaftliche Verhältnisse Krakaus in den Jahren 1853–1866). S. 620/621.
5. Der Kostenvoranschlag für den Haushalt des Jahres 1868 sah unter außerordentlichen Ausgaben des Kriegsministeriums im Abschnitt „Neubauten von Festungswerken" die Bestimmung von Finanzmitteln für den Ausbau der Festungen in Komarn (685.000 fl.), Olmütz (100.000 fl.), Krakau (400.000 fl.) und Pola (250.000 fl.) vor. Stenographische Protokolle über die Sitzungen des Reichsrathes. I. Session 1868, 10. Sitzung am 7. März 1868. S. 182, Wien 1868. Vgl. auch: L. Chrzanowski: W sprawie obwarowania Krakowa (In Fragen der Befestigung Krakaus). S. 1, Kraków 1868. Chrzanowski gibt irrtümlich für Krakau die Summe von 450.000 fl. an.
6. Stenographische Protokolle . . ., S. 182; L. Chrzanowski: op. cit., S. 9–11.
7. L. Chrzanowski: Einige Bemerkungen gegen die Befestigung Krakaus, den Mitgliedern der gemeinschaftlichen Delegation, durch ein Mitglied des Reichsrates, zur geneigten Würdigung gewidmet. Krakau 1868.
8. Ibidem, S. 2.
9. L. Chrzanowski: Einige Bemerkungen . . ., op. cit., passim.
10. Gazeta Narodowa (Nationalzeitung). S. 1, Jg. 7, Nr. 40, 1868.
11. H. L.: W sprawie obwarowania Krakowa. Gazeta Narodowa (In der Frage der Befestigung Krakaus. Nationalzeitung). S. 1/2, Jg. 7, Nr. 46, 1868. Es ist möglich, daß Henryk Lisicki der Autor des Textes war.
12. Czas (Die Zeit). Jg. 1868, Nr. 58 und 59 vom 10. und 11.3.1868. Später eine eigene Broschüre: L. Chrzanowski: Odpowiedź na artykuł p. H. L. w sprawie obwarowania Krakowa (Antwort auf den Artikel des Herrn H. L. in der Frage der Befestigung Krakaus).
13. Ibidem, S. 12–28 und 34–37.
14. Die österreichischen Aufmarschpläne gegen Rußland im Jahre 1914 sahen die Aufnahme von offensiven Operationen im Raum zwischen der Weichsel und dem Bug vor. Ähnliche russische Pläne setzten eine Konzentration ihrer Hauptkräfte auf der Linie von Lublin und Chelm im Norden über den Zbrucz im Süden voraus, Krakau außerhalb der Hauptrichtung der Kriegshandlungen lassend. Der Verlauf der Kriegshandlungen enthüllte den veralteten Charakter der Gürtelfestungen in Galizien und wies auf die grundsätzliche Bedeutung von linearen Festungen hin. Vgl. u.a. M. Zgórniak: op. cit., S. 84 und 96 sowie den Abschnitt „Działania wojenne na ziemiach polskich 1914–1915" (Kriegshandlungen in den polnischen Ländern 1914–1915).
15. L. Chrzanowski: Odpowiedź na artykuł . . ., op. cit., S. 37.
16. Er sagte unter anderem: „Daß Krakau ein wichtiger strategischer Punkt ist, wird kein Mensch bezweifeln; wir haben auf der ganzen nordöstlichen Flanke Österreichs keinen Punkt, der befestigt wäre; die ganze Grenze liegt bloß; der einzige Punkt, der befestigt ist, ist Krakau. Es deckt freilich nicht direkt die Karpathen, es verhindert freilich nicht direkt den Feind, nach Ungarn einzudringen; aber die Lage Krakaus ist sehr wichtig, weil sie eine flankierende ist,

welche indirekt wirkt; es braucht sich keine große Armee dort aufstellen, ein Korps von 50.000 bis 60.000 Mann, wenn es in Krakau aufgestellt ist, ist gewiß imstande, 100.000 Feinde zu paralysieren, und in dieser Beziehung hat Krakau für Österreich unendliche Wichtigkeit." Stenographische Protokolle: op. cit., S. 192.

17. Stenographische Protokolle: op. cit., S. 190.

18. Der Vorschlag von Pratobevera wurde mit einem Stimmenverhältnis von 24 zu 23 angenommen, wobei die polnischen Delegierten, die sich für ein völliges Aufgeben der Befestigungsarbeiten in Krakau aussprachen, dagegen stimmten. Stenographische Protokolle: op. cit., S. 182–195. Vgl. auch: L. Chrzanowski: Odpowiedź na artykuł . . ., op. cit., S. 37/38.

19. Stenographische Protokolle: op. cit., I. Session. Sitzung am 3. Dezember, S. 357; L. Chrzanowski: W sprawie obwarowania . . ., op. cit., S. 11/12.

20. Ibidem, S. 13–18.

21. Stenographische Protokolle . . ., op. cit., S. 360/361.

22. Stenographische Protokolle . . ., op. cit., S. 357–367 und 384; L. Chrzanowski: W sprawie obwarowania . . ., op. cit., S. 19.

23. Voranschlag des gemeinsamen Staatshaushaltes der österreichisch-ungarischen Monarchie für das Verwaltungsjahr 1870. S. 7 und 300, Wien 1869; Voranschlag des gemeinsamen Staatshaushaltes der österreichisch-ungarischen Monarchie für das Verwaltungsjahr 1871. S. 313, Wien 1870.

24. Voranschlag . . . für das Verwaltungsjahr 1870, S. 7. Die österreichischen Festungsplaner bemerkten die strategische Bedeutung des Berges Łysa Góra für die Sicherheit Krakaus schon in der Mitte des 19. Jahrhunderts. In den Bauplänen der Festung aus dem Jahre 1852 wurde die Errichtung eines großen Sperrforts vorgesehen. M. Holewiński: Nieznany plan budowy twierdzy Kraków z roku 1852. Rocznik Krakowski (Ein unbekannter Plan des Baues der Festung Krakau aus dem Jahre 1852. Krakauer Jahrbuch). S. 149, Bd. 55, 1989.

25. Schlußrechnung über den gemeinsamen Staatshaushalt der österreichisch-ungarischen Monarchie für das Jahr 1870. Wien o.J.; passim: Schlußrechnung . . . für das Jahr 1871. Wien o.J.; passim. Im Verlauf der folgenden stürmischen Debatte über die Befestigung Krakaus, die am 20. August 1869 im Reichsrat stattfand, verwarf die österreichische Delegation nicht nur völlig die für diesen Zweck bestimmten Mittel, sondern sie nahm gleichfalls eine Eingabe des Stadtrates von Krakau an. Diese Eingabe – die eine Einstellung weiterer Befestigungen der Stadt und ein Niederreißen der im Jahre 1866 aufgeschütteten Wälle forderte – wurde dem Kriegsministerium mit dem Ersuchen „einer möglich thunlichsten Berücksichtigung" übergeben. Stenographische Protokolle über die Sitzungen der Delegation des Reichsrathes. II. Session, 11. Sitzung am 20. August. S. 271–273, Wien 1869; Czas. Nr. 191, S. 3, Jg. 1869. Ausführlicher über das Problem einer Befestigung Galiziens schrieb letztens auch Franz Forstner. Vgl.: F. Forstner: Przemyśl. Österreich-Ungarns bedeutendste Festung. Wien 1987; insbesondere Abschnitt 3: „Die Befestigungspläne der Habsburgermonarchie in Galizien", S. 39–59.

26. Stenographische Protokolle, op. cit., IV. Session, 6. Sitzung vm 14. Juli. S. 163–166, Wien 1871.

27. Ibidem, S. 165; Czas. Nr. 159, S. 3 und Nr. 160, S. 1, Jg. 1871.

28. Das Problem einer Notwendigkeit der Befestigung Krakaus erneuernd, berief sich Minister Kuhn auf einer Sitzung der Delegation Zisleithaniens am 14. März auf die Belagerung von Straßburg im August 1870. Stenographische Protokolle . . ., op. cit., IV. Session, 6. Sitzung am 14. Juli. S. 163–166, Wien 1871; Czas. Nr. 159, S. 3, Jg. 1871. Vgl. auch Czas. Nr. 166, S. 1, Jg. 1871. Eine gewisse Bedeutung für dieses Zugeständnis des Polenklubs konnten gleichfalls die im Mai 1871 neuerweckten Hoffnungen der polnischen Politiker auf eine Aussonderung Galiziens haben. Vgl. H. Wereszycki: Historia polityczna Polski 1864–1918 (Politische Geschichte Polens 1864–1918). S. 36, Paris 1979.

29. Czas. Nr. 166, S. 1, Jg. 1871. Wir lesen dort u.a.: „Die galizische Delegation, die ein Abtragen der bestehenden Befestigungen nicht erlangen konnte, nahm, wie es scheint, den Plan in der Meinung an, daß sie auf diese Weise die strategischen und finanziellen Interessen des Staates mit dem Ziel einer Befreiung der Stadt vom Schicksal einer Festung in Einklang bringen könnte."

30. Schlußrechnung . . . für das Jahr 1871, S. 26.

31. Ibidem.

32. Stenographische Protokolle . . . IV. Session, 6. Sitzung vom 14. Juli. S. 195/196,, 208–210 und Beilage 12 auf S. 234. Wi en 1871; F. Forstner, op. cit., S. 54/55.

33. Ibidem; vgl. auch Czas. Nr. 160, S. 1, Jg. 1871.

34. Schlußrechnung . . . für das Jahr 1872. S. 29 und 60, Titel 11/1, Wien o.J.

35. Ibidem.

36. Schlußrechnung . . . für das Jahr 1873. S. 17 und 38, Titel 14/1, Wien o.J. In der Erklärung auf S. 38 lesen wir u.a.: „Auf Rechnung der bewilligten 100.000 fl. hat keine Verwendung stattgefunden, die oftmalige Umarbeitung der Projekte für die beiden Werke, die Anstände, welche sich bei der Offertausschreibung wegen Vergebung der Bauarbeiten wiederholt ergaben, die mit Hinblick auf die obligatorische Einführung des Metermaßes im Jahre 1876 sich als notwendig zeigende Umarbeitung der Elaborate auf dieses Maß, verzögerten den tatsächlichen Beginn der Bauten derart, daß die Einhaltung der Verrechnungstermine für die bewilligten Gelder nicht möglich gewesen ist."

37. Schlußrechnung . . . für das Jahr 1874. S. 24, 50/51, Titel 12, sowie S. 27, 56/57, Titel 11/1; Schlußrechnung . . . für das Jahr 1877, S. 29 und 54, Titel 9; Schlußrechnung . . . für das Jahr 1878, S. 39 und 60, Titel 12. Eigene Berechnung.

38. Eine ausführliche finanzielle Berichterstattung des Kriegsministeriums, enthalten in der Schlußrechnung des Staatshaushaltes der österreichisch-ungarischen Monarchie, auf die dieses Studium gestützt wurde, bestätigt nicht die Meinung von Janusz Bogdanowski über die Beendigung des Baues einiger anderer permanenter Werke des dritten Gürtels der Festung Krakau gegen Ende der siebziger Jahre. Sie wurden erst in den Jahren 1881–1886 realisiert. Die Unterschiedlichkeit der Anordnung beider Werke (wie auch des Werkes Nr. 44 in Tonie) unterstreichend, zog der Autor nicht die richtigen Folgerungen. Vgl. J. Bogdanowski: Warownie i zieleń twierdzy Kraków (Befestigungen und Grünanlagen der Festung Krakau). S. 168–171 und 181. Im Jahre 1879 wurden dagegen Arbeiten an einer provisorischen Verstärkung der Krakauer Festung vorgenommen – sie bestanden in einer Aufschüttung von Erdbefestigungen des dritten Gürtels –, wofür ca. 100.000 fl. ausgegeben wurden. Vgl. Schlußrechnung . . . für das Jahr 1880, S. 34 und 58, Titel 4/6.

39. L. Hauser: Monografia miasta Przemyśla (Monographie der Stadt Przemyśl). S. 168, Przemyśl 1883. In den Jahren 1871–1877 beschloß der Reichsrat dreimal Kredite für den Bau der Festung Przemyśl in der gesamten Höhe von 1,6 Mio. fl. Von dieser Summe wurden in dieser Zeit insgesamt ca. 1,536 Mio. fl. ausgegeben. Vgl. Schlußrechnung . . . für das Jahr 1874. S. 27 und 56, Titel 13/15; Schlußrechnung . . . für das Jahr 1875. S. 26 und 52, Titel 12/2; Schlußrechnung . . . für das Jahr 1876, S. 27, 50/51, Titel 12; Schlußrechnung . . . für das Jahr 1877, S. 28, 52/53, Titel 6/6, sowie S. 30 und 56, Titel 12. Eigene Berechnungen.

40. Bis zum Jahre 1889 wurde dieser Kredit gänzlich ausgenutzt. Vgl. Schlußrechnung . . . für das Jahr 1881. S. 28, Titel 9/2; Schlußrechnung . . . für das Jahr 1882, S. 33 und 66, Titel 10/3; Schlußrechnung . . . für das Jahr 1883. S. 32 und 60, Titel 10/3; Schlußrechnung . . . für das Jahr 1884. S. 46, 80/81, Titel 12/3; Schlußrechnung . . . für das Jahr 1885. S. 41, 76/77, Titel 11/1; Schlußrechnung . . . für das Jahr 1886. S. 40 und 72, Titel 14; Schlußrechnung . . . für das Jahr 1887. S. 35 und 64, Titel 12; Schlußrechnung . . . für das Jahr 1888. S. 35, 64/65, Titel 9; Schlußrechnung . . . für das Jahr 1889. S. 40 und 70, Titel 9. Eigene Berechnungen.

41. Außerdem wurden 5,5 Mio. fl. für den Bau von permanenten Werken rund um Przemyśl

assigniert, in den achtziger Jahren wurden für eine Befestigung dieser Festung weitere Mittel bestimmt, u.a. 500.000 fl. im Jahre 1889 für eine „Permanierung bereits vorhandener provisorischer Werke". Schlußrechnung . . . für das Jahr 1889. S. 38, 64/65, Titel 3/1; Schlußrechnung . . . für das Jahr 1890. S. 40 und 72/73, Titel 3/1. Über das Thema der Befestigung von Przemyśl zu dieser Zeit vgl. auch: J. Bogdanowski: Fortyfikacja austriacka na ziemiach polskich w latach 1850–1914 (Österreichische Fortifikationen in polnischen Ländern 1850–1914). In: Studia i materiały do historii wojskowości (Studien und Materialien zur Geschichte des Militärwesens). S. 85–92, Abschn. 1, Bd. 12, 1966; F. Forstner: op. cit., passim, besonders der 4. Abschnitt „Von der Stadtmauer zur Gürtelfestung. Die Entwicklung im Befestigungsbau zwischen 1814 und 1914).

42. H. Wereszycki: Historia Austrii (Geschichte Österreichs). S. 242, Wrocław-Warszawa-Kraków-Gdańsk-Łódź 1986.

43. Der in dieser Höhe vom Reichsrat beschlossene Staatskredit wurde seit 1881 in vier aufeinanderfolgenden Raten ausgenutzt: je 700.000 fl. in den Jahren 1881–1883 und 900.000 fl. im Jahre 1884; Schlußrechnung . . . für das Jahr 1881. S. 28, Titel 9/1; Schlußrechnung . . . für das Jahr 1882. S. 33 und 60 Titel 10/2; Schlußrechnung . . . für das Jahr 1883. S. 32 und 60, Titel 10/2; Schlußrechnung . . . für das Jahr 1884. S. 46, 80/81, Titel 12/2.

44. Dieser Kredit wurde in der Sitzung der gemeinsamen Delegationen in den Reichsrat am 18. November 1884 beschlossen. Schlußrechnung . . . für das Jahr 1884. S. 81, Titel 11/2.

45. Damals wurden über 967.000 fl. ausgegeben, der Rest des Kredits dagegen im nächsten Jahr ausgenutzt. Schlußrechnung . . . für das Jahr 1886. S. 41, 74/75, Titel 11/2.

46. Eine Beschreibung der Werke des dritten Gürtels bei J. Bogdanowski: Warownie i zieleń . . . (Befestigungen und Grünanlagen . . .), op. cit., S. 166–183. Der Autor dieser wertvollen Arbeit, der keinen Zutritt zu archivalen Quellen hatte, wiederholte wahrscheinlich die unpräzise Datierung der Entstehung der Werke des dritten Gürtels gemäß der Encyklopedia Wojskowa. Vgl.: Encyklopedia Wojskowa (Militärische Enzyklopädie), Red. O. Laskowski. S. 579, Bd. 4, Warszawa 1934.

47. Encyklopedia Wojskowa, op.cit., S. 579; F. Forstner, op. cit., S. 56.

48. Schlußrechnung . . . für das Jahr 1892. S. 44, 78/79, Titel 15; Schlußrechnung . . . für das Jahr 1893. S. 40, 80/81, Titel 21.

49. J. Bogdanowski: Warownie . . . , op.cit., S. 199–207.

50. Die an den Türmen angebrachten Daten dokumentieren die Tatsache der Errichtung beider Werke im Zeitabschnitt des Ausbaues 1892/1893. Janusz Bogdanowski, diese Tatsache bemerkend, verlegt gleichzeitig die Entstehung beider Werke in einen etwas späteren Zeitabschnitt. J. Bogdanowski: Warownie i zieleń . . ., op.cit., S. 199–201 und 205/206.

51. Ibidem, S. 192–207; Encyklopedia Wojskowa. S. 580, Bd. 4. Die Investitionsaufwände, die zu dieser Zeit vom Kriegsministerium für Befestigungsarbeiten in Krakau bestimmt waren, waren in den Haushaltsberichten der österreichisch-ungarischen Regierung nicht ausführlich spezifiziert. Von der Intensität der damals geführten Befestigungsarbeiten zeugt die Tatsache, daß der 1902 zuerkannte Kredit zur „Erfordernis für fortifikatorische Maßnahmen" in der Höhe von 1,7 Mio. Kronen in diesem Jahr mit 1,2 Mio. Kronen überschritten wurde. Schlußrechnung . . . für das Jahr 1902. S. 60, Titel 15, Wien o.J.

52. Während des ganzen Jahres 1906 führte der Präsident von Krakau, Juliusz Leo, in dieser Frage Verhandlungen mit dem Kriegsminister, dem Finanzminister und dem Eisenbahnminister. C. Bąk-Koczarska: Juliusz Leo – twórca Wielkiego Krakowa (Juliusz Leo – der Schöpfer von Groß-Krakau). S. 54 und 65, Wrocław-Warszawa-Kraków-Gdańsk-Łódź 1986.

53. Ibidem, S. 65–67.

54. J. Bogdanowski: Warownie i zieleń . . ., op. cit., S. 209/210.

55. Ibidem, S. 210–213.

56. F. Forstner: op.cit., S. 57.

57. Ibidem, S. 57.

58. Seit dem Jahre 1880 wurde die Zahl der Soldaten in Krakau bei den Volkszählungen der Stadt berücksichtigt. Die damals (1880) in Krakau stationierte Garnison zählte 6.267 Soldaten. Im Jahre 1890 verringerte sich diese Zahl auf 5.471, um 10 Jahre später (1900) auf 6.099 Soldaten anzuwachsen. J. Purchla: Jak powstał nowoczesny Kraków. Studia nad rozwojem budowlanym miasta w okresie autonomi galicyjskiej (Wie das moderne Krakau entstand. Studien über die bauliche Entwicklung der Stadt während der galizischen Autonomie). S. 217, Tabelle 10, Kraków 1979.

59. Ibidem, S. 18 und 20.

60. Die Notwendigkeit der Inangriffnahme dieser Investition begründete Minister Kuhn auf folgende Weise: „In Krakau ist ein großer Teil der Garnison wegen Mangels an Kasernen in den Forts untergebracht, und diese sind, wie bekannt, ungesund, weil sie größtenteils sehr kalt sind, und faktisch leidet die Mannschaft infolgedessen darin am Wechselfieber . . .". Stenographische Protokolle, op. cit., IV. Session, 6. Sitzung am 14. Juli. S. 169/170, Wien 1871.

61. Der gesamte Kredit, der für dieses Ziel in der Höhe von 830.000 fl. bestimmt wurde, wurde nicht gänzlich ausgenutzt. Schlußrechnung . . . für das Jahr 1871. S. 24 und 49, Titel 5/1; Schlußrechnung . . . für das Jahr 1873. S. 17 und 38, Titel 15/5; Schlußrechnung . . . für das Jahr 1874. S. 25 und 50, Titel 13/7; Schlußrechnung . . . für das Jahr 1875. S. 23 und 44, Titel 13/4; Schlußrechnung . . . für das Jahr 1876. S. 25, 46/47, Titel 12/2; Schlußrechnung . . . für das Jahr 1877. S. 30, 56/57, Titel 12/2. Eigene Berechnungen.

62. Ibidem.

63. J. Purchla: op. cit., S. 124/125; J. Rawicz Niedziałkowski: Autobiographie des Janusz Rawicz Niedziałkowski, Regierungsbevollmächtigter Zivil-Bauingenieur in Krakau. S. 8, Handschrift im Besitz des Autors, Kraków 1896.

64. J. Purchla: op. cit., S. 125.

65. H. Kita: Tomasz Pryliński (1847–1895). Krakauer Jahrbuch. S. 136, Bd. 39, 1968.

66. Schlußrechnung . . . für das Jahr 1892. Weiter zitiert: S. 44 und 78/79, Titel 16/2; Schlußrechnung 1893, S. 45 und 80/81, Titel 22/2; Schlußrechnung 1894, S. 43 und 82/83, Titel 19/2; Schlußrechnung 1895, S. 45 und 86/87, Titel 21/2; Schlußrechnung 1896, S. 51 und 92/93, Titel 27/2; Schlußrechnung 1897, S. 58 und 102/103, Titel 31; Schlußrechnung 1898, S. 61 und 106/107, Titel 25; Schlußrechnung 1899, S. 66 und 106/107, Titel 28, sowie S. 70 und 114 (?), Titel 25; Schlußrechnung 1900, S. 59 und 102/103, Titel 11, sowie S. 62 und 110/111, Titel 28; Schlußrechnung 1901, S. 65, 67, 114/115 und 120/121, Titel 11; Schlußrechnung 1902, S. 60 und 108/109, Titel 17/4; Schlußrechnung 1903, S. 73 und 124/125, Titel 18/4; Schlußrechnung 1904, S. 78 und 136/137, Titel 19/1, sowie S. 81 und 146/147, Titel 18/4; Schlußrechnung 1905, S. 95 und 160/161, Titel 20/1; Schlußrechnung 1906, S. 79 und 144/145, Titel 17/1, sowie S. 82 und 154/155, Titel 20/1; Schlußrechnung 1907, S. 82 und 150/151, Titel 19/1, sowie S. 85 und 160/161, Titel 17/1; Schlußrechnung 1908, S. 84 und 160/161, Titel 19/1, sowie S. 88 und 172/173, Titel 19/1; Schlußrechnung 1909, S. 93 und 170/171, Titel 19/1, sowie S. 96 und 180/181, Titel 19/1; Schlußrechnung 1910, S. 94 und 174/175, Titel 18/1, sowie S. 97 und 184/185, Titel 19/1; Schlußrechnung 1911, S. 101 und 184/185, Titel 18/1, sowie S. 118 und 220/221, Titel H/27; Schlußrechnung 1912, S. 116 und 196/197, Titel 13/1, sowie S. 137 233 und 235, Titel H/27; Schlußrechnung 1913, S. 103 und 178/179, Titel 8/1, sowie S. 105 und 180/181, Titel 13/1, sowie S. 125 und 220/221, Titel H/27; Schlußrechnung 1914, S. 90 und 156/157, Titel 8/1. Eigene Berechnungen.

67. Studien zur Frage der Eingemeindung der benachbarten Gemeinden in die Stadt Krakau, S. 94, 1905, sowie die eingeklebte Karte.

68. Schlußrechnung . . . für das Jahr 1903, S. 71 und 118/119, Titel 13/1.

69. Krakauer Kalender für das Jahr 1900 von Józef Czech. S. 247, Kraków 1900; Schlußrech-

nung ... für das Jahr 1911, S. 115 und 184/185, Titel H/1. Im Haushalt des Kriegsministeriums für das Jahr 1911 fand sich ein Kredit in Höhe von 100.000 Kronen für „Unterkunftsvorsorgen für die Pionierkompagnien Nr. 5/1 und Nr. 5/6" in Krakau, wovon in diesem Jahr etwas mehr als 90.000 Kronen ausgenutzt wurden.

70. Katalog Zabytków Sztuki w Polsce (Katalog der Kunstdenkmäler in Polen), Bd. 4, 1. Teil: Wawel. Red. J. Szablowski. S. 11, Warszawa 1965. In erster Reihe verließ das Militär die Königsburg. Die offizielle Übernahme dieses historischen Bauwerkes durch den Delegierten des galizischen Landesausschusses fand am 7. August 1905 statt. Verordnungsblatt der Stadt Krakau für das Jahr 1905. S. 97/98.

71. Eine Verpflichtung in der Frage der Finanzierung des Baues von neuen Objekten für die den Wawel verlassenden österreichischen Militärformationen nahm der galizische Landtag noch am 8. Februar 1897 auf sich. Galizien sollte dem Militärschatz 2,5 Mio. Kronen bezahlen. Die gesamten Kosten des Abkaufes des Wawel betrugen – laut Fuchs – die Summe von 3,504.609 Kronen. Der Anteil Krakaus an der Evakuierung des Militärs vom Wawel war beträchtlich. Die Städtische Sparkasse überwies zu diesem Zweck 800.000 Kronen, und die Gemeinde wurde zur Erschließung des Geländes verpflichtet, auf dem die Ersatzobjekte entstehen sollten. Die Gesamtkosten der von der Stadt finanzierten Erschließungsarbeiten beliefen sich auf 93.638 Kronen. Verordnungsblatt der Stadt Krakau für das Jahr 1906. S. 13; F. Fuchs: Z historii odnowienia wawelskiego zamku (Aus der Geschichte der Erneuerung des Wawel-Schlosses). S. 99, Kraków 1962.

72. Der grundsätzliche Teil der Arbeiten wurde bis zum Jahre 1911 beendet. Der Bau des Garnisonsspitals wurde noch gegen Ende der neunziger Jahre geplant, wobei seine Lokalisierung in der Rakowickastraße vorgesehen wurde. Verordnungsblatt der Stadt Krakau für das Jahr 1898, S. 93, und für das Jahr 1899, S. 81.

73. Schlußrechnung ... für das Jahr 1907, S. 81 und 146/147, Titel 14/1; Schlußrechnung ... für das Jahr 1908, S. 83 und 156/157, Titel 14/1; Schlußrechnung ... für das Jahr 1909, S. 92 und 166/167, Titel 15/1; Schlußrechnung ... für das Jahr 1910, S. 93 und 170/171, Titel 14; Schlußrechnung ... für das Jahr 1911, S. 97 und 172/173, Titel 7.

74. Ibidem, Schlußrechnung ... für das Jahr 1914, S. 9 und 154/155, Titel 8/hiezu. Eigene Berechnungen.

75. Schlußrechnung ... für das Jahr 1884, S. 46 und 80, Titel 10/L.

76. Ibidem, Schlußrechnung ... für das Jahr 1885, S. 41 und 74/75, Titel 9/1; Schlußrechnung ... für das Jahr 1886, S. 40 und 70, Titel 12; Schlußrechnung ... für das Jahr 1887, S. 35 und 64/65, Titel 10. In den Jahren 1884–1887 wurde der für den Bau des Komplexes bestimmte Kredit völlig ausgenutzt. Eigene Berechnungen.

77. Schlußrechnung ... für das Jahr 1903, S. 72 und 120/121, Titel 17/1; Schlußrechnung ... für da Jahr 1904, s. 77 und 132/133, Titel 18/1, sowie S. 81 und 144, Titel 17/1; Schlußrechnung ... für das Jahr 1905, S. 94 und 156/157, Titel 19/1, sowie S. 98 und 170/171, Titel 18/1. Eigene Berechnungen.

78. O. Donath/H. Schmiedl: Die Verpflegsanstalten der Festung Krakau. In: Die k.u.k. Festungsintendanz Krakau und ihre Betriebe. S. 9/10, Krakau 1917.

79. Ibidem, S. 5–12.

80. Ibidem, S. 7–11.

81. Ibidem, S. 14; F. Cepek: Die k.u.k. Geflügelzuchtanlage der Festung Krakau. In: Die k.u.k. Festungsintendanz Krakau und ihre Betriebe. S. 34–37; Schneider/Seibriger: Die Militär--Seifenfabrik Krakau und die Seifenversorgung der Armee. In: Die k.u.k. Festungsintendanz Krakau und ihre Betriebe. S. 43–50; H. Ratz: Die k.u.k. Kartoffelflockenfabrik und Flockenmühle in Podgórze-Wisła. In: Die k.u.k. Festungsintendanz Krakau und ihre Betriebe. S. 51–54.

82. Schlußrechnung ... für das Jahr 1889, S. 39 und 66, Titel 6; Schlußrechnung ... für das Jahr

1890, S. 39 und 68, Titel 9; Schlußrechnung . . . für das Jahr 1891, S. 40 und 72, Titel 17; Schlußrechnung . . . für das Jahr 1892, S. 44 und 78/79, Titel 17. Im Zusammenhang mit der Lokalisierung eines Komplexes von Magazinen und Produktionsbetrieben in der Rakowickastraße wurde eine Liquidierung der sich auf diesem Terrain befindenden Bastion Nr. 4 des Festungskerns vorgenommen, gleichzeitig die Noyau-Linie im Norden des Rackowicer Friedhofs ausgebaut und verstärkt. J. Bogdanowski: Warownie i zieleń . . ., op. cit., S. 202–204.

83. Czas. Nr. 236, Jg. 1889.

84. Früher bestanden militärische Artilleriewerkstätten am anderen Weichselufer in Łagiewniki zwischen den Schanzen Nr. 23 und 24. Sie entstanden noch gegen Ende der fünfziger Jahre. J. Bogdanowski: Warownie i zieleń . . ., op. cit., S. 114.

85. Zu diesem Zweck wurde noch im Jahre 1868 im Voranschlag für außerordentliche Ausgaben des Kriegsministeriums die Summe von 22.000 fl. bestimmt. Stenographische Protokolle, op. cit., I. Session, 10. Sitzung vom 7. März. S. 195, Wien 1868.

86. Ibidem, S. 148.

87. Katalog dawnych map wielkoskalowych Krakowa XVI–XIX wieku (Katalog alter Karten von Krakau des 16.–19. Jahrhunderts im Großmaßstab). Red. M. Odlanicki-Poczobutt. S. 195, 229 und 251, Warszawa-Kraków 1981.

88. Von dem für den „Neubau des Objectes V des Friedens-Artillerie-Laboratoriums bei Bastion VI“ bestimmten Kredit in der Höhe von 12.000 fl. wurden nicht ganz 10.500 fl. ausgegeben. Schlußrechnung . . . für das Jahr 1894, S. 42 und 80/81, Titel 16/1.

89. Im Jahre 1896 verkaufte die Gemeinde der Stadt Podgórze dem Militärschatz zu diesem Zweck Grundstücke in Krzemionki. In jenem Jahr wurde auch die erste Rate eines dreijährigen Kredits in der Gesamthöhe von 84.000 fl. zuerkannt, der für den Bau von vier Munitionsmagazinen und zwei Pulvermagazinen bestimmt war. Das Ganze wurde im Jahre 1898 beendet. A. Swaryczewski: Historyczne zmiany układu przestrzennego krakowskich Krzemionek. Teka Komisji Urbanistyki i Architektury (Historische Änderungen der räumlichen Anordnung des Krakauer Vorortes Krzemionki. Mappe der Kommission für Urbanistik und Architektur). S. 8, Bd. 11, 1977.

90. Czas. Nr. 130 (Morgenausgabe), Jg. 1909.

91. So wurde z.B. das Pulvermagazin in Górka Narodowa auf den nördlichen Flügel des Außengürtels vorgeschoben. J. Bogdanowski: Warownie i zieleń . . ., op. cit., S. 145 und 222.

92. Unter wichtigeren Investitionen dieser Art lenken folgende Objekte die Aufmerksamkeit auf sich:
1. Neubau eines Kriegs-Pulvermagazins (1884/1885) 79.941 fl.
2. Neubau von Munitions-Magazinen (1891) 65.967 fl.
3. Neubau von 4 Munitionsmagazinen für leere Geschoße und von 2 Friedens-Pulvermagazinen (1896–1898) 87.635 fl.
Insgesamt wurden für den Bau von Pulver- und Munitionsmagazinen in Krakau aus dem Haushalt des Kriegsministeriums 350.000 fl. bestimmt, während die tatsächlichen Kosten 353.609 fl. betrugen. Im Falle einer gemeinsamen Summe des Kredits der für den Bau von Dynamitmagazinen in Krakau, Krems, Graz, Theresienstadt (Terezin) und Josefstadt (Temesvàr, Timisoara) im Jahre 1881 bestimmt war, wurden für Krakau 20% der geplanten und realisierten Aufwände angenommen. Vgl. Schlußrechnung . . . für das Jahr 1873, S. 15 und 34, Titel 10/1; Schlußrechnung . . . für das Jahr 1876, S. 24 und 44/45, Titel 10/1; Schlußrechnung . . . für das Jahr 1876, S. 24 und 44/45, Titel 7/2; Schlußrechnung . . . für das Jahr 1878, S. 37 und 58/59, Titel 8/4; Schlußrechnung . . . für das Jahr 1881, S. 27 und 50/51, Titel 6/12; Schlußrechnung . . . für das Jahr 1884, S. 45 und 78/79, Titel 7/10, sowie S. 46 und 80, Titel 10/2; Schlußrechnung . . . für das Jahr 1885, S. 41 und 74/75, Titel 9/2; Schlußrechnung . . . für das Jahr 189., S. 40 und 70/71, Titel 14/2; Schlußrechnung . . . für das Jahr 1896, S. 50 und 90/91, Titel 26/1; Schlußrechnung . . . für das Jahr 1897, S. 58 und 100/101, Titel 30/1, sowie S. 62 und 110/111, Titel 26/1; Schlußrechnung . . . für das Jahr 1898, S. 61 und 106/107,

Titel 24/1, sowie S. 65 und 114, Titel 30/L; Schlußrechnung . . . für das Jahr 1901, S. 62 und 106/107, Titel 12/1. Eigene Berechnungen.

93. So reichte z.B. die Gemeinde von Podgórze vielfach ein Gesuch an das Kriegsministerium, die Statthalterschaft sowie an den Landesausschuß ein, mit der Forderung der Beseitigung der Pulvermagazine in der Umgebung von Podgórze. Sie blieben jedoch ohne jegliche Antwort. Czas. Nr. 30 (Morgenausgabe), Jg. 1909. Dieses Problem berührte gleichfalls der Stadtrat von Krakau, der schrieb: „Wenn eine Katastrophe im Munitions-Laboratorium in Grzegórzki ausbrechen würde, so würde das Leben und der Besitz von tausenden Menschen ihr zum Opfer fallen, die Denkmäler unserer Vergangenheit und die wertvollsten Gebäude in Trümmer liegen". Verordnungsblatt der Stadt Krakau für das Jahr 1909, S. 104.

94. Czas. Nr. 127, Jg. 1909 (beide Ausgaben sowie ein Extrablatt); R. Kiełkowski: Podgórze dzielnica zapomniana (Podgórze, der vergessene Stadtteil). In: Kopiec wspomnień (Der Hügel der Erinnerungen). S. 269/270, 2. Aufl., Kraków 1964.

95. Ibidem. Die Krakauer Magazine erfüllten nicht die damaligen Sicherheitserfordernisse. Das vernichtete Magazin war nicht, wie vorgeschrieben, von einem Wall umgeben, was den Umfang der Explosion vergrößerte. Czas. S. 104, Jg. 1909.

96. Die Explosion vernichtete das benachbarte, gemauerte Friedens-Pulvermagazin und beschädigte drei weitere Magazine. Ihre Explosion konnte Schäden in nicht abschätzbarer Höhe verursachen. Verordnungsblatt der Stadt Krakau für das Jahr 1909, S. 104; Czas. Nr. 133 (Morgenausgabe), Jg. 1909.

97. R. Kiełkowski, op. cit., S. 270.

98. Czas. Nr. 127 (Extrablatt) sowie Nr. 130 (beide Ausgaben), Jg. 1909.

99. Czas. Nr. 128 (Abendausgabe) und Nr. 129 (Morgenausgabe), Jg. 1909.

100. R. Kiełkowski, op. cit., S. 270.

101. Czas. Nr. 142 (Abendausgabe), Jg. 1909; Verordnungsblatt der Stadt Krakau für das Jahr 1909, S. 110.

102. W. Najdus: Ignacy Daszyński 1866–1936. S. 264, Warszawa 1988.

103. Allein in den Jahren 1871–1890 wurden für den Bau der Festung in Przemyśl über 7,5 Mio. fl. ausgegeben. In Anbetracht dieser Tatsache fällt es schwer, mit der von Janusz Bogdanowski vertretenen Meinung übereinzustimmen, daß in den siebziger und achtziger Jahren des 19. Jahrhunderts die Modernisierung der Krakauer Festung die wichtigste Fortifikationsaufgabe in Galizien war. Vgl. J. Bogdanowski: Warownie i zieleń . . ., op. cit., S. 161/162.

104. J. Purchla, op. cit., S. 25.

105. K. Gąsowska: Przemysł na forum galicyjskiego Sejmu Krajowego w latach 1867–1914. Sprawy i ludzie (Die Industrie vor dem Forum des galizischen Landtages in den Jahren 1867–1914. Probleme und Menschen). Maschinenschrift einer an der Jagellonischen Universität verteidigten Doktorarbeit. S. 218/219, Kraków 1986.

106. Ibidem, S. 130/131, 147/148 und 220/221.

107. In einer Sitzung am 25. Juni 1901 faßte de Stadtrat folgenden Beschluß: „In Betracht ziehend, daß der Reichsrat das Gesetz in der Frage des Verkaufes des Wawel dem Lande schon bestätigt hat, daß infolge der Evakuierung des Wawel Kasernen, Spitäler und verschiedene Gebäude für militärische Zwecke erbaut werden sollen, daß entsprechende Pläne schon gänzlich beendet und das Gelände für die Bauten schon erworben ist; weiter in Betracht ziehend, daß die allgemeine Stagnation im Bauwesen Elend unter die Handwerker gebracht hat, und daß tausend Arbeiter keine Beschäftigung finden und hungern – beschließt der Stadtrat einen Antrag an das k.k. Kriegsministerium zu stellen, damit dieses unverzüglich den Beginn der Bauten anordne, um auf diese Weise der Bevölkerung zu Hilfe zu kommen." Verordnungsblatt der Stadt Krakau für das Jahr 1901, S. 137 und 152; bedeutend früher, am 28. November 1899, beschloß die Krakauer Handels- und Gewerbekammer einen ähnlichen Antrag. Bericht über die öffentlichen Sitzungen der Handels- und Gewerbekammer in Krakau für das Jahr 1899, S. 249/250.

108. Verordnungsblatt der Stadt Krakau für das Jahr 1903, S. 15.

109. Verordnungsblatt für die Stadt Krakau für das Jahr 1903, S. 101; C. Bąk-Koczarska, op. cit., S. 30. Es handelte sich hier hauptsächlich um Stahlbetonarbeiten, die an die Wiener Firma G. A. Ways vergeben wurden. Ein anderes Beispiel der diskriminierenden Politik der Wiener Behörden war das Projekt zur Deckung der neuen Kasernen mit Eternit, der in Niederösterreich produziert wurde, obgleich die Keramikziegel in Krakau um die Hälfte billiger waren. Bericht über die Tätigkeit und die öffentlichen Sitzungen der Handels- und Gewerbekammer in Krakau. Jg. 10, S. 632, 1903, sowie Jg. 12, S. 102, 1905.

110. Bericht über die Tätigkeit . . ., op. cit., Jg. 11, S. 94/95, 1904, sowie Jg. 10, S. 632, 1903.

111. Bericht über die Tätigkeit . . ., op. cit., Jg. 12, S.21, 1905.

112. Eine solche Meinung äußerte letztens Janusz Bogdanowski, doch leider ohne Angabe der Quellen seiner Mutmaßungen. J. Bogdanowski: Warownie i zieleń . . ., op. cit., S. 188. Diese Behauptungen wurden letztens auch von C. Bąk-Koczarska in Zweifel gezogen. Vgl. C. Bąk-Koczarska, op. cit., S. 30.

113. In der polnischen Literatur lenkte letztens Marek Getter die Aufmerksamkeit auf dieses Problem. Er unterstreicht die besondere Rolle der Garnisonen bei der Belebung von kleinen Städten wie Zambrów, Ostrołeka, Suwałki, Chełmno Pomorskie, Starogard Gdański, Włodzimierz Wołyński, Łuniniec, Brody, Kamionka Strumiłowa, Śrem und Krotoszyn. M. Getter: Miastotwórcza rolą garnizonu. Dzieje Najnowsze (Die städtebelebende Rolle der Garnison. Neueste Geschichte). Jg. 15, Nr. 3, S. 153/154, 1983.

114. Encyklopedia Wojskowa (Militärische Enzyklopädie). S. 579 und 581, Bd. 4.

115. R. Sikorski: Kraków w roku 1900 i jego rozwój w ciągu XIX stulecia (Krakau im Jahre 1900 und seine Entwicklung im Laufe des 19. Jahrhunderts). In: Kraków. Rozszerzenie granic 1909–1915 (Krakau. Erweiterung der Grenzen 1909–1915). Hrsg. K. Rolle. S. 65, Kraków 1931.

116. Dieses Wachstum war mit einer Dislokation des Militärs verbunden, die u.a. auf einer Verlegung eines Teiles der Einheiten der Olmützer Division nach Krakau beruhte. Statistik der Stadt Krakau, H. 12, S. 33/34, 38 und 42, 1912. Eigene Berechnungen.

117. Ibidem, S. 32.

118. H. Wereszycki: Historia Austrii (Geschichte Österreichs). S. 264, Wrocław-Warszawa-Kraków-Gdańsk-Łódź 1986.

119. Voranschlag über die gemeinsamen Ausgaben und Einnahmen der österreichisch-ungarischen Monarchie für das Jahr 1890. S. 90–95, Wien 1889.

120. M. J. Ziomek: Życie gospodarcze w okręgu krakowskiej Izby Przemysłowo-Handlowej 1850–1930. Księga pamiątkowa wydana na jubileusz osiemdziesięciolecia istnienia Izby Przemysłowo-Handlowej (Das Wirtschaftsleben im Bereich der Krakauer Handels- und Gewerbekammer 1850–1930. Gedenkbuch aus Anlaß des achtzigjährigen Jubiläums des Bestehens der Handels- und Gewerbekammer in Krakau). S. 19, Kraków 1930.

121. K. Gąsowska: op. cit., S. 124–127.

122. Sprawozdanie z Czynności i z Publicznych Posiedzeń Izby Handlowej i Przemysłowej w Krakowie (Bericht über die Tätigkeit . . ., Jg. 10, S. 209–210, 1903, sowie Jg. 15, S. 19, 1908.

123. Ibidem, Jg. 15, S. 19, 1908.

124. Ibidem, Jg. 7, S. 57/58, 1900.

125. Ibidem, Jg. 10, S. 211, 1903.

126. Schon im Bericht der Kammer von 1900 schrieb man: „Man kommt zu der Überzeugung, daß der wirtschaftliche Wert der Lieferungen für die Armee für das kleine Gewerbe dieses Bezirks gleich Null ist. Und was noch ärger ist: eine genauere Untersuchung der Lieferbedingungen überzeugten die Kammer, daß der Großteil der Lieferanten bei den Lieferungen verlieren muß, denn die administrativen Kosten (Stempel, Partorium für die Offerte, der Kauf von Schnittmustern und Patronen, die Einfuhr von Leder und anderem Bedarf, der Kauf von militärischen Schusterleisten, die Versandkosten der fertigen Schuhe nach Krakau, Stempel für Geldquittungen) sind so hoch, daß sie vollständig jeden Verdienst bei kleinen Lieferungen verschlingen . . ." Bericht über die Tätigkeit . . ., Jg. 7, S. 57, 1900.

127. Vgl. S. 108–109.
128. Bericht über die Tätigkeit . . ., Jg. 10, S. 633, 1903.
129. I. Daszyński: Pamiętniki (Tagebücher). Bd. 1, S. 96, Warszawa 1957.
130. Statistik der Stadt Krakau. H. 12, S. 22/23, Krakau 1912.
131. Przegląd Powszechny (Allgemeine Rundschau). Nr. 90, S. 3, 19.9.1863.
132. Stenographische Protokolle, op. cit., IV. Session, 6. Sitzung am 14. Juli. S. 165, Wien 1871.
133. Vgl. S. 186/187.
134. J. Purchla: Jak powstał nowoczesny Kraków (Wie das moderne Krakau entstand). S. 50–54, 177–179, 186/187.
135. Die territoriale Begrenzung erzwang eine Reihe von dramatischen Entscheidungen, die in die historische Denkmalstruktur des Stadtzentrums eingriffen, zu deren drastischem Symbol die Errichtung des Stadttheaters am Hl.-Geist-Platz wurde. Der Versuch zur Schaffung eines neuen Stadtzentrums um die Jahrhundertwende in der Umgebung eben dieses Platzes sowie der Basztowastraße und des Bahnhofs illustriert die ungünstige räumliche Lage des damaligen Krakau. Vgl. Z. Beiersdorf/J. Purchla: Dom pod Globusem (Das Haus „Zum Globus“). S. 28/29, Kraków 1988.

Schlußbemerkungen

Das Ziel der vorliegenden Arbeit soll nicht der Abschluß, sondern vielmehr die Eröffnung einer Diskussion über das Phänomen der Entwicklung Krakaus an der Jahrhundertwende sein, über seinen Platz in der Verstädterung Mitteleuropas sowie über methodologische Möglichkeiten im Bereich der Forschungen über die Stadt, die als ein polyfunktioneller Organismus verschiedenartiger Systeme verstanden wird.

Über die Kompliziertheit und den Ausnahmezustand des Verstädterungsmodells Krakau zur Zeit der galizischen Autonomie entschieden viele Faktoren: politische, gesellschaftliche, ökonomische und kulturelle. Seine Lage an der Grenze in einer Situation von sich steigerndem Mißtrauen zwischen Österreich und Rußland hemmte die Entwicklung seiner Funktion als Handels- und Finanzzentrum und als Verkehrsknotenpunkt. Die zweite Hälfte des 19. Jahrhunderts brachte auch eine administrative Degradierung Krakaus mit sich. Vor diesem Hintergrund wurden die günstigen Verfassungsänderungen in der österreichischen Monarchie zu einer unerwarteten Chance. Einerseits ermöglichten sie die Bildung einer modernen städtischen Selbstverwaltung – die an und für sich an der Jahrhundertwende in Krakau zu einem wichtigen Entwicklungsfaktor wurde –, andererseits wieder die Ausnutzung des österreichischen politischen Liberalismus zu einer Umgestaltung der Stadt in ein polnisches nationales Zentrum. Eine entscheidende Rolle bei der Herausbildung dieses Zentrums fiel dem polnischen Gutsbesitzertum zu, das damals noch eine starke Gruppe bildete, die politisch, gesellschaftllich und ökonomisch in Galizien und Krakau vorherrschend war.

Der Status einer Festung, die mit vollem Schwung geführten Befestigungsarbeiten und die zahlreiche militärische Garnison kräftigten zweifellos die schwache Wirtschaft der Stadt. Gleichzeitig jedoch standen diese Faktoren in Opposition zur Rolle Krakaus als geistige Hauptstadt der polnischen Nation und hemmten die ökonomische und räumliche Entwicklung der Stadt.

Das moderne Krakau wuchs aus den unterschiedlichsten Gegensätzen. Aus der ökonomischen Schwäche Krakaus wuchs sein kulturelles Potential. Die wirtschaftliche Stagnation erleichterte dabei die Erhaltung des in der Stadt angesammelten Erbes der Vergangenheit, das in sich rasch entwickelnden Industriestädten gewöhnlich einer Expansion und der Dynamik des Investionskapitals zum Opfer fiel. Krakau verstand das zur entsprechenden Zeit und nutzte sein Potential dazu aus, das nationale Bewußtsein der Polen zu wecken. Die Verwirklichung dieser Aufgabe implizierte gleichzeitig das Entwicklungsmodell Krakaus. Eines der charakteristischen Kennzeichen dieses Modells war der starke Einfluß politischer Faktoren auf die Situation der Stadt.

Der polyfunktionelle Charakter Krakaus beeinflußte auch seine Entwicklung positiv. Die Kompliziertheit seiner Funktionen – ohne daß eine davon dominierte –

ermöglichte es, tiefere konjunkturelle Schwankungen zu vermeiden und beschränkte eine rasche demographische Entwicklung, die Ortschaften mit einer dominierenden industriellen Funktion kennzeichnen.

Für die Befestigung des antiindustriellen städtebaulichen Modells waren der Festungsstatus und die Lobby der Kaufleute und Gutsbesitzer in der städtischen Selbstverwaltung günstig. Ein Symbol des konservativen Charakters der Stadt war nicht nur der Krakau umgebende Festungswall, sondern auch die Akzise. Sie bildete eine deutliche Opposition gegenüber einer liberal-kapitalistischen Konzeption einer offenen Stadt.

Dies bewahrte Krakau vor der Massenflucht der Dorfbevölkerung aus den übervölkerten Regionen des Karpatenvorlandes. Diese Isolierung der Stadt hatte eine bedeutend größere Dynamik der demographischen Entwicklung in der benachbarten Umgebung zur Folge – darunter des industriellen Podgórze.

Der nichtindustrielle Charakter der Stadt konnte auch an seiner Bevölkerungsstruktur abgelesen werden. Noch 1910 waren in der über 100.000 Einwohner zählenden Stadt nur 6.330 Arbeiter in der Industrie beschäftigt. Nur 11 Betriebe hatten mehr als 100 Arbeiter. Die meisten von ihnen arbeiteten in der Lebensmittelindustrie, im graphischen Gewerbe, in der Maschinenbau- und in der Papierindustrie.[1] Die Entwicklung des graphischen Gewerbes und der Papierindustrie war das Ergebnis der gesamtnationalen wissenschaftlichen, kulturellen und erzieherischen Funktionen, die Krakau zu jener Zeit ausübte. Die verhältnismäßig gute Entwicklung der Lebensmittel- und Maschinenbauindustrie – vor allem landwirtschaftliche Maschinen – war dagegen mit der dominierenden Position des Landadels im wirtschaftlichen Leben Galiziens und Krakaus verbunden.

Trotz der Besonderheit seiner Lage näherte sich Krakau in seinem Entwicklungsmodell in vielerlei Hinsicht anderen größeren Städten der Monarchie an, darunter vor allem Graz, Lemberg und Zagreb. Die halbfeudalen Verhältnisse, die zu jener Zeit in Galizien und Kroatien herrschten, der vergleichbare wirtschaftliche Entwicklungsstand, die nationale Autonomie sowie der politisch und ökonomisch dominierende Adel waren in Krakau und Zagreb ähnlich. Beide Städte übten traditionellerweise eine symbolische und integrierende Rolle im Leben ihrer Nationen aus. Sowohl Zagreb als auch Krakau wurden nicht zu wichtigen Verkehrsknotenpunkten der Bahnlinien, auch übten sie damals nicht die Funktion wichtiger Handelszentren aus, und schließlich wurden auch beide Städte erst spät industrialisiert. Im Unterschied zu Krakau wurde Zagreb jedoch nicht administrativ beschnitten und auch nicht in eine österreichische Festung umgestaltet. Das steigerte die Entwicklung der kroatischen Hauptstadt und ermöglichte die Verwirklichung eines bedeutend größeren Investitionsprogramms, als es in Krakau der Fall war. Zu einem Symbol dieser großstädtischen Entwicklung Zagrabs wurde das Entstehen des sogenannten „Hufeisens“, dieser monumentalen Anlage, die das moderne Zentrum der Hauptstadt Kroatiens bildet.[2]

Unter den Städten Zisleithaniens war Graz in seiner Größe, der heterogenen Struktur und seiner ebenfalls kleinen Industrie Krakau sehr ähnlich. Unter vielen Analogien zwischen diesen beiden Zentren ist es besonders interessant, daß beide Städte einen großen Teil ihres Wohlstandes dem ständigen Zustrom gutsituierter Familien, hauptsächlich Gutsbesitzern, verdanken.[3] In beiden Städten siedelten sich auch gern pensionierte höhere Staatsbeamte und Offiziere an. Graz wurde sogar mit dem Namen „Pensionopolis" bezeichnet.[4] Diese Tatsache hielt auf eine wesentliche Art das statische Entwicklungsmodell beider Zentren aufrecht. Im Unterschied zu Graz hatte in Krakau der militärische Faktor einen wesentlichen Einfluß. Doch Krakau war die einzige große Stadt der Monarchie, der administrative Funktionen von wesentlicher Bedeutung entzogen wurden.

Vor diesem Hintergrund bestand auch ein grundsätzlicher Unterschied zwischen den galizischen Metropolen Lemberg und Krakau. Mit Rücksicht auf ihre Lage im wirtschaftlich rückständigen Galizien gehörten sie zu den ärmsten großen Städten der Monarchie.[5] Die bedeutend rascher vor sich gehende Entwicklung Lembergs im 19. Jahrhundert war mit seiner Funktion als Provinzhauptstadt verbunden. Verschiedene Institutionen der Staatsmacht und der Landesbehörden, wirtschaftliche, kulturelle und wissenschaftliche Anstalten, die sich in der Stadt am Pełtew konzentrierten, trugen zu einer Steigerung der Wirtschaft Lembergs bei.[6]

Trotz verschiedener wirtschaftlicher und staatlicher Organisationen bestanden auch wesentliche Analogien zwischen Krakau und Posen. Die ähnliche Entwicklung dieser beiden Städte betraf nicht nur ihre Größe sowie den Charakter der von ihnen ausgeübten Funktionen, sondern gleichfalls auch viele gemeinsame Probleme.[7] Posen und Krakau wurden etwa gleichzeitig zu Objekten einer deutlich repressiven und diskriminierenden Politik der Okkupanten, und beidesmal war die Umwandlung der Städte in eine Festung die Folge.[8] Posen wurde in den Jahren 1857–1860 endgültig von einem engen Befestigungsgürtel umgeben. Ähnlich wie im Falle Krakaus wirkte sich auch in Posen die Festung ungünstig auf die städtebauliche Entwicklung aus. Ähnlich wie Krakau in Österreich, so erlangte Posen im Deutschen Reich die höchste Bevölkerungsdichte.[9] Der militärische Faktor erwies sich für beide Städte nicht nur als Hemmschuh ihres Wachstums, er determinierte auch auf charakteristische Weise ihr Entwicklungsmodell, das die Konzeption einer abgeschlossenen Stadt vorschrieb und sie in einem gewissen Sinn auch von ihrer nächsten Umgebung isolierte.[10] Auf diese Weise hielt der militärische Faktor sowohl in Posen als auch in Krakau den protoindustriellen Charakter beider Zentren aufrecht. Gleichermaßen wurden beide Städte durch die Befestigungen von ihren Vorstädten abgeschnitten, die deshalb ein stürmisches, unkontrolliertes Wachstum durchmachten, was sehr zu Ungunsten Krakaus und Posens gesachah.[11]

Eine Bedingung für deren großstädtische Entwicklung war also nicht nur der wachsende Kapitalismus, sondern auch das Abwerfen des Befestigungskorsetts. Posten tat dies etwas früher als Krakau. In beiden Fällen entschieden jedoch außerökonomische Faktoren über die moderne städtebauliche Entwicklung. Das Abtragen der Befestigungen Posens und seine gründliche Modernisierung wurde um 1900 mit dem Programm einer Stärkung des deutschen Elements in Großpolen verknüpft. Zu einem

Symbol des ideologisch-politischen Faktors in der Entwicklung der Stadt wurde das Kaiserliche Forum Posens, das mit großem Elan von der Berliner Regierung verwirklicht wurde.[12]

Krakaus Entwicklung zur Großstadt war mit der Präsidentschaft von Juliusz Leo verbunden, die allmählich mit einer deutlichen Entwicklung der kapitalistischen Verhältnisse in Galizien zusammenfiel.[13] Der von Leo aufgenommene Plan für ein Groß-Krakau bedeutete nicht nur eine beträchtliche Erweiterung des Verwaltungsbereiches der Stadt (von 5,77 km^2 auf 46,90 km^2), sondern vor allem die Absicht, Krakau auf die Bahn einer echten kapitalistischen Entwicklung zu bringen, mit Industrie, Handel, Verkehr und Kapital. Diese Öffnung Krakaus – im wörtlichen und übertragenen Sinn – zur Modernität und Dynamik des 20. Jahrhunderts begann jedoch – so wie in Posen – dank eines politischen Impulses.

Insofern im Falle Posens dieser Impuls eine neue Germanisierungspolitik der Berliner Regierung in Großpolen war, so galt für Krakau das zur selben Zeit mit Elan vom neuen Ministerpräsidenten Ernst Koerber entworfene Programm zur Integration aller Länder der österreichischen Monarchie.

Der Plan Koerbers, der nach dem Sturz der Regierung Badenis zum Ministerpräsidenten ernannt wurde, bildete gleichzeitig einen ehrgeizigen Versuch zur Überwindung der wirtschaftlichen Rückständigkeit der Habsburgermonarchie. Koerber sah eine Chance dazu in einer aktiven Investitionspolitik des Staates.[14]

Schon in seinem Exposé vom 22. Februar 1900 entwarf er ein Projekt großer staatlicher Investitionen, den Bau einer neuen, kühn über die Alpen geführten Eisenbahnlinie nach Triest sowie den Bau eines beschiffbaren Kanalsystems auf dem Gebiet der Monarchie.[15] Das war ohne Zweifel ein positives Programm der wirtschaftlichen Entwicklung, in dem Krakau seine Chance zur Überwindung der bisherigen ökonomischen Stagnation erblickte.

Im Juni 1902 veröffentlichte das österreichische Handelsministerium ein Dokument unter dem Titel „Denkschrift des Handelsministeriums über das Bauprogramm der durch das Gesetz vom 11. Juni 1901 beschlossenen Wasserstraßen in der ersten Bauperiode 1904 bis 1912“. In dieser Denkschrift waren 250 Mio. Kronen für die Jahre 1904 bis 1912 für den Bau von Wasserstraßen vorgesehen, und zwar auf folgende Weise:

Kanalisierung der Moldau: 14,4 Mio.
Kanalisierung der Elbe: 37,0 Mio.
Bau eines Kanals Krakau-Oder: 30,0 Mio.
Bau eines Kanals Donau-Oder: 104,3 Mio.

Gleichzeitig sahen die Verfasser der Denkschrift die Fertigstellung des Donau-Oder-Kanals bis 1912 vor. Er sollte eine Verbindung der Oder mit der Weichsel herstellen; die Weichsel sollte bis Krakau kanalisiert werden.[16] Auf diese Weise sollte Krakau bis 1912 eine moderne Schiffahrtsverbindung mit der Oder und der Donau erhalten.

Der Bau eines Kanals, der die Donau mit der Oder und der Weichsel verband, bildete eine ungeheure wirtschaftliche Chance für Krakau. Diese Chance schätzten der neue, energische Präsident Krakaus, Juliusz Leo, und die lokale Wirtschaft, die von der Handels- und Gewerbekammer repräsentiert wurde, richtig ein. So sorgte die Kammer für eine ökonomisch günstige Absteckung des Kanalverlaufes auf dem Gebiet Galiziens.[17] Um die Ausführung dieses Unternehmens bemühten sich auch polnische Abgeordnete im Wiener Parlament.[18]

Zwar traf die Verwirklichung dieses großen Planes auf Schwierigkeiten und wurde nur teilweise realisiert,[19] doch wurde sie für Juliusz Leo zum Anstoß für einen Kampf um Groß-Krakau.[20] Daher sind die ehrgeizig entworfenen und solide ausgeführten Weichsel-Boulevards zwischen Kazimierz und Podgórze nicht nur ein Denkmal der Pläne des österreichischen Ministerpräsidenten, sondern auch ein Symbol einer neuen Entwicklungsphase der Stadt, in die Krakau am Vorabend des 1. Weltkrieges eintrat.[21]

1. R. Kotewicz: Z dziejów przemysłu Krakowa w latach 1918–1939 (Aus der Geschichte der Industrie Krakaus in den Jahren 1918–1939). S. 13/14, Kraków 1981.
2. Zum Thema Zagreb im 19. Jahrhundert, vgl. u.a.: I. Kampus/I. Karaman: Das tausendjährige Zagreb. Von den einstigen Siedlungen bis zur modernen Großstadt. S. 150–183, Zagreb 1978; L. Dobronič: Graditelji i izgradnja Zagreba u doba historijskich stilova. Zagreb 1983; I. Maroević: O historicizmu u Zagrebu. Peristil. Bd. 20, S. 123–144, 1977; A. Szabo: Regionalno porijeklo i socijalna struktura stanovnistva grada Zagreba izmedu 1880–1910. Godine. Radovi. Bd. 17, S. 101–120.
3. Österreichisches Städtebuch aufgrund der Berichte von größeren österreichischen Städten. Bd. 1, S. 20, 1887; J. Kleinoscheg: Wie macht man aus Graz eine Fremden-Stadt? Graz 1890.
4. Eine ausführliche Analyse der ökonomischen Entwicklung von Graz an der Jahrhundertwende vor dem Hintergrund der Städteverbauung Zisleithaniens gab letztens William Hubbard. Von ihm stammt auch eine Analyse der gesellschaftlichen Struktur von Graz. Vgl.: W. H. Hubbard: Auf dem Weg zur Großstadt. Eine Sozialgeschichte der Stadt Graz 1850–1914. S. 110–116, Wien 1984.
5. Vgl. u.a. W. H. Hubbard: op. cit., S. 83; ders.: Der Wachstumsprozeß in den österreichischen Großstädten 1869–1910. Eine historisch-demographische Untersuchung. Kölner Zeitschrift für Soziologie und Sozialpsychologie. Sonderheft 16, S. 386–418, 1973.
6. S. Hoszowski: Ekonomiczny rozwój Lwowa w latach 1772–1914. S. 16–19 und 55–56, Lwów 1935; vgl. auch J. M. Małecki: Lemberg und Krakau zwei Hauptstädte Galiziens. In: Festschrift Othmar Pickl zum 60. Geburtstag. Hrsg. H. Ebner u.a. S. 409–415, Graz-Wien 1987.
7. Eine ausführliche vergleichende Analyse zwischen Krakau und Posen sowie auch der übrigen großen polnischen Städte an der Jahrhundertwende vollzog Edward Strasburger. Vgl. E. Strasburger: Gospodarka naszych wielkich miast (Die Wirtschaft unserer großen Städte. Warschau, Łódź, Krakau, Lemberg, Posen). Kraków-Warszawa 1913.
8. Z. Zaleski: Dzieje Poznania od roku 1853 do r. 1918. In: Księga pamiątkowa miasta Poznania. Dziesięć lat pracy polskiego zarządu stołecznego miasta Poznania (Die Geschichte Posens von 1853 bis 1918. In: Zehn Jahre Arbeit der polnischen Verwaltung der Hauptstadt Posen). S. 88/89, Poznań 1929.
9. K. K. Pawłowski: Naródziny miasta nowoczesnego. In: Sztuka połowy XIX wieku (Die Geburt der modernen Stadt. In: Die Kunst der zweiten Hälfte des 19. Jahrhunderts). S. 56, Warszawa 1973; Z. Ostrowska-Kębłowska: Architektura i budownictwo w Poznaniu w latach 1780–1880 (Architektur und Bauwesen in Posen in den Jahren 1780–1880). S. 264–277, Warszawa-Poznań 1982.
10. Z. Zaleski: op. cit., S. 96/97.
11. Ibidem; J. Purchla: W sprawie granic aglomeracji miejskich. Roczniki Dziejów Społecznych i Gospodarczych (Zur Frage der Grenzen von Stadtagglomerationen. Jahrbücher der Sozial- und Wirtschaftsgeschichte). Bd. 41, S. 284/285, 1980.
12. Z. Pałat: Ostatnie Forum Cesarskie. Forma i symbolika urbanistyczno-architektonicznego założenia poznańskiego Ringu (Das letzte Kaiserliche Forum. Form und städtebaulich-architektonische Voraussetzung und Symbolik des Posener Ringes). Artium Quaestiones, Bd. 2, S. 57–71, 1983.
13. Eine Analyse der Entwicklung Krakaus der Präsidentschaft von Juliusz Leo gab letztens Celina Bąk-Koczarska. Vgl.: C. Bąk-Koczarska: Juliusz Leo twórca Wielkiego Krakowa (Juliusz Leo der Schöpfer Groß-Krakaus). Wrocław-Warszawa-Kraków-Gdańsk-Łódź 1986.
14. A. Gerschenkron: An Economic Spurt That Failed. Four Lectures in Austrian History. S. 6 und 146, Princeton 1977.

15. Im folgenden Jahr legte die Regierung Koerber dem Parlament ein fertiges Projekt von zwei Investitionsgesetzen vor. Das erste betraf einen von der Regierung vorzunehmenden Bau neuer Bahnlinien – gleichfalls in Ostgalizien –, das zweite den Bau eines Systems von Wasserstraßen (schiffbare Kanäle und die Regulierung von Flüssen). Beide Projekte wurden am 1. Juni 1901 von der Abgeordnetenkammer enthusiastisch angenommen und erlangten schnell die Bewilligung des Kaisers. Das war ein großer, politischer Erfolg des neuen Ministerpräsidenten. Für die Verwirklichung beider Projekte garantierte das Gesetz die ungeheure Summe von 1 Milliarde Kronen, der jährliche Haushalt des österreichischen Staates betrug 1901 insgesamt 1,6 Milliarden. Der Bau der Eisenbahnlinien wurde auf fünf Jahre verteilt, dagegen der Bau der Wasserstraßen auf zwanzig Jahre.
Insofern der Bau der Eisenbahnlinien sich im Süden der Monarchie konzentrierte, so betraf der große Bauplan der schiffbaren Kanäle und der Regulierung der Flüsse die Stromgebiete der Donau, Elbe, Oder, Weichsel und des Dnjestr. Dieser Plan bestand aus vier großen Unternehmungen:
1. Donau-Oder-Kanal
2. Donau-Moldau-Kanal, verbunden mit einer Kanalisierung der Moldau
3. Verbindung des Donau-Oder-Kanals mit de Elbe und ihrer Regulierung
4. Verbindung des Donau-Oder-Kanals mit dem Weichsel- und Dnjestr-Gebiet.
A. Gerschenkron: op. cit., S. 24 und 26 sowie S. 71–77.

16. Ibidem, S. 95/96.

17. Z. Beiersdorf/J. Purchla: Dom pod Globusem. Dawna siedziba krakowskiej Izby Handlowej i Przemysołwej (Das Haus „Zum Globus“. Der ehemalige Sitz der Krakauer Handels- und Gewerbekammer). S. 17, Kraków 1988. Ausführlicher über dieses Thema: J. Bund: Rozwój kolejnictwa małopolskiego w okresie 80-lecia (1850–1930) działalności krakowskiej Izby Przemysłowo-Handlowej oraz przebieg starań o wykonanie ustawy koerberowskiej o budowie dróg wodnych . . . Sprawozdanie z obrad publicznych oraz czynności Izby Przemysłowo-Handlowej w Krakowie za rok 1930 (Die Entwicklung des kleinpolnischen Eisenbahnwesens während der 80jährigen Tätigkeit (1850–1930) der Krakauer Handels- und Gewerbekammer sowie der Verlauf der Bemühungen um die Ausführung des Körberschen Gesetzes über den Bau von Wasserstraßen. Berichterstattung über die öffentlichen Beratungen sowie die Tätigkeit der Handels- und Gewerbekammer in Krakau für das Jahr 1930). S. 53–62, Kraków 1930.

18. A. Gerschenkron: op. cit., S. 124, Fußnote 3; vgl. auch: A. Hausner: Odrodzenie Galicji a drogi wodne (Die Wiedergeburt Galiziens und die Wasserstraßen). Kraków 1911.

19. Der Bau der Kanäle traf auf Widerstand seitens des Finanzministeriums und seines Leiters, Eugen von Böhm-Bawerk, der ursprünglich das Gesetz in der vom Parlament beschlossenen Gestalt unterstützte. Böhm-Bawerk repräsentierte „extrem fiskale“ Anschauungen. Ein solches Vorgehen, das finanzielle Fragen über ökonomische Probleme stellte, torpedierte wirkungsvoll die Absichten Körbers, der am 31. Dezember 1904 zurücktrat. Der Widerstand seitens des Ministeriums verursachte eine bedeutende Verspätung und schließlich die Streichung der Pläne Koerbers. Bis 1918 wurden von den 250 Mio. Kronen, die 1901 für den Bau der Kanäle in den Jahren 1904–1912 vorgesehen waren, lediglich 96 Mio. Kronen ausgegeben, davon 77 Mio. für Konstruktionsarbeiten. Für die Kanalisierung der Weichsel und den Bau einer Verbindung Oder-Krakau auf dem Gebiet Galiziens wurden 19 Millionen Kronen verbaut. In der Zwischenkriegszeit kehrte man nicht mehr zur Realisierung dieses Unternehmens zurück. A. Gerschenkron: op. cit., S. 85–125 sowie S. 128 und 150. Vgl. auch H. Matis: Österreichs Wirtschaft 1848 bis 1913. Konjunkturelle Dynamik und gesellschaftlicher Wandel im Zeitalter Franz Josephs I. S. 28, Berlin 1972; A. Brusatti: Österreichische Wirtschaftspolitik vom Josephinismus zum Ständestaat. S. 77, Wien 1965.

20. Dziennik Rozporządzeń m. Krakowa na rok 1902 (Verordnungsblatt der Stadt Krakau für das Jahr 1902). S. 184–186; Wielki Kraków. Studia do sprawy przyłączenia gmin sąsiednich do miasta Krakowa (Groß-Krakau. Studien zur Frage der Eingemeindung der benachbarten Gemeinden in die Stadt Krakau). Kraków 1905.

21. Die Entstehung Groß-Krakaus fand seine gründliche Bearbeitung in der monumentalen Ausgabe: Kraków. Rozszerzenie granic 1909–1915 (Krakau. Die Erweiterung der Grenzen 1909–1915). Kraków 1931.

JACEK PURCHLA

Direktor des Internationalen Kulturzentrums, geb. 1954 in Krakau, Historiker und Kunsthistoriker. Studierte Ökonomie und Kunstgeschichte. Promotion und Habilitation im Bereich neuzeitlicher Kunstgeschichte an der Jagellonischen Universität. Autor zahlreicher Publikationen, die u.a. der Entwicklung Krakaus an der Wende des 19. zum 20. Jahrhundert sowie der Geschichte der Architektur in der Epoche des Historismus und Modernismus gewidmet sind. Verfasser von folgenden Büchern: „Jak powstał nowoczesny Kraków („Wie das moderne Krakau entstand"), 1979 und 1990, „Wien-Krakau im 19. Jahrhundert", 1985, „Jan Zawiejski architekt przełomu 19. i 20. wieku" („Jan Zawiejski – ein Architekt an der Wende des 19. zum 20. Jahrhundert"), 1986, „Dom pod Globusem" („Das Haus zum Globus"), Mitverfasser 1988, „Pozaekonomiczne czynniki rozwoju Krakowa w okresie autonomii galicyjskiej" („Außerökonomische Faktoren der Entwicklung Krakaus in der Epoche der galizischen Autonomie"), 1990 und 1992. Publiziert unter anderem im „Rocznik Krakowski" („Krakauer Jahrbuch"), „Folia Historiae Artium", „Znak". In den Jahren 1990/1991 Vizepräsident der Stadt Krakau. Vizepräsident der „Gesellschaft der Liebhaber der Geschichte und Denkmäler Krakaus" sowie Redakteur des „Rocznik Krakowski".

Namensregister